창세기 설교

창조와 축복

창세기 설교 **창죠와 축복**

총 편 집 인	김 의 원
지 은 이	안 오 순
발 행 일	2020년 10월 20일
발 행 처	도서출판 사무엘
등 록	제972127호 (2020.10.16)
주 소	안양시 동안구 관악대로 282 고려빌딩 3층
표 지	김 별 아

ISBN 979-11-972127-4-1
값 18,000원

SEE 성경과 신학 시리즈 01
성경 교사와 설교자를 위한 기본과정 102

창세기 설교
창조와 축복

총편집인 김 의 원
지은이 안 오 순

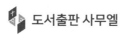 도서출판 사무엘

석의의 위기, 설교의 위기

교회는 세상의 유일한 희망입니다!

세상은 하루가 다르게 급변하고 있습니다. 교회는 여기에 대한 구체적인 대응을 해야 합니다. '콘텍스트(context)'와 환경은 변하지만, '텍스트(text)'와 진리는 변하지 않기 때문입니다. 변하지 않는 진리를 변화하는 세계에 적용하려면 교회의 본질을 살펴야 합니다. 교회의 중심은 성경에 있습니다. 성경은 역사의 소용돌이 속에서 여전히 영혼을 구원하고 교회를 바르게 세우며, 성도를 양육하기 위해서 주신 하나님의 도구입니다. 그 도구 중 하나는 설교자를 통해 선포하는 설교입니다.

한국교회의 강단처럼 설교가 양적인 면에서 풍요로운 곳은 세계 어느 곳에도 없습니다. 하지만 그 설교가 최근에는 성도의 삶을 변화시키지 못할 뿐만 아니라 사회와 국가에 영향력을 미치지 못합니다. 그 원인 중 하나는 '석의(釋義)'를 바르게 하지 못한 데 있습니다. 현실과는 수천 년 거리가 있는 성경의 이야기를 메마르게 나열하거나 현실을 너무 강조하여 말씀은 단지 설교 내용의 구호나 후렴구 정도로 머뭅니다. 설교자는 설교

강단에서 건강에 좋지 못한 '부실 음식(junk food)'을 성도에게 제공하는 모습입니다. 그 결과 교회는 영적 허약 체질로 자라고 있습니다.

건강한 교회는 설교자의 설교로부터 시작합니다. 설교자의 사명은 성경 본문이 '의미(meaning)'했던 것을 정확하게 찾아내어 오늘의 회중에게 그 '의의(significance)'를 적실하게 전달하는 일입니다. 하지만 오늘의 설교자는 성경 본문이 말하는 역사적 상황 안에서 의미했던 내용을 오늘을 살아가는 회중에게 적용하는 일을 잘하지 못합니다. 설교의 위기가 석의의 위기에서 비롯되었다는 말입니다. 따라서 설교의 위기를 극복하려면 석의의 위기부터 극복해야 합니다.

그다음으로 적용에 힘써야 합니다. 적용과 상관없는 석의는 공허한 지적 놀음에 불과합니다. 하나님의 말씀은 처음 청중은 물론이고 오늘 우리에게도 적실하게 적용할 수 있기 때문입니다. 성경은 당대 사람의 성경일 뿐만 아니라 오늘 우리의 성경이기도 합니다. 적용이란 본문을 통하여 찾아낸 신학적 메시지를 청중이 삶의 현장에서 그대로 실천하도록 도와주는 일입니다. 즉 '그때 그곳(at that time & there)'에서의 의미를 '오늘 이곳(now & here)'에 적용하는 것을 말합니다. 적용은 석의의 최종 목적이며, 설교의 최종 목적입니다.

이런 배경에서 사무엘연구원(SEE: Samuel Education by Extension)은 '성경 교사와 설교자를 위한 기본과정' 시리즈로 본문 공부 교재와 함께 그 공부를 기초한 설교집을 만들었습니다. 사무엘연구원은 오늘의 설교 현주소를 '본문을 잃어버린 설교'와 '청중을 잃어버린 설교'로 진단합니다. 따라서 우리는 본문을 회복하고 청중을 회복하는 설교를 지향합니다. 우리는 '하나님의 말씀을 어떻게 적실성 있게 청중의 삶의 자리에 상황화할 수 있는가?'에 대한 하나의 대안을 제시하려고 합니다. 우리는 바른 석의를 통해 본문의 의미를 밝히고, 그 의미를 통하여 청중의 필요를 채워주며 이 시대를 뚫고 들어가는 메시지를 만드는 일에 힘썼습니다.

　석의와 적용, 즉 본문과 청중에 대한 설교의 두 기둥을 바르게 균형을 잡아가면 갈수록 우리 교회의 메마른 설교 강단은 양 떼가 뛰노는 푸른 초장으로 바뀔 겁니다.

아테아(ATEA) 대표
사무엘연구원(SEE) 원장
김의원(철학박사, 구약)

머리말

청중에게 들리는 설교를 지향하면서

"그러므로 믿음은 들음에서 나며 들음은 그리스도의 말씀으로 말미암았느니라"
(롬 10:17).

믿음의 선배들은 극심한 시련 속에서도 매주 강단에서 선포하는 설교를 통해 믿음의 중심을 지켰습니다. 그들은 설교를 통해 삶의 현장에서 '신행일치(信行一致)'를 하였고, 세상에 물들지 않고 세상에 대항하는 공동체, 즉 '대안 공동체'로 살았습니다. 설교는 시련을 이기는 힘이었고, 조국과 민족, 그리고 세계선교까지 도전하는 원동력이었습니다.

하지만 오늘의 현실은 어떠합니까? 우리는 이곳저곳에서 성장의 역기능을 볼 수 있습니다. 우리는 목회 현장에서 실패와 좌절감으로 정체성이 흔들리는 목회자를 만날 수 있습니다.

그 원인을 어디에서 찾을 수 있습니까? 많은 사람들이 설교를 지목합니다. 지금도 수많은 설교강단에서 외치는 수많은 설교가 홍수처럼 쏟아져 나옵니다. 하지만 많은 성도는 그 설교를 들으면서도 영적인 갈급을 느낍니다. 아모스 선지가 "말씀의 홍수 속에서 말씀의 기근"(암 8:11)을 외쳤던 그 위기의 목소리가 들립니다.

그 이유가 무엇일까요? 설교의 두 기둥은 '석의'와 '적용'인데, 오늘의 설교 현실을 보면 부실한 석의로 본문을 잃어버렸고, 부실한 적용으로 청중을 잃어버린 것 같습니다. 따라서 본문을 회복하고 청중을 회복하는 설교가 시급합니다.

이 책은 이런 문제의식에 출발해서 본문에 대한 석의와 적용을 기초로 하여 설교 현장에서 선포했던 설교문들을 정리한 설교 모음집입니다. 무엇보다 바른 석의 작업을 통해 본문의 의미를 밝히려고 애썼고, 그 의미를 토대로 청중의 필요를 채워주려 노력했으며, 우리가 살아가는 현시대적 상황과 배경을 놓치지 않으려 최선을 다했습니다.

따라서 이 책이 설교 현장의 설교자들이 본문을 드러내면서 청중에게 들리는 설교를 지향하는 일에 '보리빵 다섯 개'로 쓰임 받기를 바랍니다. 변화의 소용돌이 속에서 버거워하는 청중에게 영양분을 제공하여 그들의 삶을 변화하고, 대안 공동체를 이루는 토대가 되기를 바랍니다. 그리고 그 생명력이 대한민국은 물론이고 전 세계에까지 널리 퍼져나가기를 희망합니다.

2020년 10월 20일

아테아(ATEA) 교수위원장
사무엘연구원(SEE) 성경연구분과 위원
안오순(신학박사, 설교학)

차례

11

창세기 창조와 축복

창세기 창조와 축복

제1강
이 세상은 언제, 어떻게 생겼는가

◇ 본문 창세기 1:1-23
◇ 요절 창세기 1:1
◇ 찬송 78장, 79장

'이 세상과 나는 언제, 어떻게 생겼을까?' '행복과 불행은 어디에서부터 왔을까?' '나는 어떻게 살아야 할까?' 이 질문들은 가장 기본적이면서도 본질적인 질문들입니다. 이 질문들에 대한 답은 우리의 세계관을 형성합니다. '세계관'이란 '세상을 보는 눈이며, 가치를 결정하는 기준이나 신념'을 말해요. 그러므로 이 질문에 대한 바른 답을 찾지 못한다면, 잘못된 세계관을 갖고 살 수밖에 없습니다. 성경이 가르치는 세계관은 무엇입니까?

1절을 읽읍시다. "태초에 하나님이 천지를 창조하시니라." 이 말씀은 성경 전체에 대한 대 전제요, 창세기의 제목이라고 할 수 있어요. '천지'는 문자적으로는 '하늘들과 땅'을 말해요. 하지만 '이 세상 전체'를 가리키는 시적 표현으로 사용했습니다. 이 세상에 존재하는 모든 것들은 하나님께서 창조하심으로써 생겨났습니다. 그러므로 하나님은 이 세상에 존재하는 모든 것들보다 먼저 존재하셨습니다. 물보다도 먼저 존재하셨고, 바퀴벌레보다도 먼저 존재하셨고, 물론 사람보다도 먼저 존재하셨습니다.

어떤 사람은, "사람이 신을 만들었다."라고 말해요. 사람이 없을 때는 신도 없었다는 말입니다. 물론 하나님이 아닌 다른 신들은 사람들이 다 만들어 낸 것들입니다. 하지만 하나님만은 사람이 있기도 전에 먼저 존재하셨습니다. 이 하나님께서 태초에 이 세상을 만드셨습니다. 우리는 '태초'가 정확하게 몇 년 몇 월인지는 모릅니다. 다만 역사 속에 존재한 한 시점이라는 점만은 분명합니다. 천지창조는 막연한 어떤 때가 아닌 아주 구체적이면서도 실제적인 날인 태초에 이루어졌습니다.

이 메시지를 가장 먼저 들은 청중은 누구입니까? 물론 인류의 조상 아담과 하와도 에덴동산에서 이 메시지를 들었을 겁니다. 하지만 아주 구체적으로 처음 들은 청중은 이스라엘 백성들입니다. 당시 그들은 애굽에서 해방되어 젖과 꿀이 흐르는 약속의 땅으로 가고 있습니다. 그들은 애굽에서 해방한 지가 꽤 되었는데도 그 세계관은 여전히 '애굽적'이었습니다. 그들은, 여전히 세상은 우연히 생겨났다고 생각했어요. 혹은, 세상은 알 수 없는 신들에 의해서 생겼다고도 생각했어요. 그런 그들에게 목자 모세는, 세상은 우연히 존재한 것이 아니라 창조되었음을 선포합니다. 그리고 그 창조는 이상한 신들에 의해서가 아니라 하나님으로 말미암았다는 겁니다.

세상의 신들은 말 그대로 헛것입니다(시 96:5). 하지만 세상을 창조하신 하나님은 아브라함을 복의 근원으로 삼으신 바로 그분이십니다. 시내산에서 이스라엘을 거룩한 제사장 나라 삼으시겠다고 언약을 맺으신 바로 그분입니다. 그리고 그 약속대로 그들을 약속의 땅으로 인도하시는 인격적인 하나님이십니다.

이 사실이 오늘 우리에게 주는 의미는 무엇입니까? 우리 곁에는 꽤 많은 다른 종교들이 있어요. 그런데 그들 중 대부분은 창조에 관해 말하지 않습니다. 창조에 관해서도 말하지 않으면서 어떻게 구원을 말할 수 있을까요? 어떻게 복을 말할 수 있을까요? 그것은 마치 나를 잉태하여 낳지 않은 옆집 아줌마가 날 사랑한다고 하는 것과 같지 않을까요? 날 낳으신 엄마의 사랑은 변하지 않지만, 옆집 아줌마의 사랑은 언제 어떻게 바뀔지 알 수 없어요.

그래서일까요? 18세기 계몽주의 시대에는 "신이 세상을 창조한 것은 인정하지만 창조 후에는 손을 떼고 간섭하지 않는다."라는 이론이 등장했어요. 이것을 '이신론(理神論, deism)'이라고 불러요. 이처럼 우리 곁에는 창조주 하나님에 대한 믿음을 갉아먹는 거짓 신과 사상의 유혹이 많습니다. 어떻게 해야 합니까? 성경에 귀 기울이어야 합니다. 성경은 처음부터 끝까지 하나님께서 세상을 창조하셨다고 선언합니다. 세상을 창조하신 그 하나님께서 오늘 우리를 죄로부터 구원하시고, 영원한 안식이 있는 하나님 나라로 인도하십니다. 하나님의 구속 사역에 쓰시며, 축복하십니다. 우리의 구원자와 창조자는 한 분 하나님이십니다. 이 하나님을 믿으면 그 삶이 달라집니다.

중국 송나라 때 술을 파는 장 씨가 있었어요. 그는 손님들에게 친절했고, 술잔의 양을 속이지도 않았어요. 술 빚는 실력도 출중했고, 먼 곳에서도 술집을 알아보도록 대문에 빨간 깃발까지 꽂아놓았어요. 그런데도 그 술집에는 손님이 없어서 술이 식초로 변했어요. 그는 고민 끝에 지혜자를 찾아가 조언을 구했는데, 뜻밖의 말을 들었어요. "술집을 지키는 개가 너무 사납게 짖어대는 통에 손님들이 들어갈 수가 없다." 최고의 술을 준비해놓고도 '맹구(사나운 개)' 때문에 장사가 안된 겁니다. 비본질적인 것 때문에 본질이 손해를 입은 겁니다.

이것을 우리 교회에 적용할 수 있을까요? 예수님과 교회는 참 좋은데, '맹구' 같은 교인 때문에 사람들이 오지 않는다는 겁니다. 이런 사람은 멀리 있지 않고 아주 가까이 있습니다. 즉 내가 그런 사람으로 살 수 있습니다. 우리는 삶의 현장에서 자주 고뇌합니다. 그만큼 믿음의 길을 걷기가 쉽지 않기 때문입니다. 이 땅에서 세상과 구별하여 거룩한 하나님의 백성으로 살기가 만만하지 않기 때문입니다. 세상에 유혹이 많고 내적인 갈등 또한 크기 때문입니다. 이런 현실을 이기지 못하면 '무늬만 신자'인 사람, '신앙생활'이 아닌 '종교 생활'을 하는 '종교인'으로 전락하기 쉽습니다. 교회에 대하여 자기 의지와 상관없이 '맹구' 역할을 할 수 있습니다.

바로 그 시점에서 우리 신앙의 기초를 점검해야 합니다. 우리가 믿음으로 산다고 할 때, 그 기초는 무엇입니까? 하나님께서 이 세상을 창조하셨음을 믿는 '창조신앙'입니다. 세상을 창조하신 하나님께서 지금도 이 세상을 다스리고 계심을 믿는 겁니다. 동시에 이 하나님께서 우리를 당신의 구속 사역에 쓰시고, 인도하시며, 복 주심을 믿는 겁니다. 우리는 세상을 창조하신 그 하나님께서 우리를 구원하셨고, 하나님 나라로 인도하실 것이라는 믿음이 있습니다. 우리가 이 믿음으로 살면 세상의 소금이요 빛으로 살 수 있습니다. 이 시대를 섬기는 성경 선생이요 '목자'로 쓰임 받는 축복을 체험할 수 있습니다!

그러면 하나님께서 창조하신 세상의 처음 모습은 어떠합니까? 2절을 봅시다. "땅이 혼돈하고 공허하며 흑암이 깊음 위에 있고 하나님의 영은 수면 위에 운행하시니라." '혼돈'은 정해진 꼴을 갖지 못하여 마구 헝클어진 상태를 말해요. '공허'는 텅 비어 있는 모습이고요. '흑암이 깊은 위에 있다.'라는 말은 '어둠이 깊은 바다를 덮고 있다.'라는 뜻입니다. 태초의 세상은 아직 질서가 잡히지 않았고, 내용물도 없고, 짙은 어둠만 있었어요. 그러나 어미 독수리가 새끼들이 완전히 날 수 있을 때까지 새끼 위를 맴돌며 보호하듯이, 하나님의 영이신 성령님께서 창조를 준비하고 계십니다.

하나님께서는 무엇을 가장 먼저 만드셨습니까? 3절입니다. "하나님이 이르시되 빛이 있으라 하시니 빛이 있었고" 하나님께서 빛을 가장 먼저 창조하신 것은 너무 어두웠기 때문입니다. 이 어둠을 몰아내려면 빛이 있어야 합니다. 하나님은 빛과 어둠을 나누셨습니다(4). 하나님은 빛과 어둠을 함께 두지 않습니다. 하나님은 혼합을 싫어하시고 순수를 좋아하십니다.

그 하나님은 "빛을 낮이다."라고 부르시고 "어둠을 밤이다."라고 부르십니다(5). '부른다'는 말속에는 통치권과 소유권이 들어 있습니다. 어떤 영화에서는, '어둠의 신'이 밤을 다스리는 것으로 묘사해요. 그러나 빛도 어둠도 다 하나님께서 만드셨고, 하나님께서 다스리십니다. '어둠의 신'은 없고, 설사 있더라도 그것조차도 하나님의 피조물에 불과합니다.

하나님께서 둘째 날에는 무엇을 하셨습니까? 하나님은 물들을 궁창 위의 물과 궁창 아래의 물로 구분하셨습니다. 곧 물이 분리되어 일부가 지상에, 일부는 땅 위 하늘의 대기권 속에 있게 됩니다(6-8). 이 사실이 주는 의미는 무엇일까요? 창세기는 우주과학을 설명하려는 것이 목적이 아닙니다. 오히려 당시 사람들의 세계관을 깨우쳐 주는 데 목적이 있습니다.

당시 이교 신화는 하늘을 고귀한 신들이 사는 집으로 여겼습니다. 그런데 하나님께서 그 하늘을 창조하셨습니다. 그리고 그 안에 있는 것들을 구분하셨고, 그것들을 다스리십니다. 그렇다면 하나님만이 천상에 계신 최고의 신이라고 할 수 있습니다. 세상 사람들이 생각하는 하늘에 있는 신들은 '고무신', 즉 '아무것도 아닌 것'에 불과합니다.

땅은 어떠할까요? 하나님이 "천하의 물이 한곳으로 모이고 뭍이 드러나라."라고 말씀하시니, 그대로 되었습니다. 하나님이 '뭍을 땅이라' 부르시고, '모인 물을 바다라'고 부르셨습니다. 하나님이 보시기에 좋았어요. 하나님은 땅에 풀과 씨 맺는 채소와 각기 종류대로 씨 가진 열매 맺는 나무를 내도록 하셨어요. 그러자 땅은 즉시 순종합니다. 하나님이 보시기에 좋았습니다. 저녁이 되고 아침이 되니 셋째 날입니다(9-13).

이 사실은 무엇을 말합니까? 이스라엘이 들어가야 할 땅은 가나안입니다. 그곳 사람들은 농사를 지었는데, '바알'신이 땅의 풍성함을 제공한다고 생각했어요. 비가 오지 않거나 풍년을 원할 때는 '바알'신에게 '기우제'를 드렸어요.

최근 중국은 50년 만의 최악의 가뭄을 극복하기 위해 '기우제'가 아닌 인공강우 기법을 꺼내 들었습니다. 다른 나라도 아닌 중국이 '기우제'를 지내지 않았다는 사실에 관심이 갑니다. 태백지역도 극심한 가뭄에 시달리고 있어요. 하나님께서 비를 내려주시도록 기도해야 합니다. 땅의 풍년은 하나님께서 주십니다.

하늘의 광명체들은 어떻게 존재하게 되었습니까? 14절을 봅시다. "하나님이 이르시되 하늘의 궁창에 광명체들이 있어 낮과 밤을 나뉘게 하고 그것들로 징조와 계절과 날과 해를 이루게 하라." '광명체들'은 해, 달, 별들을 말해요. 넷째 날에 해 달 별들을 만들었다기보다는 그 기능에 관해 설명하는 것으로 봅니다. 첫째 날 빛을 만드셨고, 날도 이미 만드셨기 때문입니다. 해, 달, 별들이 하는 일은 계절과 날과 해를 있게 하는 겁니다.

그런데 여기서 우리의 눈길을 끄는 대목은, '하나님께서 해와 달을 만드시고 그것을 하늘에 두어 비추게 하셨다.'라는 겁니다. 해는 당시 애굽의 신이었고, 달은 고대 바벨론의 신이었어요. 우리가 어렸을 때만 해도, 달에는 두 마리의 토끼가 절구통에서 방아를 찧으며 살고 있었어요. 그런데 1969년 암스트롱(Neil Alden Armstrong)이 달나라에 착륙함으로써 그런 낭만이 사라지고 말았어요. 요즘 사람들은 해나 달, 그리고 별자리를 보고 자신의 운명을 점칩니다. 다 쓸데없는 짓입니다. 해와 달과 별들을 바라보는 사람들의 눈은 창조주 하나님을 향해야 합니다.

이제 물고기와 새들에게로 가 볼까요? 하나님이 큰 바다짐승들과 물에서 번성하여 움직이는 모든 생물을 그 종류대로, 날개 있는 모든 새를 그 종류대로 창조하셨습니다. 그리고 그것들에 생육하고 번성하여 충만하도록 복을 주셨습니다(20-23). 깊은 바다에서만 살아서 근원적 두려움을 표출시키는 대왕오징어가 있어요. 최대 크기는 12-14m로 추정한다는군요. 일부에서는 마치 신처럼 여기기도 해요. 그러나 그 대왕오징어도 하나님께서 창조하신 피조물입니다. 바다의 파도가 아무리 심하게 일지라도 '용왕'이 화를 내는 것이 아닙니다. '심청'이 같은 처녀를 제물로 바칠 이유가 없습니다. 하나님께서 바다의 물고기와 하늘의 새들을 모두 창조하셨고, 모두 다스리십니다. 이렇게 하여 다섯째 날이 되었습니다.

하나님께서 창조하신 사역 속에는 어떤 틀이 있는데, 그것이 무엇일까요? '하나님이 이르시되,' '그대로 되니라,' '보시기에 좋았더라.' 하나님께서 말씀하시고, 피조물들이 순종하고, 하나님께서 평가하십니다. 하나님의 창조 사역은 말씀으로 이루어집니다. 이 세상의 모든 것들은 하나도 빠짐없이 모두 다 하나님의 말씀으로 생겨났습니다(요 1:3). 하나님께서 말씀하시매 이루어졌으며, 명령하시매 견고히 섰습니다(시 33:9).

여기에는 어떤 뜻이 있습니까? 하나님의 말씀은 일반적인 교훈이 아닙니다. 하나님의 말씀은 하나님의 존재 자체이며, 능력의 근원입니다. 그런데 더 놀라운 것은 태초에 천지를 창조하신 그 말씀이 육신의 몸을 입고 이 땅으로 오신 예수 그리스도시라는 겁니다(요 1:14). 천지창조는 성부 성자 성령 삼위 하나님께서 함께하신 사역입니다. 그 사역의 핵심은 말씀이고요. 하나님께서 세상을 말씀으로 창조하셨고, 그 말씀을 우리에게 주셨습니다. 우리가 천지창조를 보지 못했어도 믿을 수 있는 것은 하나님께서 주신 말씀을 믿었기 때문입니다. 하나님의 말씀을 공부하면 창조주 하나님을 믿을 수 있고, 예수님을 그리스도로 믿을 수 있습니다. 성령님께서 우리와 함께하심을 체험할 수 있습니다. 하나님의 말씀은 우리를 성경 선생이요, '목자'로서 바른 세계관을 갖도록 키우십니다.

오늘 우리가 도전받아야 할 세계관 중 하나는 무엇일까요? 실용주의적인 세계관입니다. 어떤 가치를 따질 때 '직접적인 이익이 있는가, 없는가?'로만 본다는 겁니다. 다른 말로는 '구명보트 논리', '트리지 윤리(Ethics of

Triage)'라고 말해요. 1차 세계대전 때 수많은 부상자가 야전병원에 실려 들어왔는데, 의약품이 부족하여 그들을 다 치료할 수 없었어요. 누구는 살리고 누구는 죽게 내버려 둘 수밖에 없었어요. 그때 약간의 처치로 살 만한 사람은 치료해주고, 살지 못할 것 같거나 애매한 사람은 아예 치료하지 않았습니다. 그래서 '도움을 줄 것이냐, 말 것이냐'를 선택해야 했어요.

이 원리가 교회에 들어와서 적용되고 있어요. '뭔가 있는 사람만 돕거나, 잘된 교회만 돕는다.'라는 겁니다. 그러나 성경은 그렇게 가르치지 않습니다. 예수님은 배고픈 5,000명 앞에서 보리빵 다섯 개와 물고기 두 마리를 놓고 어떻게 하셨나요? 그들 중에서 강하고 우수하고 장래성이 있는 사람, 혹은 노약자와 여성들 다섯 명만 골라서 빵을 먹이고 나머지 4,995명을 내버려 두셨나요? 예수님은 모든 사람을 같게 바라보셨습니다. 바로 거기에서 사랑의 기적이 일어났습니다. 이것이 예수님 사랑의 윤리입니다. 교회는 사랑의 공동체입니다.

어떻게 이런 사랑을 실천할 수 있을까요? 세상에서 외치는 실용주의에 말려들지 않아야 합니다. 성경적 세계관을 가져야 합니다. 하나님의 말씀을 공부하고 믿고 순종하며 사는 길 밖에는 없습니다. 그렇게 할 때 우리의 세계관이 변화됩니다. 이것이 오늘 우리가 창세기를 공부하는 목적 중 하나입니다.

오늘 우리가 창세기 공부를 통하여 우리의 세계관이 먼저 성경적으로 자리를 잡아야 합니다. 내가 변하면 내 주위를 변화시킬 수 있습니다. 내가 성경 선생으로 바르게 서면 삶과 사역 현장에서 만나는 사람의 세계관을 바꾸는 일에 쓰임 받을 수 있습니다. 하나님께서 우리를 이 시대를 섬기는 성경 선생으로 사용하시고 축복하시기를 기도합니다!

제2강
나는 어떻게, 왜 존재하였는가

◇ 본문 창세기 1:24-2:3
◇ 요절 창세기 1:26
◇ 찬송 463장, 455장

　　김동인의 단편소설 『발가락이 닮았다』가 생각납니다. "32세의 노총각 M이 친구들 몰래 결혼을 해요. 하지만 그는 아이를 가질 수 없어요. 그런데 결혼 2년 후에 아기를 안고 병원을 찾아요. 아기가 기관지를 앓고 있었지만, 실은 그 애가 자기 아이라는 보장을 얻으려는 목적 때문입니다. M은 말해요. '이 애가 제 증조부를 닮았어요.' '나를 닮은 데도 있는데, 가운뎃발가락이 내 발가락을 닮았어요.' 이 말을 들은 의사는, 아내의 부정을 의심하면서도 애써 그것을 삭혀 보려는 M의 심정이 눈물겨워 말합니다. '발가락뿐 아니라 얼굴도 닮은 데가 있어요.'"

　　M은 왜 '아기가 자기를 닮았다.'라고 주장하려는 걸까요? 누구를 닮았느냐의 문제는 정체성과 연결되기 때문입니다. 즉 '그 사람이 어떻게, 왜 존재하였는가?'에 대한 답을 주기 때문입니다. 나는 누구를 닮았습니까? 나는 어떻게, 왜 존재하였습니까?

　　1:25을 봅시다. "하나님이 땅의 짐승을 그 종류대로, 가축을 그 종류대로, 땅에 기는 모든 것을 그 종류대로 만드시니 하나님이 보시기에 좋았더

라." 처음부터 고릴라는 고릴라의 종류대로, 침팬지는 침팬지의 종류대로, 멧돼지는 멧돼지의 종류대로, 집돼지는 집돼지의 종류대로, 개미는 개미의 종류대로 있었어요. 왜냐하면 하나님께서 처음부터 그 종류대로 만드셨기 때문입니다. 하나님께서 그 종류대로 만드신 것을 보시니 보시기에 좋았습니다.

하나님께서 사람은 얼마나 특별한 존재로 창조하십니까? 26절을 읽읍시다. "하나님이 이르시되 우리의 형상을 따라 우리의 모양대로 우리가 사람을 만들고 그들로 바다의 물고기와 하늘의 새와 가축과 온 땅과 땅에 기는 모든 것을 다스리게 하자 하시고" '우리'란 삼위 하나님을 말하고, '형상'과 '모양'은 같은 말로서 '인격'이나 '속성'을 말해요. 보통 자식은 부모를 닮아요. 얼굴 모양이나 말하는 것은 물론이고 성품까지도 닮아요. 아주 진하게 닮으면 '붕어빵'이라고 말하는데, 부모는 그런 말 듣기를 좋아해요. '붕어빵' 속에 정체성이 나타나기 때문입니다.

엄마 아빠는 저 아이가 자기 자식이라고 생각하고, 자식은 저 사람이 자기 부모라는 사실을 확신합니다. 그 확신은 정체성의 확신으로 이어집니다. 정체성이 분명해지면 자식은 엄마 아빠를 인정하고 사랑하고 섬기게 됩니다. 하나님과 우리의 관계도 같습니다. 하나님과의 관계성 속에서 우리의 정체성이 분명해지면, 우리는 하나님을 하나님으로 인정하고 사랑하고 섬기게 됩니다.

이 사실이 당시 이스라엘에 주는 의미는 뭘까요? 당시 이교도들은, '보통 사람은 감히 신을 닮지 못하고 다만 왕만 신을 닮았다.'라고 생각했어요. 그러나 성경은, 모든 사람은 처음부터 하나님의 형상대로 창조되었다고 선포합니다. 모든 사람은 처음부터 하나님을 하나님으로 인정하고 섬기고 예배하는 삶을 살아야 한다는 말입니다. 사람이 하나님의 형상을 소유했다는 말은 오직 사람만이 하나님과 교제하며 예배할 수 있다는 뜻입니다.

그러면 오늘을 사는 현대인은 하나님의 형상을 소유했을까요? 아니면 소유하지 않았을까요? 하나님의 형상으로 지음을 받은 사람이 타락했습니다. 타락한 사람의 겉모습은 달라지지 않았지만, 하나님께서 함께하실 수 없는 육신이 되고 말았습니다(6:3). 하나님의 형상은 돌이킬 수 없을 정도로 훼손되었습니다.

그러면 하나님의 형상을 훼손한 사람의 존재는 무엇일까요? 칼뱅(Jean Calvin, 1509-1564)은 "온갖 사악함을 갖추고 있는 상점이라."라고 말했어요. 이것은 연쇄살인범 강 아무개는 물론이고 존경받는 사람에게도 해당합니다. 사람은 잃어버린 형상을 스스로 회복할 수 없습니다. 사람은 연어가 알에서 깨어난 곳으로 다시 돌아오는 것처럼 본향을 그리워합니다. 하지만 스스로 회복할 수 없어서 잘못된 방법으로 잃어버린 옛 모습을 그리워하며 찾아 헤맵니다.

며칠 전 취업 준비생 박 아무개 양이 말했어요. "신문에 나오는 운세도 안 믿는데, 취업이 너무 힘들어 초인적인 힘에라도 기대고 싶은 심정으로 점집을 찾았어요." 그 옆에 있던 Mr. 김은 "점이 맞든 안 맞든 누군가 내 미래가 '어떻게 될 것'이라고 말해줬으면 하는 심정"이라고 말했어요. 사람들은 불안한 미래 때문에 하나님이 아닌 우상에게 기댑니다.

어떻게 잃어버린 형상을 회복할 수 있을까요? 우리를 대신해서 십자가에서 죽으신 예수 그리스도를 믿으면 회복됩니다. 이것을 구원이라고 말합니다. 구원의 목적은 잃어버린 하나님의 형상을 회복시키는 겁니다. 구원은 우리가 그리스도의 성품에 참여하는 일입니다. 그리스도는 하나님의 참 형상이십니다. 그러므로 그분과 연합하면 그분의 형상을 덧입게 됩니다. 우리가 예수님께서 나의 죄를 대신해서 죽으셨음을 믿으면 성령님께서 내 속에 하나님의 형상을 새겨서 나를 새로운 피조물로 만드십니다.

그런데 우리가 하나님의 형상을 순간적으로 회복할 수는 없습니다. 신앙생활을 통해 서서히 회복합니다. 이것을 '성화의 과정'이라고 부릅니다. 그 과정에서 죄악 된 본성 때문에 고통을 받기도 해요. 하지만 우리는 성령님의 인도하심 속에서 장차 예수 그리스도의 성품에 참여하는 자들이 됩니다.

하나님의 형상대로 창조된 사람만이 갖는 또 하나의 특징은 무엇입니까? 남자와 여자를 각각 인격적 존재로 지으신 겁니다(27). 당시 사람들은 여성을 인격적으로 대우하지 않았습니다. 대부분 여자는 남자에게 종속되었습니다. 어떤 때는 남자가 여자에게 종속되기도 했고요. 그러나 하나님은 처음부터 남자와 여자를 인격적 존재로 지으셨습니다.

그러면 하나님께서 남자와 여자를 지으신 목적은 무엇입니까? 28절을 읽읍시다. "하나님이 그들에게 복을 주시며 하나님이 그들에게 이르시되 생육하고 번성하여 땅에 충만하라, 땅을 정복하라, 바다의 물고기와 하늘의 새와 땅에 움직이는 모든 생물을 다스리라 하시니라." '생육하고 번성하여 충만하라.'라는 말은 '후손을 많이 낳아라.'라는 뜻입니다.

현대인은 무엇을 복으로 생각하나요? '대박'을 터트려 부자가 되고, 세상에서 명예와 권세를 얻는 것이 아닐까요? 경기침체가 시작되면서 결혼이 줄어들고, 당분간 어린아이 보기가 더 어려워질 것이라는 보도가 있었어요. 아이를 낳는 수, 즉 출산율이 1.25명에서 1.19명으로 줄었어요. 지금의 인구 수준을 유지하는 데 필요한 출산율 2.1명의 절반 수준에 불과합니다. 미래의 성장 동력을 유지하기 위해서는 출산율을 높여야 하는데, 하나님의 은총이 필요합니다. 하나님의 은총은 우리 교회로부터 시작해야 합니다. 교회조차도 아이를 적게 낳는 것을 하나님의 축복으로 생각한 적이 있었어요. 그러나 하나님 축복의 출발점은 자녀가 번성하는 겁니다. 육신의 자녀가 충만함은 물론이고 영적인 자녀는 충만해야 합니다. 그것이 하나님의 축복입니다.

우리의 자녀가 충만하게 되면 우리는 세상을 정복하고 다스리게 됩니다. 우리는 세상을 정복하고 다스리는 사명인 입니다. 목자가 양을 돌보듯이 하나님께서 만드신 세상을 잘 돌보는 자들입니다. "남극이 녹아내린다."라고 경고하고 있어요. 자연을 제대로 관리하지 못하면 그 피해는 우리에게 고스란히 돌아옵니다. 우리는 세상 풍조도 잘 관리해야 합니다. 캠퍼스 복음 사역을 섬기는 일은 그 분위기를 다스리는 일이기도 해요. 분위기를 이기지 못하면 복음 사역을 섬길 수 없습니다. 사명인은 세상 풍조에 먹히는 자가 아니라 이기는 자입니다.

사명인은 어떻게 먹고 삽니까? 29절입니다. "하나님이 이르시되 내가 온 지면의 씨 맺는 모든 채소와 씨 가진 열매 맺는 모든 나무를 너희에게 주노니 너희의 먹을 거리가 되리라." 소설 『심청전』을 보면 인당수에 제물을 넣어요. 이상한 종교에서는 사람이 신을 먹여 살립니다. 그러나 우리의 하나님은 우리를 먹여 살리십니다. 하나님께서는 이스라엘을 광야에서 40년 동안 직접 먹이셨습니다.

예수님의 제자들이 먹는 것 때문에 잠깐 근심했어요. 주님께서 무슨 말씀을 하십니까? "염려하여 이르기를 '무엇을 먹을까 무엇을 마실까 무엇을 입을까' 하지 말라, 이는 다 이방인들이 구하는 것이라 너희 하늘 아버지께서 이 모든 것이 너희에게 있어야 할 줄을 아시느니라, 그런즉 너희는 먼저 그의 나라와 그의 의를 구하라 그리하면 이 모든 것을 너희에게 더하시리라"(마 6:31-33).

요즘은 대학 새내기들도 먹고사는 일 때문에 심한 스트레스를 받습니다. 대학가에 '다단계 주의보'가 발령되었어요. 다단계 판매업체는 주로 '고수익 보장 알바', '전공을 살린 실무 경험', '병역특례 취업' 등 대학생들의 구미를 당길만한 조건을 내세워 판매원을 모집하고 있어요. 이런 검은 유혹에 빠지지 않으려면 하나님께서 먹이신다는 믿음을 갖는 것뿐입니다. 하나님은 사명을 감당하는 자들의 실제 삶을 모른 척하지 않습니다. 하나님은 모든 짐승과 하늘의 모든 새와 땅에 기는 모든 것들도 먹이십니다(30).

하나님께서 그 지으신 모든 것을 보시고 어떤 평가를 하셨습니까? 31절을 읽읍시다. "하나님이 지으신 그 모든 것을 보시니 보시기에 심히 좋았더라 저녁이 되고 아침이 되니 이는 여섯째 날이니라." 하나님의 평가가 이번에는 좀 더 강조됩니다. "보시기에 심히 좋았더라." 이것은 마치 도공이 고려청자라는 출중한 작품을 만들어 놓고 그것을 바라보며 흐뭇해하는 모습을 생각나게 합니다.

하나님께서 왜 이렇게 흐뭇해하실까요? 사람이 그만큼 명품으로 만들어졌기 때문입니다. 이 사실이 당시 백성들에게 주는 의미는 무엇일까요? 그들은 오랫동안 애굽의 노예로 살았습니다. 그들의 존재가치는 형편없었어요. 그러나 하나님께서 그들을 당신의 백성으로 삼아주셨습니다. 즉 그들을 향한 평가가 다시 회복되었습니다. 그러므로 그들의 존재가치도 달라집니다. 그들은 더는 노예 백성이 아닙니다. 그들은 세계에 대하여 거룩한 제사장 나라가 되었습니다. 그런 그들을 하나님이 보시니 보시기에 심히 좋았습니다. 이제 그들은 하나님 앞에서 그 백성으로서 자존감과 정체성을 가질 수 있습니다.

이 말씀이 오늘 우리에게는 어떤 뜻이 있을까요? 예수님을 믿지 않는 사람은 죄 때문에 형상을 잃어버린 채 살아갑니다. 그러나 예수님을 믿은 사람은 형상이 회복되었습니다. 그러므로 우리도 하나님께서 보실 때 심히 좋은 존재들입니다. 나는 절대 무가치한 존재가 아닙니다. 내 인생의 미래에 대해서 별 목적도 없이 불안감 속에서 그냥 흘러 떠내려가는 그렇고 그런 존재가 아닙니다. 우리는 하나님의 형상대로 지음을 받았고, 이 땅에 충만하고 이 땅을 다스리는 사명이 있는 존재입니다. 무엇보다도 하나님께로부터 우리의 존재가치를 인정받은 명품들입니다. 명품은 명품을 알아보는 사람 앞에서만 그 빛이 납니다. '진주'가 돼지 앞에서는 그 가치를 드러내지 못합니다. '진주'가 돼지 앞에 서면 너무 답답하여 자살할 수 밖에 없습니다.

우리도 세상 사람들 앞에 서면 존재가치를 인정받지 못할 때가 있습니다. 그래서 상처를 받습니다. 이 상처를 이겨보려고 사치를 부리고 허영을 떨기도 합니다. 그것이 직접적으로 표출되는 것이 외모 가꾸기, '신상' 사기, 비싼 차 타기 등입니다. 어떤 국회의원은 3년째 현대자동차 아반떼를 타고 있어요. 유지비가 적게 들고 주차하기도 편해 만족스럽다고 말해요. 그런데 작은 차를 타다 보니 설움을 당한 적이 한두 번이 아니래요. 호텔에서 열리는 의원 행사에 참석했는데, 차를 빨리 빼라는 요구를 받기도 하고, 국정감사를 위해 피감기관을 찾았다가 정문에서 제지당하기도 했대요. 주위에서도 하나같이 국회의원 '격'에 맞지 않는다며 큰 차로 바꾸라고 권유한다고 해요. 국회의원이 이럴진대 일반 사람은 어떠하겠어요?

'체면 중시 문화'란 사람 앞에서 사는 모습을 말해요. 우리가 사람을 무시해서는 안 되지만, 그렇다고 사람 눈치만 살피며 산다면 어떻게 되겠어요? 사람의 눈도 중요하지만, 더욱 중요한 것은 하나님의 눈입니다. 우리는 하나님 앞에서 사는 존재입니다.

하나님 앞에서 사는 사람의 대표적인 삶의 모습은 무엇입니까? 2:1을 봅시다. "천지와 만물이 다 이루어지니라." 하나님은 하시던 일을 일곱째 날에 마치시고 안식하셨습니다(2).

그리고 그날을 어떻게 하셨습니까? 2:3을 읽읍시다. "하나님이 그 일곱째 날을 복되게 하사 거룩하게 하셨으니 이는 하나님이 그 창조하시며 만드시던 모든 일을 마치시고 그날에 안식하셨음이니라." 하나님은 지금까지 동물이나 사람을 만드시고 복을 주셨습니다. 그런데 오늘은 일곱째 날을 만드시고 그날을 축복하십니다. 그날을 거룩하게 하셨습니다. 다른 여섯째 날들과는 특별하게 구별하셨습니다. 하나님께서 그 창조하시며 만드시던 모든 일을 마치시고 그날에 안식하셨기 때문입니다.

이 사실이 주는 의미는 무엇일까요? 이제 이스라엘은 가나안 땅에 들어가서 농사를 짓고 살아야 합니다. 자기들이 일해서 먹고살아야 한다는 말입니다. 자기들이 몸으로 뛰면서 먹고 살다 보면 하루라도 더 일하고 싶은 욕심이 생길 수 있어요. 하루라도 더 일하면 그만큼 수입이 많아진다고 생각하기 때문입니다. 그러나 하나님께서는 그들이 철저하게 하나님 중심으로 살기를 원하십니다. 창조주 하나님을 기억하고, 자기 자신은 하나님의 거룩한 백성임을 인식하며 살기를 원하십니다. 그것이 일곱째 날을 기념하여 지키는 겁니다.

이 안식일은 예수님께서 십자가에서 돌아가시고 다시 살아나신 후에는 주일로 바뀌었습니다. 우리는 그날을 '주님의 날', '주일'이라고 부르며 지금까지 지키고 있습니다. 우리가 주일을 지키고 예배하는 의미가 어디에 있습니까? 주일예배는 단순한 기독교 전통이 아닙니다. 하나님께서 창조 사역 때 친히 세우신 원칙입니다. 우리는 주일에 예배하면서 그 하나님을 기억하고 감사하며 찬양합니다. 우리가 신앙생활 중에 다른 일들은 선택 사항이라고 할 수 있지만 주일예배는 우리 삶과 신앙의 필수입니다.

나는 어떻게 존재하였습니까? 하나님께서 당신의 형상대로 지으심으로 존재하였습니다. 나는 왜 존재하였습니까? 세상에 충만하고 세상을 정복하라고 지으셨습니다. 우리의 존재 목적 중 하나는 이 사실을 캠퍼스 학우들에게 전파하는 것이라고 말할 수 있어요. 하나님은, 내가 예수님을 믿음으로 하나님의 형상을 회복하였듯이 그들도 예수님을 믿음으로 하나님의 형상이 회복되기를 원하십니다. 그리고 그 일에 나를 사용하고자 하십니다. 이 사역을 통하여 양을 보내주시고, 그들을 구속 사역의 후계자로 세워주기를 기도합니다!

제3강
행복은 어디에 있는가

◇ 본문 창세기 2:4-25
◇ 요절 창세기 2:17
◇ 찬송 200장, 206장

　사람과 행복은 꽃과 나비의 관계처럼 떼려야 뗄 수 없는 관계입니다. 사람은 나비가 꽃을 찾듯이 끊임없이 행복을 찾아 나섭니다. 하지만 '행복의 파랑새'는 소망하는 사람의 가슴에 쉽게 앉지 않습니다. 누군가가 "행복은 저 산 너머에 있다."기에 찾아가 보지만, 찾지 못하고 돌아옵니다. 그러면 행복은 어디에 있습니까?

　4절을 봅시다. "이것이 천지가 창조될 때에 하늘과 땅의 내력이니 여호와 하나님이 땅과 하늘을 만드시던 날에." '하늘과 땅의 내력'이란 하늘과 땅을 창조한 후에 일어난 사건에 관한 이야기입니다. 하늘과 땅을 누가 만들었나요? 여호와 하나님께서 만드셨습니다. 앞에서는 '하나님'이라고 했는데, 여기서는 '여호와 하나님'으로 부릅니다.

　'하나님'이란 문자적으로는 '일반적인 신'을 가리킵니다. 하지만 엄밀한 의미에서 신은 오직 한 분뿐이기 때문에 성경의 하나님을 대변하고 있습니다. '여호와'란 '스스로 있는 자'라는 뜻입니다. 하나님께서 모세를 이스라엘의 목자로 세우시고 백성에게 보내십니다. 그때 모세가 물어요. "백성이, 하나님의 이름이 무엇이냐고 물으면 어떻게 대답해야 합니까?" 하나님께서 말씀하십니다. "나는 스스로 있는 자이다"(출 3:13-14).

이렇게 묻는 사람이 있어요. "세상을 하나님이 만들었다고 치자, 그러면 그 하나님은 누가 만들었느냐?" 하나님이 누군가에 의해서 만들어진 존재라면 이미 하나님이 아닙니다. 세상을 만드신 여호와는 누군가에 의해서 만들어진 신이 아니라, 스스로 계신 분입니다. 그 여호와께서 이스라엘을 애굽에서 구원하셨고, 광야에서 만나를 주셔서 먹이십니다. 무더운 낮에는 시원한 구름 기둥으로 인도하시고, 춥고 어두운 밤에는 따뜻하고 환한 불기둥으로 인도하십니다. 그리고 시내 산에서 이스라엘을 거룩한 제사장 나라로 삼겠다고 언약을 맺으십니다. 이 여호와는 이스라엘의 하나님이실 뿐만 아니라, 온 세상 만민의 하나님이십니다.

이 여호와께서 아직 땅에 비를 내리지 않으셨습니다. 땅을 갈 사람도 아직 없고, 들에는 식물이 아직 없고, 밭에는 채소도 나지 않습니다(5). 안개만 땅에서 올라와 땅의 표면을 적시고 있을 뿐입니다(6). 땅은 자기를 경작해 줄 사람을 애타게 기다리고 있습니다.

그 사람이 어떻게 존재합니까? 7절을 읽읍시다. "여호와 하나님이 땅의 흙으로 사람을 지으시고 생기를 그 코에 불어넣으시니 사람이 생령이 되니라." '땅'은 히브리어로 '아다마(Adama)'이고, '사람'은 '아담(Adam)'입니다. 하나님께서 '아다마'로 지으셨기 때문에 그 이름을 '아담'이라고 불렀습니다. 하나님은, 토기장이가 특별한 목적을 가지고 도자기를 짓듯이 사람을 '명품'으로 지으셨습니다. 그러나 그 명품도 2%가 부족합니다. 아직은 살아 있는 존재가 아니기 때문입니다.

영화에서 사람의 대역으로 등장하는 '더미(dummy)'나 옷가게에 종일 서 있는 '마네킹(mannequin)'에 불과합니다. 그런 사람에게 여호와께서 생기를 그 코에 불어 넣으시니 생령이 됩니다. '생령'이란 '살아 있는 영혼

의 존재'를 말해요. 미켈란젤로(Michelangelo Buonarroti, 1475-1564)
가 그린 시스티나 성당(Sistine Chapel) 천장벽화 중 '천지창조'가 생각납
니다. 그 그림 가운데에는 두 사람의 손가락과 손가락이 닿을 듯 말 듯한
그림이 있어요. 아담에게 생명을 부여하는 하나님의 손을 표현한 겁니다
(Hands of God and Adam). 사람의 뿌리가 하나님의 숨결에 있음을 보여
주는 겁니다.

　보통 사람들은 사람의 존재를 어떻게 이해하고 있나요? 사람을 어떤 측
면에서 바라보느냐에 따라 그 존재가 크게 달라집니다. 단군신화에 의하
면, 환웅이 인간세계를 다스리려고 내려왔어요. 그때 곰과 호랑이 한 마리
가 환웅을 찾아가 "인간이 되게 해 달라."고 간청해요. 환웅은, 그들에게
신령한 쑥 1자루와 마늘 20쪽을 주며 "이것만 먹고 100일간 햇빛을 보지
않으면 사람이 될 수 있다."라고 말해요. 곰은 잘 참아서 21일 만에 인간
여자로 변하였으나, 호랑이는 참지 못하고 뛰쳐나가 사람이 되지 못했어
요. 웅녀는 결혼할 남자가 없자 환웅에게 아이 갖기를 원했고, 환웅이 잠
시 인간으로 변해 웅녀와 결혼했어요. 웅녀가 아들을 낳으니, 그가 곧 단
군 왕검입니다.

　오늘 나의 존재를 이런 식으로 받아들일 수 있나요? 내 삶의 뿌리는 여
호와 하나님께 있습니다. 그러므로 여호와를 만나지 못하면 행복이 없습
니다. 여호와를 만날 때만이 행복을 누립니다.

　스웨덴에서 입양아로 자란 수잔 브링크(Susan Brink)가 얼마 전에 향
년 46세로 사망했습니다. 그녀는 어린 시절을 양모로부터 차별을 받고 매
를 맞으며 보냈다는군요. 가출하여 남자친구와 동거하다 임신을 하지만
버림받고 미혼모가 됩니다. 그녀는 모진 삶을 살며 숱한 배신과 자살 기도
를 해요. 그런 그녀가 후에 친부모를 만나고 신앙을 가짐으로써 행복을 맛
보게 됩니다. 선진국에 흩어져 있는 많은 입양아가 나이를 먹으면서 뿌리

를 찾아 나섭니다. 뿌리를 찾지 않고서는 행복할 수 없기 때문입니다.

그러나 사람의 본질적 뿌리는 엄마 아빠가 아닙니다. 여호와 하나님이십니다. 우리는 엄마 아빠에게 잠깐 입양된 겁니다. 그러므로 친부모인 여호와 하나님을 만날 때만이 참 행복을 누릴 수 있습니다. 우리가 성경을 공부하고 예배하는 일, 우리의 뿌리를 찾는 일이라고 할 수 있습니다.

처음 사람은 어디에서 살았습니까? 8절을 봅시다. "여호와 하나님이 동방의 에덴에 동산을 창설하시고 그 지으신 사람을 거기 두시니라." 처음 사람은 에덴동산에서 살았습니다. 그곳에는 아름답고 먹기 좋은 열매를 맺는 온갖 나무들이 있습니다. 동산 한가운데에는 특별한 두 나무가 있는데, 생명 나무와 선악을 알게 하는 나무입니다.

에덴에서 하나의 강이 흘러 동산을 적시고, 그곳에서 강이 나뉘어 네 줄기가 되었습니다. 첫 번째 강의 이름은 비손인데, 그 강은 금이 나는 하윌라 온 땅을 돌아 흐릅니다. 그곳에서는 베델리엄 향료와 보석도 납니다. 두 번째 강의 이름은 기혼인데, 그 강은 구스 온 땅을 돌아 흐릅니다. 세 번째 강의 이름은 힛데겔(티그리스)인데, 앗수르 동쪽으로 흐릅니다. 네 번째 강은 유브라데(유프라테스)입니다(9-14).

이곳에서 사람은 무엇을 합니까? 15절입니다. "여호와 하나님이 그 사람을 이끌어 에덴동산에 두어 그것을 경작하며 지키게 하시고," '경작한다'라는 말은 '밭을 간다.'라는 뜻과 함께 '하나님을 예배하고 섬긴다.'라는 뜻도 있어요. '지킨다'라는 말은 '목자가 양을 돌본다.'라는 뜻과 함께 '하나님의 말씀에 순종한다.'라는 뜻도 있어요. 사람이 에덴동산에서 하는 일은 밭을 갈고 그곳을 잘 돌보는 겁니다. 그뿐만 아니라, 하나님을 예배하고 그 말씀에 순종하며 사는 겁니다.

이 말씀이 당시 이스라엘에 주는 의미는 무엇일까요? 그들은 지금 젖과 꿀이 흐르는 가나안으로 들어가고 있어요. 그들이 그곳으로 가는 목적은 그곳에서 하나님을 예배하고 하나님의 말씀을 지키며 사는 거룩한 제사장 백성이 되는 겁니다. 이 목적은 오늘 우리에게도 그대로 적용됩니다.

하나님께서 에덴동산을 상징하는 오늘의 교회에 둔 목적은 무엇입니까? 우리에게 이 험한 세상에서 잘 먹고 잘살라는 뜻도 분명 있어요. 하지만 하나님을 섬기고 그 말씀에 순종하며 살도록 하는 분명한 목적도 있음을 잊어서는 안 됩니다. 물론 이런 삶에는 희생이 따릅니다.

지난주에도 몇 분은 대학을 찾아가 전도했습니다. 학교를 왔다 갔다 하는 일은 거의 등산 수준입니다. 한 분은 그 길을 걸으면, 주님께서 걸으셨던 골고다 언덕길이 생각난다고 했어요. 왜냐하면 걸을 때는 힘들지만 걸으면 사람이 살아나기 때문입니다. 우리가 내일도 변함없이 이 언덕길을 오르내리는 것은 하나님께서 오늘 우리를 살게 하신 뜻을 알기 때문입니다. 우리가 다리품을 부지런히 팔면 팔수록 우리의 생명이 살아나고, 캠퍼스 학우를 비롯한 이웃의 생명도 살아날 줄 믿습니다.

여호와께서 그 길을 가는 자들을 어떻게 먹이십니까? 16절입니다. "여호와 하나님이 그 사람에게 명하여 이르시되 동산 각종 나무의 열매는 네가 임의로 먹되." '임의로 먹는다.'라는 말은 '마음대로 먹는다.'라는 뜻입니다. 에덴동산에서 사람이 무한한 행복을 누리고 있다고 말할 수 있는 근거, 마음대로 먹을 수 있는 무한한 자유가 있다는 겁니다.

그런데 그 자유를 보장받기 위한 한 가지 조건이 있습니다. 17절을 읽읍시다. "선악을 알게 하는 나무의 열매는 먹지 말라 네가 먹는 날에는 반드시 죽으리라 하시니라." 이 말씀은, 하나님께서 사람에게 주신 첫 번째 명령입니다. 그것은 생명과 죽음에 관한 명령입니다. 반드시 지켜야 할 명령입니다.

우리는 이 말씀을 '아담의 성경(Adam's Bible)'이라고 부릅니다. 아담은 여호와 하나님 앞에서 모든 것을 자유롭게 할 수 있는 존재이지만, 동시에 해서는 안 될 것이 있는 존재이기도 합니다. 이 금지는 여호와 하나님을 하나님으로, 아담을 그의 피조물로 지탱해주는 유일한 끈입니다.

연을 날려 본 적이 있나요? 전 어렸을 때 시골에서 자랐기에 겨울방학 때면 거의 매일 연을 날렸어요. 그때는 연을 날리는 실이 약했어요. 연이 높은 하늘로 오르면 오를수록 그 줄이 튼튼해야 견디는데, 실이 약하기 때문에 끊어져 버려요. 그 연은 저 멀리 다른 동네로 날아가 버립니다. 그 연과 저와의 인연도 끊어집니다. 하늘에 높이 떠 있는 연은 그 줄이 있을 때만 생명을 보장받습니다. 이처럼 사람도 하나님의 말씀에 순종할 때만 그 생명을 보장받습니다.

그 '생명줄'이 왜 하필 '선악을 알게 하는 나무의 열매를 먹지 말라'는 것일까요? '사람이 선악을 알게 하는 나무의 열매를 먹는다.'라는 말은 '사람이 선과 악을 스스로 결정한다.'라는 뜻입니다. '먹지 말라'는 말은 '스스로 결정하지 말라.'는 말이고요. 즉 '하나님께서 선악을 결정하실 터이니 사람은 순종하라.'라는 말입니다.

왜 이렇게 하실까요? 선과 악의 기준이 사람의 생각에 근거하면 절대성이 사라지기 때문입니다. 사람의 생각은 갈대처럼 변합니다. 어제의 선이 오늘의 악이 되기도 하고, 저곳에서의 선이 이곳에서는 악이 되기도 합니다. 사람이 자기 좋을 대로 자기 기준으로 살면 잘 살 것 같지만, 반드시 죽습니다. 그러니까 살려면 선과 악을 자기 스스로 결정해서는 안 되고 여호와의 말씀에 순종해야 합니다. 선악의 기준이 여호와 하나님의 말씀에 근거할 때 그것은 언제 어디서나 절대적 기준이 됩니다. 그러므로 '선악을 알게 하는 나무의 열매를 먹지 말라.'는 말씀은 에덴이 에덴 되게 하는 근거입니다. 사람의 생명이 보장되고 행복을 누리게 하는 생명의 말씀입니다.

왜 그럴까요? 사람은 하나님의 숨결로 살아 있는 영혼의 존재가 되었기 때문입니다. 살아 있는 영혼의 존재에게 가장 필요한 에너지는 하나님과의 교제입니다. 하나님을 섬기고 그 말씀을 공급받을 때 생명을 유지할 수 있습니다. 이것은 마치 휴대전화기의 배터리를 규칙적으로 충전해 주어야 하는 것과 같아요. 우리는 삶의 현장에서 하나님을 잊어버립니다. 신앙은 마치 꺼져가는 등불처럼 될 때도 있어요.

어떻게 회복할 수 있나요? 우리가 삶의 현장에서 말씀을 기억하고, 그 말씀에 순종하여 살아야 합니다. 이것은 우리 영혼의 배터리를 충전하는 것과 같습니다. 우리가 하나님의 말씀을 공부하는 일, 주일에 예배하는 일이야말로 규칙적인 충전이라고 할 수 있어요. 여기에 우리의 생명이 있고, 행복이 있습니다.

하나님은 사람에게 좋고 나쁨의 기준을 어떻게 가르쳐 줍니까? 18절을 봅시다. "여호와 하나님이 이르시되 사람이 혼자 사는 것이 좋지 아니하니 내가 그를 위하여 돕는 배필을 지으리라 하시니라." '좋지 않다'라는 말은 '나쁘다'라는 말입니다. 하나님이 보실 때 사람이 혼자 사는 것은 나쁜 겁니다. 왜냐하면 그것은 창조의 목적에 맞지 않기 때문입니다. 하나님은 '싱글(single)'을 나쁘게 여기시고 돕는 배필을 지으십니다. '돕는 배필'이란 '남자에게 부족한 것을 공급해 주는 사람', 혹은 '남자가 혼자서는 할 수 없는 것을 할 수 있도록 도와주는 사람'을 말해요.

무엇을 도와줄까요? 빨래하고 밥하는 것을 도와줄까요? 하나님을 섬기고 그분의 말씀을 지키는 일을 도와줍니다. 이것이 돕는 배필의 존재 이유요 목적입니다. 아담은 하나님께서 지으신 각 생물에게 이름을 붙여주지만, 그중에 아담의 돕는 배필은 없습니다(19-20). 사람과 동물은 그 본질이 다르기 때문입니다. 이를 아신 여호와 하나님이 아담을 깊이 잠들게 하셨어요. 그의 갈비뼈 하나를 꺼내 여자를 만드십니다.

왜 하필 갈비뼈로 만들었을까요? 갈비뼈가 옆구리인 것처럼 돕는 배필인 여자는 언제나 남자 옆에 서 있도록 하는 겁니다. 돕는 배필인 여자는 남자를 능가하도록 그의 머리뼈로 만들지 않았어요. 그렇다고 남자에 의해 짓밟히도록 그의 발바닥뼈로도 만들지 않았습니다. 동등한 관계를 유지하도록 갈비뼈로 만든 겁니다.

그녀를 아담에게로 데려오자(22) 얼마나 기뻐합니까? "내 뼈 중의 뼈요 살 중의 살이라"(23). 우리는 가족관계에서 '핏줄'을 강조하지만, 히브리인은 '뼈와 살'을 강조했어요. 부부관계는 인간관계 중 가장 가깝고 친밀한 관계입니다. 아담은 자기 아내의 이름을 '여자'라고 부릅니다. 이것은 남자와 여자 사이의 권리는 동등하지만, 남자가 여자보다 그 권위에서 우월함을 보여줍니다. 그들은 이렇게 부부가 되었어요.

첫 결혼에 나타난 원리는 무엇입니까? 24절입니다. "이러므로 남자가 부모를 떠나 그의 아내와 합하여 둘이 한 몸을 이룰지로다." 결혼 전에 남자에게 가장 중요한 책임은 부모를 공경하는 일입니다. 하지만 결혼하면 자기 아내에게 책임을 다하는 일이 가장 중요합니다. 남자는 새로 꾸민 가정의 책임을 갖고 누구보다도 아내와의 관계를 우선으로 해야 합니다.

남편과 아내가 한 몸을 이루었을 때 그 모습이 어떠합니까? 두 사람이 벌거벗었으나 부끄러워하지 않습니다(25). 이 첫 가정의 주인은 남자도 여자도 아닌 오직 하나님이십니다. 그들은 서로 하나님을 섬기고 그 말씀에 순종하며 살도록 돕습니다. 여기에 가정의 행복이 있습니다.

행복은 어디에서 옵니까? 이 질문을 겉으로만 들으면 고전적이고 상투적이지만 실은 대단히 실존적인 질문입니다. 왜냐하면 이 질문의 답을 찾지 못하면 삶의 질이 심각하게 떨어지기 때문입니다. 행복은 하나님을 섬기고 그 말씀에 순종하는 데서 옵니다. 그 점에서 볼 때 우리가 하는 '1대1 성경 공부'는 사람의 행복을 여는 열쇠입니다. 주일예배는 사람의 생명을 활기차게 하는 원동력입니다. 우리가 캠퍼스 학우에게 발품을 팔고 시간을 투자하여 전도하고 성경을 가르치는 이유가 바로 여기에 있습니다.

제4강
유혹과 타락

◇ 본문 창세기 3:1-7
◇ 요절 창세기 3:6
◇ 찬송 546장, 543장

봄이 오는 길목에 어김없이 찾아오는 것이 있으니, '꽃샘추위'입니다. '꽃이 피는 것을 시샘한다.'라고 해서 붙여진 이름입니다. 우리가 믿음의 길을 걸을 때, 믿음의 꽃이 피는 것을 시샘하는 것이 있나요? 있다면 어떻게 찾아올까요?

에덴동산에서 아담과 그의 아내는 벌거벗었지만, 부끄러워하지 않았습니다(2:25). 그런데 그곳에 여호와 하나님께서 만드신 들짐승 중에 뱀이 있었어요. 그것은 들짐승 중에 가장 간사하고 교활했어요(1). '간사하고 교활하다.'라는 말은 '좋은 머리를 가지고 나쁜 일에 사용한다.'라는 뜻입니다.

뱀은 좋은 머리를 가지고 어떤 나쁜 일에 사용합니까? 여자를 유혹하는 일에 사용해요. 뱀은 여자에게 낭만적으로 다가가 철학적으로 묻습니다. "하나님이 '참으로' 너희에게 동산 '모든' 나무의 열매를 먹지 '말라' 하시더냐"(1)? 뱀은, '여호와 하나님'이라는 말 대신에 '하나님'이라고 불러요. '여호와 하나님'은 삶의 현장에서 언제나 함께하시는 인격적인 하나님을 말한다면, '하나님'은 그저 막연한 하나님을 말해요. 뱀은 여호와 하나님으로부터 지음을 받은 피조물이면서 자기와는 상관없는 것처럼 말해요.

그리고 '참으로'와 '모든'이라는 말을 덧붙이면서 '먹지 말라'는 부정적인 말을 강조합니다. 뱀은 무신론적인 괴물이나 혼돈의 짐승처럼 무식하게 접근하지 않았어요. 오히려 삶에 대한 문제의식을 심으며 지성적으로 접근하잖아요? 그러나 여기에는 고도로 계산된 함정이 있어요. 여자의 마음속에 여호와의 사랑에 대한 의심의 씨를 심어서 그 사랑을 흔드는 겁니다.

어떤 아빠가 사랑하는 딸이 대학에 들어가자 말했어요. "너도 대학생이 되었으니 간섭하지 않겠다. 다만 한 가지, 밤 11시까지는 집에 들어오는 거다." 딸은 아빠의 마음을 너무나 잘 알기 때문에 기쁜 마음으로 잘 지켰어요. 그런데 어느 날 한 남학생이 늑대처럼 다가와 속삭였어요. "참으로 11시까지 집에 들어가야 하니? 아빠에게 모든 것을 다 허락받아야 하니? 요즘이 어떤 세상인데, 넌 시집도 네 마음대로 못 가겠네..." 이런 말이 귀에 들리기 시작하면 딸과 아빠의 사이는 금이 간 겁니다.

인디언들이 초창기 미국인들에게 교육을 받을 때의 이야기입니다. 시험을 보는데, 학생들이 삼삼오오 모여 의논을 하더래요. 선생님이 깜짝 놀라서 뭐라고 했어요. 그러자 아이들이 말해요. "우리 마을에서는 어려운 일이 생기면 어른들이 모여서 의논해요." 이런 모습을 보고 우리나라 교육을 신랄하게 비판하는 경우가 많아요. 그런데 미국의 오바마(Obama) 대통령은 "미국 아이들은 한국 아이들보다 학교에서 한 달 정도를 덜 보낸다. 이렇게 해서는 21세기 경제에 대비할 수 없다."라고 말했어요.

뉴질랜드로 간 한 아들이 학교에 다녀온 첫날의 소감은 "학교가 이상해요, 공부를 안 해요."였대요. 그곳에는 교과서가 없고, 편하게 앉아서 자유롭게 수업을 한 대요. 그가 보기에는 공부를 하지 않는 겁니다. 어떤 관점에서 보느냐에 따라 같은 내용이 다르게 평가됩니다. 부정적으로만 보면

삐딱해집니다. 반면 신뢰심으로 보면 참 좋아요. 유혹은 이런 점에서부터 시작합니다.

뱀의 유혹에 대한 여자의 반응을 볼까요? 2-3절입니다. "여자가 뱀에게 말하되 동산 나무의 열매를 우리가 먹을 수 있으나, 동산 중앙에 있는 나무의 열매는 하나님의 말씀에 너희는 먹지도 말고 만지지도 말라 너희가 죽을까 하노라 하셨느니라." 여자는 여호와의 말씀을 세 가지 점에서 약간씩 변형시켰습니다.

첫째로, 그녀는 여호와께서 베푸신 은혜를 축소하고 있습니다. 여호와께서는 '자유롭게 먹을 수 있다.'라고 말씀하셨어요(2:16). 그러나 그녀는 '우리가 먹을 수 있으나'라고 말함으로써, 그 무한한 자유를 은근히 제한시킵니다.

둘째로, 그녀는 금지사항을 추가했어요. 여호와께서는 열매를 만지는 것에 대해서는 아무 말씀도 하지 않았어요. 그러나 그녀는 '만지지도 말라'는 말을 더했어요. 그녀는 하나님과는 멀어지고 뱀과는 가까워집니다.

셋째로, 그녀는 죄에 대한 처벌을 약하게 합니다. 하나님께서는 '반드시 죽는다.'(2:17)라고 말씀하셨는데, 그녀는 '죽을까 하노라'라고 말해요. 이 표현은, 죽음이라는 벌의 확실성을 분명히 담고 있지 않아요. 에덴을 에덴되게 하는 핵심이 흔들립니다.

뱀의 말이 어떤 점에서 여자의 신앙을 이렇게 흔들어버렸을까요? 그동안 여자는 에덴동산에서 부족한 것이 없었어요. 그러나 뱀과 말을 섞는 중에 심리적 박탈감과 상대적 빈곤감에 빠졌어요. 그녀에게 하나님은 인색하고 강압적이고 자유를 박탈하는 분으로 다가왔어요. 하나님께 대한 신뢰심에 금이 간 겁니다. 신뢰심에 금이 가면 관계성의 핵심도 금이 갑니다.

이런 현실을 알아차린 뱀은 여자에게 어떤 거짓 확신을 심습니까? 4절입니다. "뱀이 여자에게 이르되 너희가 결코 죽지 아니하리라." 뱀은, 여자가 하나님께 대한 신뢰에 금이 간 것을 보고 죽음이라는 벌을 정면으로 부정합니다.

'짝퉁'이 많기로 유명한 중국에서 이런 일도 있었다는군요. 어느 농부가 봄에 종자를 사서 뿌렸는데 싹이 나지 않았어요. 씨앗들이 모두 가짜였기 때문이래요. 한 해 농사를 망친 농부는 너무 속이 상해서 자살하려고 농약을 마셨는데, 죽지 않았어요. 농약도 가짜였기 때문입니다. 엄밀하게 보면 중국만 짝퉁이 많은 것은 아닙니다. 이 세상 자체가 짝퉁 천지라고 할 수 있어요. 여기저기서 가짜들이 진짜처럼 행세하기 때문입니다.

이 가짜는 에덴의 뱀으로부터 시작한 겁니다. "너희가 그것을 먹는 날에는 너희 눈이 밝아져 하나님과 같이 되어 선악을 알 줄 하나님이 아심이니라"(5). 하나님은 선과 악에 대해서 하나님께서 정하신 것에 사람은 순종하기를 원하셨습니다. 그러므로 사람이 스스로 결정을 한다면, 그것은 창조주 하나님께 정면으로 도전하는 행위입니다.

그런데도 뱀은 '스스로 결정할 수 있고, 결정하라.'라고 속삭입니다. '하나님도 이 사실을 알고 있어서 먹지 못하게 한 거라'는 겁니다. '하나님은 사람을 사랑하시는 것 같지만 실은 2%가 부족하다.'라는 겁니다. '사람을 정말로 사랑하신다면 왜 금지 조항을 주었겠는가? 금지 조항이 있다는 것 자체가 문제다'는 말입니다. 뱀은 이제 자신의 본심을 노골적으로 드러냅니다. 즉 여자에게 하나님으로부터 돌아서라는 겁니다. 행동으로 옮기라는 겁니다.

여자는 어떻게 행동으로 옮깁니까? 6절을 읽읍시다. "여자가 그 나무를 본즉 먹음직도 하고 보암직도 하고 지혜롭게 할 만큼 탐스럽기도 한 나무인지라 여자가 그 열매를 따 먹고 자기와 함께 있는 남편에게도 주매 그도 먹은지라." 하나님께 대한 신뢰가 무너지면 하나님께서 주신 열매를 보는 눈이 달라집니다. '먹음직도 하고, 보암직도 하고, 지혜롭게 할 만큼 탐스럽기도' 했어요.

이 표현은 "육신의 정욕, 안목의 정욕, 이생의 자랑"(요일 2:16)으로 나타납니다. 그리고 이 모든 것들이 한데 어울려 타락으로 끌고 갑니다. 유혹의 끝은 타락입니다. 그 타락은 자기 자신으로 끝나지 않고 주위 사람에게로 전염됩니다. 여자는 가장 먼저 자기 남편을 타락의 구렁텅이로 끌고 들어갑니다. 여자는 아주 신속하게 남편에게 그 열매를 주었어요. 남편은 아무런 저항도 없이 여자의 말에 즉시 순종합니다. 남편이 아내에게 이렇게 순종을 잘한 적은 오직 이때뿐입니다.

여기서 질문이 생기지 않나요? 왜 여자는 하나님의 말씀보다도 뱀의 말을 더 잘 들었을까요? 왜 남자는 하나님의 말씀보다도 여자의 말을 더 잘 들었을까요? 하나님께 대한 신뢰가 무너졌기 때문입니다. 신뢰가 무너지면 귀가 막힙니다. 고집불통이 됩니다.

어떤 아내는, "남편이 너무 말을 안 들어 속이 상해 죽겠다."라고 말했어요. 왜 그럴까요? 에덴동산에서 너무 말을 잘 들어서 문제가 생겼기 때문에 그 후 모든 남편이 단합했기 때문일까요? 아내에 대한 신뢰가 무너졌기 때문입니다. 신뢰를 회복하면 소통도 저절로 회복할 수 있습니다.

그러면 '그 열매'를 따먹은 그들에게 어떤 예상치 못한 일이 생겼나요? 7절입니다. "이에 그들의 눈이 밝아져 자기들이 벗은 줄을 알고 무화과나무 잎을 엮어 치마로 삼았더라." 뱀의 말대로 그들의 눈은 밝아졌어요. 하지만 이상한 쪽으로 밝아졌어요. 자기들이 벗은 줄을 알고 가린 겁니다. 부끄러웠기 때문입니다. 타락했기 때문입니다. 에덴동산에서 유혹과 타락은 이렇게 이루어졌습니다.

이 말씀이 당시 회중들에게 주는 의미는 무엇입니까? 하나님의 백성으로 살고자 할 때 평생 부딪히고 싸워야 할 문제 중 하나는 유혹이라는 겁니다. 그런데 그 유혹을 처음에 막으면 아주 쉽게 막을 수 있습니다. 한 소년이 손가락으로 구멍 난 제방을 막아 마을을 구했다는 이야기가 기억납니다. 유혹은, 처음에는 제방에 난 구멍처럼 작습니다. 하지만 그것을 방치하면 둑이 무너지듯 인생이 무너집니다. 즉 타락하고 맙니다.

당시 이스라엘 앞에도 수많은 유혹이 있었어요. 그 유혹을 이기는 길은 분명합니다. 하나님의 선하심에 대한 흔들림 없는 신뢰입니다. 그 신뢰는 하나님의 말씀을 붙들고 씨름하는 데서 나옵니다. 그래서 목자 모세는 그들에게 하나님의 말씀을 삶의 현장에서 붙들도록 강조하고 있습니다. "여호와께서 우리에게 이 모든 규례를 지키라 명령하셨으니, 이는 우리가 우리 하나님 여호와를 경외하여 항상 복을 누리게 하기 위하심이며, 또 여호와께서 우리를 오늘과 같이 살게 하려 하심이라"(신 6:24).

이런 점에서는 욥이 한 수 위가 아닐까요? 그는 하나님도 인정하는 믿음의 사람이었어요. 그에게는 일곱 명의 아들과 세 명의 딸이 있었고, 동방에서 으뜸가는 부자였습니다. 그런데 사탄이 시기하여 그를 시험합니다. 그에게 닥친 시험은 '쓰나미'처럼 무지막지했어요. 소, 암나귀, 양, 종들을 하루아침에 쓸어버렸어요. 엎친 데 덮친 격으로 자식들마저 데려가 버렸어요. 그래도 그는 믿음의 중심을 지킵니다. "모태에서 알몸으로 나왔으니 또한 알몸으로 돌아가리라. 주신 이도 여호와이시오 거두신 이도 여호와시오니 여호와의 이름이 찬송을 받으실지니이다"(욥 1:21). 그는 하나님을 신뢰할 수 없는 상황에서도 끝까지 신뢰합니다.

우리는 예수님을 통해서 유혹을 이기는 길을 배웁니다. 사탄은 광야에서 예수님과 하나님 사이를 이간질하여 신뢰를 깨뜨리려고 합니다. 그러나 예수님은 하나님의 말씀을 정확하게 붙드십니다. 그리고 이기십니다(마 4:7).

이 모습은 사도 바울에게도 나타납니다. "내가 확신하노니 사망이나 생명이나 천사들이나 권세자들이나 현재 일이나 장래 일이나 능력이나, 높음이나 깊음이나 다른 어떤 피조물이라도 우리를 우리 주 그리스도 예수 안에 있는 하나님의 사랑에서 끊을 수 없으리라"(롬 8:38-39). 그가 평생 목자의 길을 갈 수 있었던 것은 사랑에 대한 확신 때문입니다.

오늘 우리의 삶의 현장은 어떠합니까? 불황의 그늘이 깊어지면서 가정 내에서 남성과 여성의 전통적인 역할도 뒤바뀌고 있대요. 남자가 실직한 뒤 가사노동을 책임지고, 여자가 직업전선에서 생계를 꾸리는 경우가 늘고 있다는 겁니다. 이른바 '홈 대드(home dad)'는 '월마트(Wal-Mart)'로 상징되는 시장에서 카트를 끌면서 반찬거리를 사는 '월마트 대드', 혹은 아기 옆을 뱅뱅 도는 '헬리콥터 대드'를 탄생시켰어요. 남편들은 아내가 혹독한 현실에서 돈을 벌고 있다는 사실 때문에 중압감에 빠진대요. 우리 캠퍼스에서는, 지난 학기 말 상당수의 학생이 "졸업을 하는 것이 좋을지, 아니면 9학기 신청을 하는 것이 좋을지"를 물었답니다. 졸업생들의 취업 고민을 실감하는 대목입니다.

그러나 이런 분위기를 잊기 위해서일까요? 사람들의 눈과 귀는 온통 '아이돌 그룹(Idol group)' '소녀 시대'에게로 쏠려 있어요. 첫사랑에 빠진 소녀가 어쩔 줄 몰라 하는 내용을 담은 댄스곡 '지(Gee)'를 아홉 명의 예쁜 소녀들이 상큼하고 발랄하게 부르며 깜찍한 춤을 춥니다. 화려하다 못해 튀는 그들의 패션, 즉 '소녀 시대 gee'(소시지) 스타일이 온통 길거리를 장악하고 있어요. 그들은 마치 세상에는 아무런 근심도 걱정도 없는 것처럼 보여주는 일종의 환상과도 같아요.

이런 현상은 캠퍼스에서도 부분적으로 나타납니다. 그중 하나가 '캠퍼스 커플(CC)'입니다. 지난주 단대신문에서는 CC의 좋은 점보다는 그 후유증에 대해서 말하더군요. "가장 큰 단점은 바로 헤어졌을 때 나타난다. CC로 사귀다 헤어지면 그 여파는 상대적으로 더 클 수밖에 없다. 학교에서 매일 보기 때문이다. 그러므로 신중에 신중을 기하지 않으면 안 된다. 그런데 이 세상에 오직 둘만의 사랑만 존재하는 듯 행동하는 CC는 눈살을 찌푸리게 한다. 오죽하면 정의의 이름으로 그들을 응징하려는 'CCC(Campus Couple Cutter)'까지 등장했겠는가?" 이 내용은 현실을 냉정하게 인식하고 대학 생활을 시작하라는 조언입니다.

우리는 이런 시대 분위기에서 하나님의 사람들이요, 캠퍼스 목자로 살고 있습니다. 그런데 마치 봄이 오는 길목에 '꽃샘추위'가 있듯이, 우리의 삶의 현장에도 어김없이 유혹은 찾아옵니다. 그러나 문제는 유혹 자체보다는 그것에 빠지는 겁니다. 왜냐하면 우리에게는 그 유혹을 이길 수 있는 안전장치가 마련되어 있기 때문입니다. 대학에서 취업과 관련이 없는 인문학의 인기는 바닥을 치고 있어요.

그러나 인문학 교수는 그 가치를 이렇게 말하더군요. "공기가 오염되면 정화하고, 물이 오염되면 정수해야 하듯, 정신적 가치가 오염되면 맑게 만들어야겠죠. 인문학의 효용적 가치가 여기에 있습니다." 저는 그 글을 읽는 순간 성경의 중요성을 생각했어요. 우리의 영혼이 오염되면 무엇으로 깨끗하게 할 수 있나요? 하나님의 말씀입니다. 그러므로 아무리 실용주의가 세상을 이끄는 것처럼 보일지라도, 아니 바로 그때야말로 하나님의 말씀이 전파되어야 할 때입니다. 말씀만이 유혹과 타락 악순환의 고리를 끊을 수 있습니다.

우리가 하나님의 말씀을 붙들고 그 신실하심만 잃지 않는다면 유혹은 힘을 쓰지 못합니다. 유혹과 타락이라는 단어는 우리와는 상관없는 말입니다. 오히려 하나님의 말씀을 통하여 그 사랑과 신실하심을 적극적으로 전할 수 있습니다. 우리가 한 주 동안 말씀을 붙들고 삶 속에서 승리할 수 있기를 기도합니다!

제5강
나는 무엇을 소망해야 하는가

◇ 본문 창세기 3:8-24
◇ 요절 창세기 3:14
◇ 찬송 260장, 488장

한국야구가 'WBC' 4강에 들자 온 나라가 들썩거립니다. 힘든 여건 속에서 사는 국민에게 소망을 주었기 때문입니다. 소망은 삶의 원동력이고 역경을 이기는 힘입니다. 그러나 우리는 스포츠에서의 좋은 성적이 참 소망이 아님을 압니다. 우리는 무엇을 소망해야 합니까?

8절을 봅시다. "그들이 그날 바람이 불 때 동산에 거니시는 여호와 하나님의 소리를 듣고 아담과 그의 아내가 여호와 하나님의 낯을 피하여 동산 나무 사이에 숨은지라." 어떤 아이는 잘못을 저지르면 아빠의 얼굴을 피하여 이불 속에 숨어서 자는 척해요. 하지만 그 정도는 귀엽습니다. 하지만 좀 더 커서 큰 죄를 지으면 아예 집을 나가버립니다. 이 고약한 버릇은 아담과 하와에게서 물려받은 겁니다. 그들은 여호와의 낯을 피하여 동산 나무 사이로 숨었어요. 여호와의 형상으로 지음을 받은 그들이 여호와를 피하여 숨는다는 것은 생명의 단절을 의미합니다.

여호와께서는 그들에게 어떻게 다가가십니까? 9절을 읽읍시다. "여호와 하나님이 아담을 부르시며 그에게 이르시되 네가 어디 있느냐?" 엄마가 아이를 찾듯이, 하나님께서 그들을 찾으십니다. 죄를 짓고 숨어 있는 그들을 벌주기 위해서가 아니라, 다시 관계성을 회복하기 위해서 찾으십니다. 이 모습은 여호와께서 세상을 구속하시는 사역의 모형입니다. 당시 이스라엘은 죄 때문에 애굽에서 노예로 살았습니다. 그들은 하나님으로부터 점점 멀어졌습니다. 그때 여호와께서는 목자 모세를 먼저 부르십니다. 그리고 그를 통하여 이스라엘을 부르십니다. 여호와 하나님은 오늘도 당신의 종들을 통하여 죄를 짓고 숨어 있는 자기 백성을 부르십니다.

우리 중 대부분은 예전에는 하나님의 낯을 피하여 숨어 있는 아담과 같았어요. 그런데 어느 날 하나님께서 '목자'를 보내셔서 부르셨습니다. "네가 어디 있니?" 우리는 이 부르심을 듣고 하나님께 나왔습니다. 이제 우리는 과거에 우리처럼 숨어 있던 캠퍼스 학우를 향하여 하나님의 부르심을 전달하고 있습니다.

그러나 이 사역을 잘 감당하지 못하여 마음이 무거울 때도 있습니다. 직장을 다니고 있는 분은 자기 아내에게 미안한 마음이 많아요. 왜냐하면 아내는 헌신적으로 전도하는데, 자기는 잘하지 못하기 때문입니다. 그래서 뒤에서 응원하며 기도합니다. 이렇게 헌신적으로 하는데도 불구하고 기대만큼 열매가 없어서 속상할 때도 있어요. 하지만 멀리 보면 우리의 헌신은 절대로 헛되지 않습니다. 우리의 교회 공동체는 아닐지라도 다른 곳에서 주님을 섬기는 사람도 있고, 캠퍼스에서 성경 공부를 했던 그 추억을 평생 간직하며 사는 사람도 많습니다. 그러므로 우리는 자신감을 가져야 합니다.

우리는 또 우리의 부모님에게도 전도해야 합니다. 아직 예수님을 믿지 않는 분들은 숨어 있는 아담의 후손들입니다. 그들도 주님의 음성을 듣고 나와야 할 사람들입니다. 어제 우리는 대구에서 결혼식을 했어요. 이에 대해서 피곤해하는 사람도 있었어요. 하지만 우리는 그 결혼식을 통하여 부모님과 가족에게도 복음을 전하는 기회로 삼고자 했습니다. 이런 우리의 기대가 당장 열매로 나타날지는 모르겠습니다. 다만 결과는 주님께 맡기고 우리는 최선을 다할 뿐입니다. 주님께서는 우리의 헌신을 받으시고 반드시 열매를 맺으십니다. 이런 점에서 전도를 위해서 헌신하는 사람들의 발은 아름다운 발들입니다(롬 10:14-15).

여호와의 부르심 앞에서 아담은 어떻게 대답합니까? "내가 동산에서 하나님의 소리를 듣고 내가 벗었으므로 두려워하여 숨었나이다"(10). 죄를 지으면 여호와가 두렵습니다. 숨을 수밖에 없습니다. 죄가 무엇입니까? 여호와께서 아담에게 말씀하십니다. "네가 먹지 말라 명한 그 나무 열매를 네가 먹었느냐"(11)? 순종하지 않음이 죄입니다.

아담은 불순종을 어떻게 변명합니까? "하나님이 주셔서 나와 함께 있게 하신 여자 그가 그 나무 열매를 내게 주므로 내가 먹었나이다"(12). 아담은 즉시 여자에게 책임을 돌립니다. 그런데 그 여자는 하나님이 주셨습니다. 그러므로 하나님께 책임을 돌린 겁니다. 여호와 하나님이 여자에게 묻습니다. "네가 어찌하여 이렇게 하였느냐?" 여자는 뱀에게 책임을 돌립니다. "뱀이 나를 꾀므로 내가 먹었나이다"(13). 그런데 그 뱀은 하나님께서 만드셨습니다. 그러므로 결국 모든 책임을 하나님께 돌린 겁니다.

죄는 이렇게 자기 책임을 다른 사람에게로 돌리게 합니다. 죄는 하나님과의 관계성은 말할 것도 없고 사람과의 관계성도 깨버립니다. 사람들이 자기 죄를 잡아떼고, 다른 사람에게로 돌리는 것은 아담과 하와의 죄가 유전되었기 때문입니다.

어떻게 이 삭막한 관계에서 벗어날 수 있습니까? 예수 그리스도를 믿는 믿음으로만 가능합니다. 왜냐하면 예수님께서 십자가에서 죽으심으로 깨진 관계를 회복하셨기 때문입니다. 십자가는 수직과 수평으로 이루어졌어요. 즉 십자가는 수직적으로 하나님과의 관계성을 회복하고 수평적으로는 사람과의 관계성을 회복시켜 줍니다. 누구든지 예수님을 믿으면 하나님과 관계성이 회복하고, 동시에 사람과의 관계성도 회복합니다. 따라서 교회 공동체에서는 어떤 상황에서도, 어떤 문제 앞에서도 책임을 다른 사람에게 돌리지 않습니다. 언제나 "내 탓이오"라고 말합니다. 예수님의 가정에서는 언제나 "당신이 문제야"라는 말 대신에 "내가 문제요." "내 잘못이오."라는 말이 들립니다.

그러면 하나님과 사람 사이를 깨버린 데 쓰임 받은 그 뱀은 어떻게 됩니까? 14절을 봅시다. "여호와 하나님이 뱀에게 이르시되 네가 이렇게 하였으니 네가 모든 가축과 들의 모든 짐승보다 더욱 저주를 받아 배로 다니고 살아 있는 동안 흙을 먹을지니라." 본래 에덴동산에서는 사자와 어린양이 함께 뛰놀았어요. 그러나 사람이 죄를 짓자 약육강식의 정글의 법칙이 적용됩니다. 하나님께서 그것들을 저주하셨기 때문입니다. 그중에서도 뱀은 더욱 저주를 받습니다. 배로 다니고 살아 있는 동안 흙을 먹습니다. 뱀이 실제로는 흙을 먹지 않아요. 이 표현은 가장 심한 저주를 받았음을 말하는 일종의 은유법입니다.

그러나 더 중요한 것은 영적인 의미입니다. 15절을 읽읍시다. "내가 너로 여자와 원수가 되게 하고 네 후손도 여자의 후손과 원수가 되게 하리니 여자의 후손은 네 머리를 상하게 할 것이요 너는 그의 발꿈치를 상하게 할 것이니라 하시고." 서로 한 패가 되어 하나님을 대적했던 뱀과 여자는 이제 서로 원수가 됩니다. 잘못된 만남은 원수로 끝납니다. 그 원수 관계는 후손에게까지 계속됩니다.

뱀의 후손은 누구를 말할까요? 예수님을 정면으로 부인하고 도전하는 세력들, 문화나 종교 집단을 포함합니다. 본질로는 사탄을 말합니다. 사탄이 그 뒤에서 모든 것들을 조정하기 때문입니다.

여자의 후손은 누구를 말할까요? 하와의 첫아들 가인(4:1)일까요? 가인은 악한 자에게 속하여 동생 아벨을 죽였어요(요일 3:12). 그러므로 가인은 여자의 후손이 아니라 사탄의 후손입니다. 그러면 셋째로 태어난 셋 (4:25)이 여자의 후손일까요? 셋 자체는 아니고, 그 후손들의 후손을 말해요. 즉 노아와 아브라함과 이삭과 야곱과 유다, 그리고 다윗으로 이어집니다. 마침내 다윗의 후손 중에서 예수 그리스도가 태어나십니다(갈 4:4). 그분이 곧 여자의 후손입니다. 여자의 후손과 뱀의 후손은 끊임없이 서로 싸웁니다. 사탄이 예수님을 대적하기 때문입니다.

이 싸움의 최후 결전은 어디에서 이루어집니까? 골고다 언덕 십자가에서 이루어집니다. 예수님은 사탄의 머리를 깨십니다. 하지만 예수님도 발꿈치를 상하십니다. 이것은 예수님께서 십자가에서 죽으심을 의미합니다. 그러나 예수님은 죽음을 이기고 부활하셨습니다. 예수님께서 부활하심으로써 사탄은 완전히 졌습니다. 최후의 승리자는 예수님이십니다.

이 사실이 당시 회중에게 주는 의미는 무엇일까요? 그들은 삶의 현장에서 끊임없이 죄의 유혹에 빠졌어요. 그들은 하나님도 섬기고 세상 신도 섬겼어요. 그런데 그들 스스로 '양다리 걸치기'에서 벗어날 수 없었어요. 알면서도 마음대로 되지 않았던 거지요. 그래서 힘들었고, 절망했고, 슬펐어요. 그런 그들에게 소망의 빛이 임합니다. 사탄을 이기신 예수 그리스도가 오시기 때문입니다. 그분을 믿으면 '양다리 걸치기'에서 벗어날 수 있습니다. 거룩한 제사장 나라의 길을 걸을 수 있습니다. 그들은 이 메시아를 소망하며 살았습니다. 여기서 '메시아 대망 사상'이라는 말이 나왔어요.

오늘 우리에게 주는 의미는 무엇일까요? 얼마 전 자살한 한 여배우의 죽음 때문에 우리 사회의 화려함 속에 감춰진 진한 유혹의 손길이 드러났어요. 우리가 믿음으로 살지 않을 때는 잘 몰랐는데, 제대로 살아보려고 하면 할수록 사탄이 우리를 유혹하는 손길이 강하다는 사실을 느낍니다. 우리가 주일을 적당히 지키려고 하면 별문제가 없습니다. 하지만 정말 제대로 지키려고 하면, 주일을 다른 여섯째 날들과는 구별된 날로 지키려고 하면 생각지도 못했던 장애물이 나타납니다. 캠퍼스에서 학우를 만나서 대화하면 세상은 정말 복잡하고 만만하지 않다는 사실을 실감합니다. 그런 세상에서 우리의 존재는 너무 초라하게만 여겨집니다. 세상을 알면 알수록 세상의 화려함이 눈에 들어옵니다. 그런 세상에서 캠퍼스 목자로서 한 우물을 판다는 것이 쉽지 않습니다. 마음은 원이지만 그 원대로 되지 않는 모습에 갈등하며 방황합니다.

어떻게 해야 합니까? 밤이 되어 어두울 때 우리는 전등을 켭니다. 그러면 어둠이 사라집니다. 우리의 마음이 어두우면 어떻게 해야 합니까? 주님을 바라봐야 합니다. 버스를 타고 가다가 몸이 흔들리면 어떻게 해야 합니까? 손잡이를 꽉 잡아야 합니다. 믿음의 길을 달리다가 믿음이 흔들리면 어떻게 해야 합니까? 예수님의 말씀을 꽉 잡아야 합니다. 캠퍼스를 오르다가 지치면 어떻게 해야 합니까? 기도해야 합니다.

믿음의 길을 걷는 우리를 유혹하는 세력 앞에서 다른 방법은 없습니다. 사탄을 이기신 예수님만이 유일한 소망입니다. 예수님은 말씀하십니다. "이것을 너희에게 이르는 것은 너희로 내 안에서 평안을 누리게 하려 함이라. 세상에서는 너희가 환난을 당하나 담대하라. 내가 세상을 이기었노라"(요 16:33)!

그리스도가 계시지 않는 세상은 어떠합니까? 16절을 봅시다. "또 여자에게 이르시되 내가 네게 임신하는 고통을 크게 더하리니 네가 수고하고 자식을 낳을 것이며 너는 남편을 원하고 남편은 너를 다스릴 것이니라 하시고." 출산은 하나님의 축복입니다(1:28). 그런데 그 출산의 복이 저주로 바뀌었습니다. 하지만 주님 안에서 그 저주가 다시 축복으로 돌아옵니다. 일본의 한 부부 선교사는 세 명의 씩씩한 아들들과 밝고 활발한 한 명의 딸과 함께 왔어요. 우리에게 출산의 축복을 가르쳐 줍니다.

그런데 여자에게는 또 하나의 저주가 임했어요. '남편을 원한다.'라는 겁니다. 이 말은 '남편을 지배하려고 갈망한다.'라는 뜻입니다. 여자가 남편에게 순종하기보다는 소유하고 조정하고 지배하기를 원합니다. 남편은 자기를 사랑하듯이 아내를 사랑하는 것이 아니라, 오히려 다스리려고 합니다. 남편과 아내는 서로 주도권을 잡기 위해서 싸웁니다. '사랑과 전쟁'이 시작된 겁니다. 죄는 아내의 순종과 남편의 사랑을 모두 더럽히고 말았습니다. 그러나 예수 그리스도를 믿는 남편과 아내는 사랑과 존경을 회복합니다. 우리는 남편과 아내가 함께 주님을 섬기는 가정교회라는 말을 참 좋아합니다. 어떻게 하면 가정교회로 쓰임 받을 수 있을까요? 사랑과 존경을 회복해야 합니다.

여호와께서 남자에게는 어떤 벌을 내리십니까? 17절입니다. "아담에게 이르시되 네가 네 아내의 말을 듣고 내가 네게 먹지 말라 한 나무의 열매를 먹었은즉 땅은 너로 말미암아 저주를 받고 너는 네 평생에 수고하여야 그 소산을 먹으리라." 하나님은, 남자가 불순종하여 먹어서는 안 될 열매를 먹었다고 또 말씀하십니다. 불순종이 그만큼 큰 죄이기 때문입니다. 그는 먹어서는 안 될 열매를 먹었기에 먹을거리로 벌을 받습니다. 그는 평생 수고하여야 먹고 살 수 있습니다. 땅의 풍요로움이 사라졌습니다(18).

그러나 더 큰 형벌은 무엇입니까? 19절을 읽읍시다. "네가 흙으로 돌아갈 때까지 얼굴에 땀을 흘려야 먹을 것을 먹으리니 네가 그것에서 취함을 입었음이라 너는 흙이니 흙으로 돌아갈 것이니라 하시니라." 사람에게 사형선고가 내려졌습니다. 우리는 죽음을 먼 곳이 아닌 아주 가까이에서 자주 봅니다. 죽음은 영화 속의 한 장면이 아닙니다. 내 삶의 한복판에 있는 실존입니다. 사람은 누구나 죽습니다. 이 사실을 모르는 사람도 없고, 인정하지 않는 사람도 없습니다.

그러나 더욱 중요한 사실이 있습니다. 죽음 후에는 반드시 심판이 있습니다. 그 심판은 예수님께서 하시고, 그 기준은 믿음입니다. 예수님을 믿으면 흙으로 돌아가지만, 그 후에는 영원한 생명을 얻습니다. 어떤 목사님이 늙어서 병들었어요. 가족은 그를 치료하고자 했습니다. 그러자 그가 말합니다. "왜 내가 천국에 가려고 하는데, 못 가게 합니까?" 그는 실제적 천국을 소망합니다. 예수님을 통한 천국을 향한 소망, 우리의 소망입니다.

아담은 이 소망을 받아들였나요? 20절을 봅시다. "아담이 그의 아내의 이름을 하와라 불렀으니 그는 모든 산 자의 어머니가 됨이더라." '하와'는 '모든 산자의 어머니'라는 뜻입니다. 아담이 아내의 이름을 '하와'라고 부른 것은 아내를 통하여 여자의 후손이 탄생할 소망을 영접했다는 말입니다.

여호와께서는 그들을 위하여 가죽옷을 지어 입히십니다(21). 여호와께서는 동물의 희생을 통하여 생명의 소망에 대한 확신을 심습니다. 구약의 백성들은 동물의 희생을 통하여 생명의 소망을 굳게 붙들었습니다. 그리고 그 희생 제사는 예수님의 십자가 죽음으로 완성됩니다. 예수님은 하나님의 어린양으로 돌아가셨습니다(요 1:29). 예수님의 죽으심으로 더는 희생 제사가 필요하지 않습니다. 오직 예수님을 믿으면 됩니다.

그런데 여호와께서는 그들을 에덴에서 추방하십니다. 그들은 생명의 열매를 먹을 수 있는 자격을 잃어버렸기 때문입니다(22-23). 그러나 그 생명 나무 자체는 없애지 않고, 그 길을 지키게 하십니다(24). 자격을 회복하면 돌아와서 먹도록 하기 위함입니다.

누가 자격을 회복합니까? 여자의 후손, 예수 그리스도를 믿는 자입니다. 여기에 에덴에서 쫓겨난 사람에게도, 죄를 짓고 하나님의 낯을 피하여 숨어버린 사람들에게도 소망이 있습니다. 여자의 후손은 오늘 우리 모두의 소망이십니다!

제6강
죄, 다스려야 한다

◇ 본문 요한복음 3:16-36
◇ 요절 요한복음 3:16
◇ 찬송 294장, 458장

TV 연속극 '에덴의 동쪽'이 끝나자 '카인과 아벨'이 등장했어요. 이것들은 성경에서 그 '모티프(motif; 표현의 동기가 되는 작가의 내부 충동, 혹은 중심 사상)'를 가져온 대표작입니다. '에덴의 동쪽'에서는 하나님 없이 살아가는 사람들의 탐욕을 다루었는데, '카인과 아벨'에서는 동생에 대한 형의 시기심으로 인한 잔인한 횡포를 다루겠지요? 시청자는 등장인물을 통해서 그려지는 사람의 이중성에 놀랍니다. 그러면 그 이중성은 어디에서부터 시작했습니까? 우리는 그 이중성 앞에서 어떻게 해야 합니까?

에덴동산에서 쫓겨난 아담과 그 아내 하와가 첫아들 가인을 낳고 말합니다. "내가 여호와로 말미암아 득남하였다"(1). 이런 말로 해석할 수 있어요. "내가 여호와께서 행한 것처럼 한 남자를 창조했다." 여호와께서 사람을 만드신 것처럼 자신도 남자를 만들었다는 겁니다. 그녀는 자기가 만든 이 남자가 세상을 구원할 '여자의 후손'이 될 것으로 기대했어요.

얼마 후 다시 둘째 아들을 낳아 그의 이름은 아벨이라고 지었는데, 그 뜻은 '허무'입니다. 둘째에게는 어떤 소망도 두지 않았어요. 오직 큰아들에게만 모든 소망을 두었기 때문입니다. 가인은 가정의 모든 특권을 누리며 곱게 자랐어요.

반면 아벨은 형이 물려준 옷을 입으며 막 컸어요. 아벨은 양치는 목자가 되었고, 가인은 밀 키우는 농부가 되었습니다. 세월이 흘러 가인은 땅의 소산으로 제물을 삼아 여호와께 드렸고, 아벨은 양의 첫 새끼와 그 기름으로 드렸습니다. 그런데 여호와께서는 아벨과 그의 제물은 받으셨으나, 가인과 그의 제물은 받지 않으셨습니다(2-5a).

여호와께서는 왜 이렇게 차별하셨을까요? 본문은 그 이유를 직접 말하고 있지 않아요. 히브리서는 이렇게 설명합니다. "믿음으로 아벨은 가인보다 더 나은 제사를 하나님께 드림으로 의로운 자라 하시는 증거를 얻었으니 하나님이 그 예물에 대하여 증언하심이라"(11:4). 여호와께서 아벨과 그 제사를 받으신 이유는 믿음으로 드렸기 때문입니다. 그렇다면 여호와께서 가인과 그 제물을 받지 않으신 이유는 믿음으로 드리지 않았기 때문이라고 말할 수 있어요.

믿음이란 무엇입니까? 모든 세계가 하나님의 말씀으로 지어진 줄을 믿는 겁니다(히 11:3). 세상을 지으신 창조주 하나님께서 지금도 살아 계셔서 삶을 인도하시는 분임을 믿는 겁니다. 그리고 그 말씀에 순종하여 사는 자들을 축복하시는 분임을 믿는 거고요. 아벨은 이 하나님께 최고의 마음으로 최고의 예물을 드린 겁니다. 반면 가인은 습관적으로 형식적으로 드렸다고 말할 수 있어요. 그는 집에서 '왕자'로 살았기 때문에 여호와 앞에서도 '왕자'처럼 굴었어요. 하지만 여호와께서는 그런 그를 거절하셨어요.

거절당한 가인은 어떻게 반응합니까? 그는 몹시 분하여 안색이 변했습니다(5b). '안색이 변했다.'라는 말은 '얼굴이 아래로 떨어졌다', '풀이 죽어 고개를 푹 숙였다.'라는 뜻입니다. 여호와께서 두 사람의 것을 다 받지 않았다면 괜찮았을 겁니다. 그러나 아벨 것만 받았기 때문에 자존심이 상했어요. 가인은 아직 단 한 번도 아벨이 자기를 뛰어넘을 수 있다고 생각한 적이 없어요. 엄마 아빠의 사랑은 물론이고, 하나님의 사랑까지도 언제나 자기가 우선이라고 생각했어요. 그러나 오늘 아벨은 하나님의 은총을 받았고, 자기는 거절당했어요. 그는 이 충격 때문에 씩씩거리고 있습니다. 여호와께 대한 반발심과 아벨에 대한 시기심에 사로잡혔습니다.

그런 그에게 여호와께서 무엇이라고 말씀하십니까? 6-7절을 읽읍시다. "여호와께서 가인에게 이르시되 네가 분하여 함은 어찌 됨이며 안색이 변함은 어찌 됨이냐, 네가 선을 행하면 어찌 낯을 들지 못하겠느냐 선을 행하지 아니하면 죄가 문에 엎드려 있느니라 죄가 너를 원하나 너는 죄를 다스릴지니라." 가인이 선을 행하면 여호와께 반발하고, 아벨을 시기할 이유가 없습니다. 하지만 선을 행하지 않으면 죄가 문에 엎드려 있습니다. 즉 배고픈 사자가 먹잇감을 사냥하기 위해서 엎드려 기회를 엿보는 것처럼 죄가 들어오기 위해서 노린다는 말입니다. 죄는 지금 가인을 원하고 있습니다. 가인을 다스리고 조정하려고 틈새를 노리고 있어요. 그러므로 가인이 죄에 먹히지 않으려면 죄를 다스려야 합니다. 지금 가인은 기로에 섰습니다. '죄를 다스릴 것인가?' '죄에 다스림을 받을 것인가?' 즉 반발심과 시기심을 다스릴 것인가, 아니면 그것에게 말려들 것인가?

어떻게 하면 죄를 다스릴 수 있습니까? 사울과 다윗을 통해서 배울 수 있어요. 사울은 자기가 중심이 되는 무대에서 컸어요. 그런데 어느 날 다윗이 등장하여 골리앗을 이겼어요. 수많은 여성 팬들이 노래합니다. "사울이 죽인 사람은 천천인데, 다윗은 만만이로다. '꽃보다 다윗'"(삼상 18:7). 사울은 이 말을 듣는 순간 하나님께 대한 반발심과 다윗에 대한 시기심으로 사로잡힙니다. 그는 하나님 앞에서 자신과 다윗을 보지 못했기 때문입니다.

다윗을 볼까요? 그는 아들의 반역 때문에 도망치고 있는데, 시므이가 나타나 저주합니다. "이 살인자야, 네가 사울의 집안사람들을 죽였기 때문에 여호와께서 너에게 벌을 주신 거다.” 그때 한 측근이 말해요. “왜 저 죽은 개만도 못한 자가 왕을 저주하도록 그냥 내버려 두십니까? 제가 가서 저놈의 머리를 베어 버리겠습니다.” 다윗은 만류합니다. “저 사람이 나를 저주하도록 여호와께서 시키셨다면, 누가 뭐라고 할 수 있겠니?” “어쩌면 여호와께서 내 비참함을 보시고 오늘 시므이가 말한 저주 대신 오히려 더 좋은 것으로 나에게 복을 주실 지도 모른다”(삼하 16:7-12). 다윗은 지금의 자기를 여호와 앞에서 바라봅니다. 여호와의 선하심과 사랑을 믿습니다. 그런 그는 시므이에게 말려들지 않습니다. 복수혈전을 꿈꾸며 세월을 죽이지도 않습니다.

오늘 우리는 어떠하나요? 우리 국민 중 많은 사람은 이상하리만큼 일본에 대한 비교의식이 강합니다. 특히 운동경기에서는 이성보다 감성이 무조건 앞섭니다. 일본 야구의 객관적 전력은 우리보다 우위에 있어요. 이치로 선수는 미국에서도 날리고 있는데, 많은 사람은 그것을 인정하지 않아요. 이치로조차도 우리 투수가 던지는 공을 치면 안 됩니다. 그런데 쳤어요. 결국 화살이 투수에게로 돌아갔어요. 그 투수는 정말 잘했는데도 불구하고 이치로에게 맞은 안타 때문에 언론의 초점을 받지 못했어요. 객관적 전력에 상관없이 무조건 이겨야 하기 때문입니다. 많은 사람이 분하고 억울하여 잠을 자지 못합니다. 시기심 때문이 아닐까요?

이런 모습은 개인의 삶 속에서도 나타납니다. 대학에 원서를 낼 때는 그래도 감사한 마음이 많았어요. 하지만 막상 다니다 보면 다른 학교와 비교합니다. 대학을 졸업하면 직장을 보면서 비교합니다. 남편과 아내를 비교하고요. 그 후에는 자식을 비교합니다. 인생살이를 잘못하면 비교로 시작해서 비교로 끝납니다. 시기심에 시달려서 사는 사람이 참 많아요. 이것처럼 큰 불행도 없습니다.

시기심의 죄가 우리를 노리고 있는 것은 어쩔 수 없는 현실입니다. 그 자체를 우리가 없앨 수는 없습니다. 문제는 시기심에 다스림을 받는 겁니다. 루터는 이런 비유를 들었어요. "우리가 길을 걸을 때 새똥이 우리의 머리 위에 떨어지는 것은 어쩔 수 없다. 하지만 새가 우리의 머리 위에 집을 짓는다면 그것은 우리 책임이다." 죄를 다스리지 못하고 죄의 다스림을 받는 것은 우리의 책임이라는 말입니다. 시기심의 죄를 어떻게 다스릴 수 있습니까? 하나님 앞에서 살아야 합니다. 하나님의 신실하심과 사랑을 믿어야 합니다. 그러면 비교의식이 사라지고 자유가 임합니다.

그런데 시기심을 다스리지 못한 가인은 어떻게 되나요? 8절을 봅시다. "가인이 그의 아우 아벨에게 말하고 그들이 들에 있을 때에 가인이 그의 아우 아벨을 쳐죽이니라." 가인은 인류 최초의 살인, 그것도 인류 최초의 존속살인을 저질렀습니다. 동생과 함께 놀던 '사랑의 장소'에서 '배신과 죽음'이 일어났습니다. 어떻게 이런 일이 가능할까요? 반발심과 시기심을 다스리지 않았기 때문입니다. 반발심과 시기심의 파괴력은 우리의 상상을 뛰어넘습니다.

여호와께서 가인에게 무엇이라고 말씀하십니까? 9절입니다. "가인아, 네 아우 아벨이 어디 있니?" 이런 말로 바꿔볼 수 있어요. "너와 함께 늘 한솥밥을 먹던 아벨은 도대체 어디에 있니? 이 세상에서 너와 가장 닮은 아벨은 어디에 있니?" 여호와께서는 그에게 동생에 대한 책임감을 요구하십니다.

하지만 그는 책임감이 없습니다. "몰라요. 내가 동생을 지키는 자나요?" 여기서 '지킨다.'라는 말은 '목자가 양을 지킨다.'라는 의미입니다. 가인은 동생에 대한 목자의 마음도 부정해버립니다. 살인에 대한 거짓말도 문제지만 동생에 대한 목자의 마음을 부인하는 것도 문제입니다.

여호와께서는 그런 그를 어떻게 벌하십니까? "네가 무슨 일을 저질렀느냐? 네 동생의 핏소리가 땅에서부터 내게 호소하느니라"(10). 아벨이 흘린 피 때문에 땅은 저주를 받습니다(11). 땅은 죄 없는 사람의 피를 마셨기 때문에 생명력을 발휘할 수 없습니다(12). 농부인 가인에게 땅이 저주를 받았다는 것은 그 자신의 삶이 저주받았음을 말해줍니다. 그는 이제부터 끝없는 방랑자로 살아야 합니다.

그 형벌이 얼마나 버겁습니까? 가인이 여호와께 호소합니다. "내 죄벌이 지기가 너무 무겁습니다"(13). 죄를 짓고도 그 벌이 너무 무겁다고 말하는 그는 뻔뻔해 보입니다. 하지만 그도 그럴 것이, 그는 길 없는 길과 끝없는 길을 걸어가야 합니다. 무엇보다도 그는 죄의 삯인 죽음의 두려움에 시달립니다(14).

여호와께서 그런 그를 어떻게 보호해주십니까? 15절을 읽읍시다. "여호와께서 그에게 이르시되 그렇지 아니하다 가인을 죽이는 자는 벌을 칠 배나 받으리라 하시고 가인에게 표를 주사 그를 만나는 모든 사람에게서 죽임을 면하게 하시니라." 가인은 도망자의 운명을 피할 수는 없지만, 그의 생명은 보장됩니다. 비록 살인자라 할지라도 함부로 죽이지 못하도록 하여 피의 복수를 금지했습니다.

이 사실을 이스라엘 공동체에는 어떻게 적용할 수 있습니까? 하나님께서는 우발적으로 살인한 자를 정당한 재판을 받기까지 피의 복수자로부터 보호하시기 위해 '도피성(city of refuge)'을 만들어 주셨습니다.

오늘 우리에게 이 표는 무엇일까요? 예수 그리스도의 십자가 밑이라고 할 수 있습니다. 비록 우리가 죄를 짓더라도 여호와께서는 당장에 심판하지 않습니다. 십자가를 통하여 새로운 삶을 살 수 있는 길을 보여주십니다.

예수님 당시 한 여인이 아침부터 간음하다가 현장에서 잡혔어요. 사람들은 모두 돌멩이를 던지려고 했어요. 그때 예수님께서 말씀하십니다. "너희 중에 죄 없는 자가 먼저 돌로 치라"(요 8:7). 사람들이 이 말씀을 듣고 양심에 가책을 느껴 어른으로 시작하여 젊은이까지 하나씩 하나씩 나가고 오직 예수님과 그 여인만 남았어요. 비록 그녀가 현장범일지라도 아무나 돌을 던질 수는 없습니다. 오직 주님만 심판하실 수 있습니다. 하지만 그 주님께서 새 생명의 기회를 주십니다. "나는 세상의 빛이니 나를 따르는 자는 어둠에 다니지 아니하고 생명의 빛을 얻으리라"(요 8:12).

여호와께로부터 표를 받은 가인은 어디에서 사나요? 16절입니다. "가인이 여호와 앞을 떠나서 에덴 동쪽 놋 땅에 거주하더니." 에덴 동쪽은 여호와가 계시지 않는 곳입니다. 그곳은 '놋'으로서 '방랑하고 유리하는 곳'입니다. 가인은 여호와를 떠나서 이곳저곳으로 계속 옮겨 다니며 쓸쓸하게 살아갑니다.

그래도 아들을 낳았고, 성을 쌓았습니다. 아들의 이름을 따서 그 성을 에녹이라고 불렀어요(17). 그 성은 열려 있는 성이 아닌 닫혀 있는 성, 곧 자기만을 위한 '아성'입니다. 그 성에서 가인의 후예들은 생육하고 번성하며 나름의 문화를 형성합니다(18).

그 문화의 성격을 대변하는 한 사람이 있으니, 바로 라멕입니다. 그는 인류 최초로 두 아내를 맞이합니다(19-22). 그는 하나님의 창조 질서인 일부일처제를 깨뜨렸습니다. 그는 자기에게 시비 건 사람을 죽였고, 소년까지도 해쳤습니다(23). 그리고는 이렇게 떠벌립니다. "가인을 위해서는 벌이 칠 배일진대 라멕을 위해서는 벌이 칠십칠 배이리로다"(24). 그에게는 죄의식은커녕 여호와의 사랑을 멸시하고 역이용까지 합니다. 가인이 세운 성에는 농업과 목축과 음악과 예술과 각종 산업이 발전했어요. 그러나 그 문화는 여호와 앞을 떠나서 형성된 겁니다. 따라서 여호와께 대한 경외심과 생명의 존엄성이 없습니다. 그들이 만든 문화는, 속으로는 죽음의 병을 앓고 있습니다.

이 사실이 당시 회중에게 주는 의미는 무엇일까요? 그들은 가나안으로 들어가면서 세상의 화려한 문화에 관심을 품을 겁니다. 가나안의 세속문화는 날이 갈수록 번성합니다. 하지만 그 문화는 여호와께 반역하는 문화입니다. 여호와의 문화를 거부하고 심지어 무너뜨리려고까지 합니다. 오늘 우리 사회에 있는 포스트모더니즘은 에덴 동쪽의 문화요, 가인 성의 문화라고 말할 수 있습니다. 그 문화는 결국 파멸하고 말 겁니다.

그러면 '가인 성'과 그 문화에 대항하는 '대안 공동체'와 '대안 문화'는 무엇입니까? 그것은 누가 어떻게 만들어갑니까? 25절을 봅시다. "아담이 다시 자기 아내와 동침하매 그가 아들을 낳아 그의 이름을 셋이라 하였으니 이는 하나님이 내게 가인이 죽인 아벨 대신에 다른 씨를 주셨다 함이며." '여자의 후손'은 여인이 스스로 만드는 것이 아니라, 하나님이 주십니다. 하나님은, 가인이 아닌 아벨 대신에 셋을 후손으로 주십니다. 가인은 '여자의 후손'이 아니라 '뱀의 후손'입니다. 여호와께서는 '가인 문화'에 대항하는 '대안 공동체'와 '대안 문화'를 위하여 셋을 허락하십니다. '대안 공동체'는 여호와께서 친히 만들어 가십니다.

우리가 캠퍼스 현장에서 여호와의 이름을 전하지만 반응이 시원치 않을 때 답답한 마음이 듭니다. 우리 사회와 캠퍼스는 얼핏 보면 '가인 문화'만 있는 것처럼 보입니다. 하지만 그 속에도 하나님께서 친히 이루어 가시는 '대안 공동체'가 있습니다.

그 공동체의 핵심은 무엇입니까? 26절입니다. "셋도 아들을 낳고 그의 이름을 에노스라 하였으며, 그때에 사람들이 비로소 여호와의 이름을 불렀더라." 아벨의 죽음으로 예배도 죽었습니다. 가인의 후예들은 찬란한 문화를 이루었지만, 예배가 없었습니다. 그러나 '가인 문화'에 대한 '대안 공동체'의 핵심에는 예배가 있습니다. 예배가 있는 공동체, 바로 교회 공동체입니다. 교회의 핵심은 예배의 역동성에 있습니다. 여호와께서는 오늘도 교회를 친히 세우시고, 교회를 통하여 만민 구속 사역을 이루어가십니다.

그러므로 '대안 공동체'의 구성원인 우리는 어떻게 살아야 합니까? 삶의 현장에서 부딪히는 시기심과 반발심의 죄를 다스려야 합니다. 우리의 예배가 역동적으로 되도록 힘써야 합니다.

제7강
하나님과 함께 걸어가기

◇ 본문　창세기 5:1-6:8
◇ 요절　창세기 5:24
◇ 찬송　430장, 449장

한동안 '참살이(well-being)' 바람이 세차게 불더니, 요즘은 '편안한 죽음(well-dying)'이 새롭게 등장했어요. '참살이'가 잘 사는 것이라면, '편안한 죽음'은 잘 죽는 것을 말해요. '편안한 죽음'이 왜 등장했을까요? '편안한 죽음'은 '참살이'의 완성이기 때문입니다. 아무리 '참살이'의 삶을 살았다고 해도 '편안한 죽음'으로 끝나지 않으면 잘못된 겁니다. 어떻게 살아야 '편안한 죽음'을 할 수 있을까요?

5:1을 봅시다. "이것은 아담의 계보를 적은 책이니라 하나님이 사람을 창조하실 때에 하나님의 모양대로 지으시되." 오늘 본문은 '아담의 후손'들에 대해서 말씀하고 있어요. 하나님께서 사람을 창조하실 때에 하나님의 모양대로 지으셨어요.

하나님께서는 남자와 여자를 창조하셨고, 그날 그들에게 복을 주시며 그들을 '사람'이라고 불렀습니다(2). '그 사람'이 130세에 자기의 모양, 곧 자기의 형상과 같은 아들을 낳았어요. 아담이 물려받은 하나님의 형상을 그 아들이 물려받은 겁니다. 그 형상은 다시 우리 모두에게로 이어졌습니다. 아담은 우리의 조상이고, 하나님은 우리의 창조주이십니다. 아담은 그 아들의 이름을 셋이라고 지었어요(3). 셋은 '가인 문화'에 대항하여 세울 '대안 공동체'의 씨앗입니다.

이 씨앗은 어떤 과정을 거치며 자랍니까? 아담은 셋을 낳은 후 800년을 지내며 자녀들을 더 낳았어요. 하지만 930세를 살고 죽습니다(4-5). 우리는 90세를 '꿈의 나이'로 생각하며 '천수를 누린다.'라고 말해요. 그런데 아담은 90세의 열 배인 900년 이상을 살았어요. 하지만 그런 그도 결국은 죽었습니다.

왜 죽었을까요? 불순종의 죄 때문입니다. 하나님께서는 "말씀에 불순종하면 반드시 죽는다."라고 경고하셨습니다(창 2:7). 그 경고는 약 900년 후에 이루어졌습니다. 하나님의 말씀은 반드시 이루어집니다. 아담이 죽은 후 그 후손들은 어떻게 되었나요? 그들도 태어나고, 살다가, 죽었습니다(6-20). 어떤 사람은 좀 오래 살았고, 어떤 사람은 좀 빨리 죽었습니다. 그러나 그 누구도 '태어나고', '살고', '죽었다.'라는 패턴을 벗어나지는 못했습니다. 이 패턴은 모든 인류의 것이며, 동시에 오늘 우리의 것이기도 합니다.

왜 모든 사람은 죽어야 할까요? 아담의 죄 때문입니다. 아담 한 사람의 범죄로 죄가 세상에 들어왔고, 그 죄 때문에 죽음이 들어왔습니다(롬 5:12). 그리고 죽음은 모든 시대 모든 사람을 지배하고 있습니다. 죽음은 자연현상이 아니라 죄에 대한 형벌입니다.

그러면 이 죽음에서 벗어날 수 있는 길은 없나요? 24절을 읽읍시다. "에녹이 하나님과 동행하더니 하나님이 그를 데려가시므로 세상에 있지 아니하였더라." 에녹은 다른 조상들에 비해서는 좀 짧게 살았어요(21-23). 하지만 그는 하나님과 동행했습니다. 그는 하나님과 같은 방향으로 함께 걸었어요.

　보통 사람들은 자기 생각이나 자기 방향과 같을 때만 하나님과 '같은 방향'으로 갑니다. 그러나 에녹은 자기 생각과 다를지라도 자기를 부인하고 하나님의 방향을 따랐습니다. 하나님의 말씀에 귀를 기울이며 안내를 받았습니다.

　요즘 대부분 운전자는 운전할 때 '내비게이션(navigation)'의 안내를 받아요. 하지만 자기 머리를 믿는 '뇌비게이션'을 고집하는 사람들도 있어요. 혹은 '내비게이션'과 '뇌비게이션'의 장점만을 섞어서 운전하는 '퓨전(fusion)'들도 있고요. 어떻게 운전하는 것이 가장 안전하게 목적지에 도착할 수 있을까요? 안 좋은 것부터 말하면, '내비게이션'과 '뇌비게이션'을 혼합하는 겁니다. 이것도 아니고 저것도 아니기 때문에 헷갈려서 실수하기 쉬워요. 처음부터 끝까지 '내비게이션'과 함께 가는 것이 가장 좋아요. 저는 요즘 아는 길을 갈지라도 기계가 작동하지 않으면 망설여지고, 답답함을 느껴요. 기계에 길든 좋지 않은 모습이기도 해요.

　하지만 이런 삶의 모습을 하나님과 함께 걷는 길에 적용한다면 어떨까요? 어디를 가든지, 심지어 아는 길을 갈 때도 주님의 안내에 따라서 간다면 얼마나 좋을까요? 비록 처음 가는 길일지라도 '내비게이션'과 함께 가면 하나도 두렵지 않아요. 이처럼 우리가 주님과 함께 걷는다면, 비록 그 길이 초행길일지라도 하나도 두렵지 않아요. 오히려 새로운 길을 개척하며 나간다는 설렘과 비전이 있지 않나요? 모든 것을 주님께 맡기고, 우리는 다만 그 인도하심에 순종하여 따라가면 안전하게 목적지에 도착합니다. 이것이 하나님과 함께 걸어가는 모습이 아닐까요?

　그런데 에녹이 하나님과 함께 걷는 길이 쉬웠을까요? 쉽지는 않았을 겁니다. 세상 분위기를 뛰어넘는 일이 만만하지 않았어요. 세상은 이상하리만큼 하나님의 말씀을 듣는 일에 '안티(anti)'합니다. 며칠 전 한 광고를 보다가 무슨 뜻인지를 몰라 찾아보았어요. "집 나가면 개고생이다." '개고생'

이란 '어려운 일이나 고비가 닥쳐 톡톡히 겪는 고생'이라는 표준어입니다.

내용은 이래요. "아내의 치밀한 복수 때문에 거리로 내몰린 남편이 쓰레기통에 숨어 있다가 나와 거지꼴로 국밥집을 흘끔거립니다. 산악인이 눈보라 치는 산을 목숨 걸고 도전해요. 무전여행을 하는 한 사내가 개밥그릇을 넘봐요. 이 모든 것을 개고생으로 보여줍니다." 이 광고는, '집 나가서 고생하지 말고 집 안에서의 ㅋㅋ를 즐기라는 겁니다. 그런데 문제는, 체험이나 도전의 가치까지도 편안함으로 포장하여 뒤집어버린 점입니다. '편안 것이 최고다.'는 거지요. 우리 사회에 단면으로 나타나고 있는 '막장 사고방식'의 전형입니다.

며칠 전에는 청와대 직원이 '성접대'를 받았다고 하여 시끄럽습니다. 그런데 경찰청장은 "그런 일은 자주 있는데, 재수가 없으면 걸린다."는 식으로 말하여 더 시끄러워졌어요. 이런 일이 우리 사회의 일반적인 관행일 수 있어요. 하지만 이런 사회에 대항하는 공동체인 교회는 이런 관행을 따를 수 없습니다. 그래서 사회생활이 녹록하지 않고, 치열한 싸움이 있습니다.

우리는 다음 주에 있을 부활절 연합예배를 위해서 칸타타를 준비 중입니다. 밤에 함께 모여서 연습하려고 하지만 퇴근 시간이 오래 걸려서 약속을 잘 지키지 못해요. 마음은 원이지만 몸이 말을 잘 안 들어요. 이런 현실 속에서도 우리는 계속해서 캠퍼스에서 양을 섬겨야 합니다. 교회는 세상을 향해 하나님의 말씀을 전파해야 하는 사명이 있습니다. 우리가 이런 현실 속에서 목자로서 정체성을 지키며 살아갈 때 크고 작은 불이익은 필수적으로 따릅니다.

어떻게 희생을 감당하면서 하나님과 함께 걸어갈 수 있습니까? 에녹이 어떻게 했는가에 대해서 히브리서는 말씀합니다. "믿음으로 에녹은 죽음을 보지 않고 옮겨졌으니 하나님이 그를 옮기심으로 다시 보이지 아니하였느니라 그는 옮겨지기 전에 하나님을 기쁘시게 하는 자라 하는 증거를 받았느니라"(11:5). 에녹은 이 세상에서 살 때 하나님을 기쁘시게 하는 자였습니다.

세상에는 두 종류의 사람이 있는데, 하나님을 기쁘시게 하는 사람과 사람을 기쁘게 하는 사람입니다. 누구를 기쁘게 하느냐의 문제는 누구의 말을 잘 듣느냐와 연결됩니다. 하나님의 말씀을 잘 들으면 하나님을 기쁘게 하고, 사람의 말을 잘 들으면 사람을 기쁘게 합니다. 에녹은 사람의 말보다도 하나님의 말씀을 더 잘 들었습니다. 어떻게 사람들과 같이 살면서 사람의 말보다 하나님의 말씀을 더 잘 들었을까요? 믿음이 있었기 때문입니다.

믿음이란 무엇입니까? 히브리서는 또 말씀합니다. "믿음이 없이는 하나님을 기쁘시게 하지 못하나니 하나님께 나아가는 자는 반드시 그가 계신 것과 또한 그가 자기를 찾는 자들에게 상주시는 이심을 믿어야 할지니라"(11:6). 믿음이란 하나님의 살아 계심과 자기를 찾는 자에게 상 주심을 믿는 겁니다. 이 믿음이 있으면 그분의 말씀을 잘 듣습니다. 이런 속담이 있어요. "어른 말을 잘 들으면 자다가도 떡을 먹는다." 하도 애들이 말을 듣지 않으니 이런 말이 생겼을 겁니다. 자식이 언제 가장 밉나요? 말을 안 들을 때입니다.

언제 가장 예쁜가요? 말을 잘 들을 때입니다. 자식은 왜 엄마 아빠의 말을 잘 안 들을까요? 믿지 못하기 때문입니다. 반대로 믿음이 있으면 잘 들어요. 잘 듣고 안 듣고의 문제는 믿음입니다. 하나님의 말씀을 잘 들으면 '자다가도 상을 얻는다.'라는 믿음이 있으면, 듣지 말라고 해도 듣지 않을까요? 그러므로 하나님과 함께 걸으려면 믿음이 있어야 합니다. 하나님의 살아 계심과 상 주심을 믿는 믿음이 있어야 합니다.

그 상은 무엇입니까? 에녹은 죽음을 경험하지 않았어요. 아담부터 그의 선배들에게 모두 적용되었던 그 죽음이 에녹에게는 예외가 되었습니다. 그는 아담의 운명을 벗어난 최초의 사람입니다.

여기에는 어떤 뜻이 있을까요? 죽음이라는 운명의 사슬에서 벗어날 수 있는 길이 있다는 겁니다. 당시 이스라엘은 애굽에서 나와서 광야에서 생활했어요. 그중 많은 선배는 하나님과 함께 걷지 못했어요. 결국 광야에서 거의 죽고 말았어요. 이제 그의 후손들이 가나안으로 들어가서 새로운 시작을 해야 합니다.

그들이 그곳에서 하나님과 함께 걸으면 어떤 상을 주십니까? "너희가 내 규례와 계명을 준행하면, 내가 너희에게 철따라 비를 주리니 땅은 그 산물을 내고 밭의 나무는 열매를 맺으리라"(레 26:3-4). 그뿐만 아니라 자식을 번성하게 하고 창대하게 하는 상도 주십니다(레 26:9). 무엇보다도, 하나님께서 그들을 자기 백성으로 삼으시고, 하나님은 그들의 하나님이 되십니다(레 26:12). 그 후에는 영원한 하나님 나라에서 영원한 생명을 누리게 됩니다.

이 상을 오늘을 사는 우리에게도 같게 적용할 수 있습니다. 우리는 죄 때문에 죽음 자체를 피할 수는 없습니다. 하지만 죽음의 심판은 피할 수 있습니다. 하나님과 함께 걸으면 이 땅에서 죽음이 주는 허무와 두려움에 시달리지 않습니다. 그리고 이 땅을 떠나는 날 영원한 생명을 얻습니다. 하나님과 함께 걸을 때 진정한 '웰빙'과 '웰다잉'을 경험합니다. 이것이 우리가 오늘도 캠퍼스 현장에서 복음 사역을 감당하는 힘입니다.

그러면 에녹의 후손들은 어떻게 삽니까? 그의 아들 므두셀라는 969년을 살고 죽었으니, 인류 역사에서 가장 오래 산 기록을 세웠습니다. 그의 아들 라멕도 아들을 낳았으니, 그의 이름을 '노아'라고 불렀어요. '노아'는 '위로'라는 말입니다. 그 아름다웠던 에녹의 향기가 세월과 함께 사라지는 듯 했지만, 4대 후손인 노아를 통해서 다시 피어납니다. 라멕은 땅의 저주 때문에 몹시 힘든 생활을 하고 있습니다. 하지만 그는, 어둠 속에서 여호와께서 노아를 통하여 위로해 주실 한 줄기 빛을 봅니다(25-32).

이 소망이 어떻게 이루어집니까? 6:1을 봅시다. "사람이 땅 위에 번성하기 시작할 때에 그들에게서 딸들이 나니." 하나님께서는 그 후손들에게 번성의 축복을 주셨습니다. 노아를 통한 하나님의 위로가 금방 이루어질 것처럼 보입니다.

하지만 실상은 어떠합니까? 2절을 봅시다. "하나님의 아들들이 사람의 딸들의 아름다움을 보고 자기들이 좋아하는 모든 여자를 아내로 삼는지라." 하나님의 아들들이 사람의 딸들과 결혼할 때 그 가치관이 문제였어요. 마치 에덴동산에서 여자가 선악을 알게 하는 나무를 따 먹을 때처럼, 딸들의 아름다움을 보고 자기들이 좋아하는 여자를 아내로 삼았어요. 그들은 아내감을 찾을 때, '이 여인이 내 가정을 경건한 가르침의 장소로 만들 수 있을까'를 묻지 않았어요. '그녀가 예쁜가'를 가장 중요한 기준으로 삼았어요. 에덴동산에서의 결혼은 하나님을 섬기는 데 그 목적이 있었습니다. 그런데 잘못된 결혼관 때문에 결혼의 목적도 잘못되고 말았습니다.

하나님께서는 그런 그들을 어떻게 대하십니까? 3절입니다. "여호와께서 이르시되 나의 영이 영원히 사람과 함께 하지 아니하리니 이는 그들이 육신이 됨이라 그러나 그들의 날은 백이십 년이 되리라 하시니라." '함께 한다.'라는 말에는 '다투다.'라는 뜻도 있어요. 부부가 서로 다투는 것을 좋다고만 말할 수는 없지만, 좋은 점도 있어요. '다툰다.'라는 말을 '사랑한다.'라는 말로 바꿀 수 있어요.

그러므로 '다투지 않는다.'라는 말은 '사랑하지 않는다.'라는 뜻입니다. '포기했다.'라는 말입니다. 아무리 말해도 듣지 않으면 포기합니다. 여호와께서는 그들을 포기하셨습니다. 그들이 육신이 되었기 때문입니다. '부패 덩어리'가 되었기 때문입니다. 그 결과 '육체파'의 원조인 '네피림'이 세상을 사로잡았습니다.

그들은 어느 정도 악합니까? 죄악이 세상에 가득했고, 그의 마음으로 생각하는 모든 계획이 항상 악했습니다(5). 사람이 죄인인 것은 그의 행동이 악하기 때문이 아니라, 그가 마음에서 만들고 있는 모든 생각이 악하기 때문입니다. 사람이 세상을 가득 채운만큼 악이 세상을 가득 채웠습니다. 하나님은 온 세상이 하나님의 영광과 그를 아는 지식으로 충만하길 원하셨는데, 세상은 사람들의 죄로 가득합니다. 죄가 보편화하고, 국제화하고, 세계화합니다.

이를 보신 여호와의 마음은 어떠합니까? 땅 위에 사람 지으셨음을 한탄하시고 마음에 근심하십니다(6). 태초에 사람을 만드신 하나님은 "보시기에 심히 좋았더라"고 말씀하셨습니다(1:31). 그러나 이제는 사람 지으셨음을 한탄하십니다. 여호와께서는 사람의 죄 때문에 깊은 상처를 받으셨습니다.

여호와께서 어떤 결단을 내리십니까? 7절을 봅시다. "이르시되 내가 창조한 사람을 내가 지면에서 쓸어버리되 사람으로부터 가축과 기는 것과 공중의 새까지 그리하리니 이는 내가 그것들을 지었음을 한탄함이니라 하시니라." '쓸어버린다.'라는 말은 '물로 씻어낸다.'라는 뜻입니다. 여호와께서 어떻게 심판하실 것인가에 대한 그 성격을 미리 보여줍니다. 사람의 죄가 돌아올 수 없는 강을 건넜음을 아신 여호와께서 심판을 결단하십니다. 인류와 세상은 어둠의 빛으로 가득합니다.

그러나 그 절망의 순간에 누가 여호와의 눈에 들어왔습니까? 8절을 읽읍시다. "그러나 노아는 여호와께 은혜를 입었더라." '은혜를 입었다.'라는 말은 '특별한 사랑과 관심을 받았다.'라는 뜻입니다. 노아는 여호와께로부터 특별한 사랑과 은총을 받았습니다. 이로써 지난날 에녹이 가졌던 "이 아들이 우리를 위로하리라."라는 그 소망이 이루어집니다. 여호와께서 셋으로부터 시작하신 '대안 공동체'를 노아에게서 좀 더 구체화합니다.

이 사실이 오늘 우리에게 주는 의미는 무엇입니까? 한 형제가 고향에서

71

취업하게 되었다며 인사하러 들렀어요. "지난 20대의 10년 동안 해 놓은 것이 없는 것 같아 허무해요. 그래서 직장에 다니면서도 변리사 시험을 준비하려고요." 그는 캠퍼스 시절에 나름대로 열심히 살았어요. 저는 말했어요. "한순간 한순간은 나름으로 열심히 살았음에도 불구하고 생을 마치는 날 허무를 느끼고, 아쉬움을 느끼는 것이 인생입니다. 미래가 불확실하기 때문이지요. 하지만 예수님을 믿는 자는 허무를 이기고 소망을 품을 수 있어요." 저는 앞으로 살아갈 30대를 믿음으로 살도록 기도했습니다. 그의 모습은 나름으로 열심히 살아가는 현대인의 모습입니다.

우리는 이런 현대인들 속에서 여호와께 은혜를 입었습니다. 그러므로 우리는 어떻게 살아야 합니까?

제8강
심판과 구원

◇ 본문 창세기 6:9-8:19
◇ 요절 창세기 6:22
◇ 찬송 521장, 545장

'심판과 구원', 이 말이 오늘 우리 시대에 과연 통할까요? 구원은 몰라도 심판은 '우리 동네의 이야기'가 아닌 '남의 동네의 이야기'처럼 들릴 수 있어요. 그러나 '심판과 구원'은 '저 너머' 동화 속의 이야기가 아니라, 오늘을 살아가는 우리의 이야기입니다. 왜 그럴까요?

6:9를 봅시다. "이것이 노아의 족보니라 노아는 의인이요 당대에 완전한 자라 그는 하나님과 동행하였으며." 오늘 본문의 주인공 노아는 어떤 사람입니까? 우리는 지하철로 위에 떨어진 취객을 구한 사람을 "의인"이라고 불러요. 하지만 성경은 하나님과 올바른 관계를 맺고 있는 사람을 "의인"이라고 말해요. 의인은 완전한 사람이라고 할 수 있어요. 그렇다고 도덕적으로 어떤 경지에 이른 '도사'라는 말은 아닙니다. 일상에서 하나님을 의식하며 하나님의 말씀에 순종하는 사람을 말해요.

그는 아이가 엄마 손을 꼭 잡고 길을 걷듯이, 언제나 하나님의 말씀을 붙잡고 걸어갑니다. 그는 북한의 핵 문제처럼 거창한 내용뿐만 아니라 아이의 진로 문제에 관해서도 하나님과 대화합니다. 그는 큰일이든 작은 일이든 자기 마음대로 결정하지 않습니다. 그는 우리네 인생이라는 것이 작은 일들이 모여서 이루어지는 것임을 잘 알기 때문입니다. 그런 그는 아들 3형제를 두었습니다(10).

당시 세상은 어떠했나요? 11-12절을 봅시다. "그 때에 온 땅이 하나님 앞에 부패하여 포악함이 땅에 가득한지라, 하나님이 보신즉 땅이 부패하였으니 이는 땅에서 모든 혈육 있는 자의 행위가 부패함이었더라." 하나님이 보시기에 참 좋았던 세상은 '부패 덩어리'가 되고 말았습니다. 하나님의 형상을 닮은 자들로 가득 차기를 바랐던 세상은 '폭력배'와 '모리배'로 가득 차고 말았습니다.

죽전동은 나무와 꽃이 많아서 참 아름답습니다. 하지만 그 속을 보면 벌레가 많아서 부담스러운 점도 있어요. 세상은 이처럼 겉과 속이 다릅니다. 사람도 실은 그 겉과 속이 다릅니다. 그래서 누군가를 기대했다가 실망할 때가 많습니다. 그런데 노아 시대가 그랬습니다.

하나님은 그런 세상에 대해 어떤 충격적인 말씀을 하십니까? 13절입니다. "하나님이 노아에게 이르시되 모든 혈육 있는 자의 포악함이 땅에 가득하므로 그 끝 날이 내 앞에 이르렀으니 내가 그들을 땅과 함께 멸하리라." 하나님은, 당신이 친히 만드셨던 목련, 진달래, 그리고 까치는 물론이고 명품인 사람까지 다 없애버리려 하십니다. 사람의 포악함이 땅에 가득했기 때문입니다. 하나님은 사람을 사랑하지만, 그 죄는 사랑하지 않습니다. 잘못된 길로 가면 무섭게 매를 드십니다.

그 매를 피할 길은 없나요? 14절을 읽읍시다. "너는 고페르 나무로 너를 위하여 방주를 만들되 그 안에 칸들을 막고 역청을 그 안팎에 칠하라." 하나님께서 심판에서 벗어날 구원의 길로써 방주를 만들도록 제시합니다.

그 방주를 어떻게 만들어야 합니까? 15-16절입니다. "네가 만들 방주는 이러하니 그 길이는 삼백 규빗, 너비는 오십 규빗, 높이는 삼십 규빗이라,

거기에 창을 내되 위에서부터 한 규빗에 내고 그 문은 옆으로 내고 상 중 하 삼층으로 할지니라." 길이는 300규빗, 너비는 50규빗, 높이는 30규빗입니다(15-16). 1규빗을 50cm로 적용하면 길이가 150m(축구장 길이의 1.5배), 넓이가 25m(자동차 10대 주차 공간), 높이가 15m(5층 빌딩)입니다. '방주'는 큰 배라기보다는 직육면체의 상자에 더 가깝습니다. 그 배에는 키나 돛이 없어요. 사람이 아닌 하나님께서 운행하시기 때문입니다.

하나님은 왜 구원의 길로 방주를 만들라고 하셨나요? 세상을 홍수로 심판하실 것이기 때문입니다(17). 왜 하필 홍수일까요? 진공청소기가 좋기는 하지만 2% 부족해요. 스팀청소기가 등장했어요. 세상의 더러움을 씻어낼 수 있는 가장 좋은 것은 물청소입니다. 방주는 물청소에서 구원받을 수 있는 가장 안전한 도구이고요.

그런데 하나님께서 물청소 전에 노아와 무엇을 하십니까? 18절을 봅시다. "그러나 너와는 내가 내 언약을 세우리니 너는 네 아들들과 네 아내와 네 며느리들과 함께 그 방주로 들어가고." '언약'이란 '협약'이나 '계약'을 말해요. 계약에는 조건이 있어요. 하나님은 노아에게 어떤 조건을 제시합니까? 가장 중요한 전제는 방주를 만드는 겁니다. 그리고 그 방주 안으로 아들들과 아내, 그리고 며느리들이 모두 들어가는 겁니다. 그뿐만 아니라, 모든 생물, 새와 짐승과 기어 다니는 모든 것을 방주 안으로 데리고 들어가고, 그들이 먹을 음식을 마련하는 겁니다(19-21).

이 제안에 노아는 어떻게 반응합니까? 22절을 읽읍시다. "노아가 그와 같이하여 하나님이 자기에게 명하신 대로 다 준행하였더라." 노아는 하나님의 제안을 100% 받아들입니다. 그는 방주를 만듭니다. 그것도 바다나 강이 아닌 땅에서 만듭니다. 그 이유는 단지 하나님께서 그렇게 하도록 명령하셨기 때문입니다. 그는 다른 사람들 '쇼핑'가니까 괜히 볼일도 없으면서 '쇼핑'에 따라가는 그런 종류의 사람은 아닙니다. 그는 '하나님의 의도가 무엇일까?' 이리저리 궁리하지 않고, 즉시 하나님의 뜻에 순종하는 사람입니다.

이렇게 사는 것이 쉬울까요? 어렵다면 어떤 점이 어려울까요? 먼저, 외적 환경과 싸워야 합니다. 요즘처럼 날씨가 맑을 때 '산불 예방'은 들려도 '홍수 예방'은 들리지 않아요. 기상청도, 사회학자도 태평성대만을 말합니다. '아고라 방'에는 이런 주제가 개설되었을까요? "마른 땅 위에서 배를 짓는 노아, 어떻게 볼 것인가?" 다음으로, 자기와 싸워야 합니다. 노아의 삶 속에는 하나님의 말씀과 현실 사이의 갈등으로 인한 긴장감이 흐릅니다. 그 긴장감은 시간과 함께 점점 더 강해집니다. 압박감 때문에 많이 피곤합니다.

긴장을 어떻게 풀 수 있을까요? 긴장이란 양쪽이 팽팽할 때 생기는 거잖아요? 그러므로 긴장을 푸는 길은 오직 하나, 한쪽으로 몰아주는 겁니다. 방주 만드는 일을 그만두거나, 만드는 일에 전념하면 그 순간 긴장은 사라집니다. 노아는 하나님의 말씀을 믿고, 방주 짓는 일에 전념합니다. 마침내 방주가 완성되었고, 그는 하나님과 맺은 언약대로 방주 안으로 들어갑니다.

노아가 방주에 들어갔을 때 어떤 일이 일어납니까? 당장에는 아무 일도 일어나지 않았어요. 사람들은 또 얼마나 입방아를 찧었을까요? 그러나 1주일이 지나자 땅속의 샘이 열리고, 하늘의 구름이 비를 쏟아부었습니다. 비는 40일 동안 밤낮으로 쏟아집니다(7:1-15). 세상은 점점 죽음의 행렬이 시작됩니다. 하나님께서 지면의 모든 생물을 쓸어버렸기 때문입니다(16-23).

그때 노아의 마음은 어떨까요? 방주 밖의 폭풍우 때문에 방주 안도 요동칩니다. 노아가 폭풍우만을 생각한다면, 물에 빠진 베드로와 같았을 겁니다. 베드로는, 예수님께서 물 위를 걸어오시는 것을 보고는 자기도 걷고 싶다고 했어요. 주님께서 허락하시자, 물 위를 걷습니다. 그런데 거센 바람을 보자 겁이 났어요. 그 순간, 그는 마치 바위와 같이 물에 빠지기 시작했어요(마 14:28-30).

하지만 노아는 홍수 앞에서 오직 하나님의 약속을 굳게 붙듭니다. 약속이 없다면 방주의 널빤지들은 한낱 나무 조각에 불과합니다. 그가 방주 안에서 평화를 누릴 수 있는 것은 약속을 붙들기 때문입니다. 그런데 그 평화가 완전해지려면 방주 밖으로 나와야 합니다.

그는 언제 어떻게 방주 밖으로 나옵니까? 8:1을 읽읍시다. "하나님이 노아와 그와 함께 방주에 있는 모든 들짐승과 가축을 기억하사 하나님이 바람을 땅 위에 불게 하시매 물이 줄어들었고." 남편이 아내의 생일을 기억하면 어떤 일이 일어납니까? 아내의 생일 선물을 사서 빨리 집으로 들어갑니다. 기억은 구체적인 행동으로 연결됩니다.

노아를 기억하신 하나님께서 어떤 행동을 하십니까? 하나님께서 땅 위에 바람이 불게 하십니다. 물이 점점 줄어들고, 땅속의 샘들과 하늘의 창들이 닫힙니다. 마침내 산봉우리들이 드러납니다(2-5). 배 밑바닥이 땅에 닿는 감촉을 느낄 때, 기분이 어땠을까요? 그런데 그는 스스로 방주 문을 열고 나올 수 없습니다. 하나님께서 나오라고 문을 열어주셔야 합니다.

드디어 하나님께서 "나오라"라고 하며 문을 열어주십니다. 그는 그 말씀에 순종하여 나옵니다(5-19). 그는 하나님께서 "방주를 만들라."라고 하자 만들었고, "방주 안으로 들어가라."라고 하자 들어갔습니다. 이제 "방주에서 나오라."라고 하니 나옵니다. 노아는 순종으로 시작하여 순종으로 마치는 순종의 사람입니다.

이 사실이 오늘 우리에게 주는 의미는 무엇입니까? 첫째로, 우리의 세상도 심판에 직면합니다. 사람은 이 세상을 스스로 통치하고 있다고 생각해요. 하지만 그 세상이 언젠가 우리 위로 무너질 겁니다. 영화 "더 데이 애프터 투모로우(the day after tomorrow, 2004)"에서 한 기상학자는, "지구 온난화로 남극과 북극의 빙하가 녹고 바닷물이 차가워지면서 해류의 흐름이 바뀌게 되어 지구 전체가 빙하로 뒤덮이는 거대한 재앙이 올 것이라."라고 경고합니다. 하지만 그의 주장은 비웃음만 당합니다. 얼마 후 그의 경고는 현실로 나타납니다.

이제는 영화에서 말하는 이 세상의 어두운 미래가 하나의 상식으로 통하고 있어요. 지구의 멸망보다 더 피부에 닿는 것은 죽음입니다. 우리는 죽음과 더불어 살고 있어요. 우울증으로 인한 자살은 이미 심각한 사회문제가 되었어요. 반면 아무리 살아보려고 애를 써도 살 수 없는 죽음이 있습니다. 희소병이나 불치병으로 투병하는 모습을 보면 너무 안타깝습니다. 그리고 불의의 사고로 인한 죽음이 있어요. 오랫동안 잘 살다가 생을 마치는 '호상(好喪)'이 있어요. 그런데 어떤 죽음이든지 우리의 의지와는 상관없이 일어납니다. 어떤 죽음을 맞이하든지 죽음은 죄로 인한 하나님의 심판이기 때문입니다.

누가 이 심판에서 구원받을 수 있습니까? 둘째로, 하나님의 말씀에 순종하는 사람이 구원받습니다. 하나님께서 노아와 맺은 언약은 오늘도 유효합니다. 오늘 우리에게 있어서 '방주를 짓는다.'라는 말은 '예수님을 믿고 그 말씀에 순종하여 사는 것'을 말해요. 예수님은 말씀하십니다. "내가 진실로 진실로 너희에게 이르노니 내 말을 듣고 또 나 보내신 이를 믿는 자는 영생을 얻었고 심판에 이르지 아니하나니 사망에서 생명으로 옮겼느니라"(요 5:24). 누구든지 이 언약을 잘 지키면 영생을 얻고 심판에 이르지 않습니다. 물론 우리는 언약 백성임에도 불구하고 육신의 죽음 자체를 피할 수는 없습니다. 하지만 죽음 이후에 있는 심판에서 지옥에 가지 않고 천국에 갑니다.

어떤 사람은 예수님 믿는 것을 이 땅에서 잘 먹고 잘사는 것으로만 오해해요. 이런 신앙을 "세속주의"라고 불러요. 믿음으로 사는 궁극적인 목적은 이 땅에서 심판을 받지 않는 것뿐만 아니라, 죽은 후에도 지옥에 가지 않고 영원한 생명의 나라 천국에서 사는 겁니다. 심판에서의 구원은 사후 세계만을 말하는 것이 아니라, 이 땅에서의 삶도 포함합니다.

미국에서는 "신앙생활이 건강에 유익하다."라는 연구 결과들이 속속 발표되고 있어요. 하버드 의대의 한 교수는 "기도를 반복하면 이완 반응(relaxation response)을 불러일으키므로 건강에 도움이 된다."라고 주장했어요. 그러나 건강이란 단순히 육체의 건강만을 말하는 것은 아니고 전인격의 건강을 말합니다. 소위 세상에 대하여 소금이 되고 빛이 되는 삶을 사는 겁니다. 누가 이렇게 살 수 있습니까? 말씀에 순종하여 사는 사람입니다.

그러면 이 모든 것이 나만을 위한 겁니까? 셋째로, 나뿐만 아니라 가족과 캠퍼스 학우도 구원을 받습니다. 노아의 삶에 대해서 후손은 이렇게 평가합니다. "믿음으로 노아는 아직 보이지 않는 일에 경고하심을 받아 경외함으로 방주를 준비하여 그 집을 구원하였으니 이로 말미암아 세상을 정죄하고 믿음을 따르는 의의 상속자가 되었느니라"(히 11:7). 노아는 자기뿐만 아니라 자기 집을 구원하였습니다. 믿음을 따르는 의의 상속자가 되었습니다. 한 사람의 믿음은 한 사람으로 끝나지 않습니다. 가족과 주위에 반드시 영향력을 끼칩니다. 그리고 구원 사역을 이루어 가는 후계자가 됩니다.

우리 중에도 언니 때문에 구원받고 구속 사역에 동참하고 있는 분들이 세 팀이나 있어요. 내 옆에 어떤 사람이 있느냐에 따라서 삶의 열매가 다릅니다. '모진 사람' 옆에 있으면 그도 모진 삶을 살 수 있습니다. 하지만 믿음의 사람 옆에 있으면 하나님의 축복을 받습니다. 왜죠? 세상 사람은 돈이 생기면 자기를 위해서 사용합니다. 주말과 주일에 시간이 나면 자기를 위해서 씁니다.

반면 믿음의 사람은 주님과 양을 위해서 시간과 물질을 드립니다. 그러면서도 마음대로 풀리지 않으면 속이 상합니다. 아침에 조금만 일찍 일어나서 기도하려고 하지만 몸이 말을 듣지 않아서 괴롭습니다. 현실과 말씀 사이에서 긴장이 커집니다. 그런데도 믿음의 사람은 자기 생각이나 세상 풍조를 따르기보다는 말씀에 순종하고자 애를 씁니다. 가족과 캠퍼스, 그리고 만민 구속 사역을 소망하며 다시 시작합니다. 이런 사람들에게 하나님의 축복이 임하고, 그 주위에도 임하는 것은 당연하지 않나요?

"에반 올마이티(Evan Almighty, 2007)"라는 영화에서, 미국 하원의원에 당선된 에반 백스터(Evan Baxter)는 등원하기 전날 "세상을 바꿀 수 있게 해달라."고 기도해요. 어느 날 하나님께서 그에게 "9월 22일 큰 홍수가 날 것이니 방주를 지으라."라고 명령합니다. 그는 코웃음을 치며 무시해요. 그러나 맞춰놓지도 않은 알람시계가 새벽 6시 14분이 되면 꼬박꼬박 울립니다. 6시 14분은 창세기 6:14를 말해요. 또 수백 마리의 동물들이 쌍을 지어 그의 뒤를 졸졸 따르고, 아무리 면도를 해도 수염이 자라는 등 기이한 일들이 연달아 일어납니다. 점점 노아의 모습으로 변해가는 그는 결국 방주를 짓고자 결심합니다.

그는 9월 22일, 방주를 완성했습니다. 하지만 비는 오지 않고 쏟아지는 건 주변의 조롱뿐입니다. 허탈해하고 있을 때 커다란 댐이 무너집니다. 방주는 거대한 물살에 휩쓸려 의사당으로 돌진합니다. 그곳에서 잘못된 법안들이 만들어지기 때문입니다. 국회는 아수라장이 되고 잘못된 법안들은 물거품이 되고 맙니다. 하나님은 에반의 순종을 통하여 그 자신은 물론이고 세상도 변화시킵니다.

심판과 구원을 오늘 우리에게도 적용할 수 있습니까? 심판과 구원은 오늘 우리에게도 실존적 문제입니다. 그것은 어떤 세대에도 단순한 이론이

아닙니다. 누구든지, 어떤 세대든지 말씀대로 살지 않으면 심판을 피하지
못합니다. 그러나 말씀에 순종하는 사람은 자기를 구원할 뿐만 아니라, 세
상을 구원합니다.

제9강
무지개

◇ 본문 창세기 8:20-9:29
◇ 요절 창세기 9:16
◇ 찬송 214장, 248장

무지개를 생각하면 어떤 마음이 듭니까? 영국의 낭만주의 시인 워즈워드(William Wordsworth, 1770-1850)는 무지개에서 인생을 보았어요. "하늘의 무지개를 보면 내 가슴은 뛰네(My heart leaps up when I behold A rainbow in the sky:)/ 내 인생 시작할 때 그러했고/ 어른이 된 지금도 그렇거늘/ 늙을 때 또한 그러하겠지/ 아니면 죽을지어다..." 그러면 믿음의 사람은 무지개에서 무엇을 봐야 합니까?

8:20을 봅시다. "노아가 여호와께 제단을 쌓고 모든 정결한 짐승과 모든 정결한 새 중에서 제물을 취하여 번제로 제단에 드렸더니." 방주에서 나온 노아는 무엇을 해야 할까요? 우선 당장 오늘 밤부터 자야 할 집이 필요합니다. 눅눅한 옷도 말려야 하고, 식구도 챙겨야 하고, 세간도 정리해야 합니다. 방주에서 내린 감격도 잠깐이고 할 일이 태산 같아요. 그런데도 그는 가장 먼저 여호와께 제단을 쌓습니다. 그리고 가장 좋은 제물을 준비하여 드립니다.

왜 그랬을까요? 그는 그만큼 여호와의 은혜에 감사한 겁니다. 그만큼 여호와를 삶의 첫 자리에 모신 겁니다. 그는 이제부터 새로운 땅에서 새로운 삶을 출발해야 합니다. 그 출발은 예배로부터 시작합니다. 이런 노아를 통해서 무엇을 배웁니까? 내 삶의 중심과 시작은 언제나 예배여야 한다는 겁니다. 보통 사람은 자기 일과 가정이 삶의 중심이요, 시작이어야 한다고 생각해요. 하지만 믿음의 사람에게는 여호와께 대한 예배가 모든 것보다 우선입니다. 우리의 한 주는 무엇으로부터 시작합니까? 예배입니다. 주일은 한 주의 마지막이 아니라 첫날입니다. 또 하루는 어떻게 출발합니까? 말씀과 기도로 시작합니다. 예배로 시작하고 말씀과 기도로 시작하는 삶, 얼마나 건강하고 아름답습니까?

반면 이렇게 하지 못하는 삶은 어떨까요? 독일의 신학자 틸리케(Helmut Thielicke, 1908-86)는 말합니다. "새날의 모습이 그 윤곽을 드러내기 전에, 새날의 계획을 정하기 전에, 노아와 같이 제단을 쌓지 않는 사람, 즉 성경 말씀도 읽지 않은 채 슬그머니 하루를 시작하는 사람, 그는 '악한' 직장인, '악한' 아버지, 또는 '악한' 어머니로서 하루를 시작하는 자이다."

여호와께서 노아의 예배를 어떻게 받으십니까? 21절입니다. "여호와께서 그 향기를 받으시고 그 중심에 이르시되 내가 다시는 사람으로 말미암아 땅을 저주하지 아니하리니 이는 사람의 마음이 계획하는 바가 어려서부터 악함이라 내가 전에 행한 것 같이 모든 생물을 다시 멸하지 아니하리니." 여호와께서는 다시는 사람 때문에 땅을 저주하지 않습니다. 왜냐하면 사람이 어려서부터 악하기 때문입니다. 아무리 무서운 심판도 죄의 뿌리를 없애지 못하기 때문입니다.

불교에서 가장 높이 치는 것 중 하나가 어린아이의 순수함입니다. '동자승'을 부처님에 비견해요. 어린이가 어른과 비교하여 순수한 것은 사실이지만, 실은 그 속에도 악이 있어요. 내 아이이지만 못되게 굴 때면 정이

뚝 떨어집니다. 더 안타까운 일은 그런 악을 매로 해결하지 못한다는 겁니다. 매가 일시적인 효과가 있기는 하지만 근본적인 해결책은 아닙니다. 최근 뇌물과 같은 '화이트칼라 범죄'에 대한 형량이 상향조정되었어요. 그런다고 '검은돈'이 사라질까요? 심판만으로는 죄를 본질로 없애지 못합니다. 그래서 하나님도 심판을 일단 유보하십니다.

대신 무엇을 하십니까? 9:1을 봅시다. "하나님이 노아와 그 아들들에게 복을 주시며 그들에게 이르시되 생육하고 번성하여 땅에 충만하라." 이 말씀은 하나님께서 에덴동산에서 아담에게 주셨던 그 축복입니다(1:28). 하나님은 사람을 창조하신 이래로 계속해서 '생육 번성 충만'의 복을 주십니다. 하나님은 한 사람의 삶이 그 사람으로 그치는 것을 원하지 않습니다. 생육하고 번성하고 충만하기를 원하십니다. 그 한 사람이 생육하고 번성하고 충만하면 당연히 충만한 하나님의 공동체를 이루게 됩니다.

예전에는 '무자식 상팔자'라는 말이 있었어요. "아들딸 구별 말고 하나만 잘 낳아 기르자."라는 말도 있었고요. 자식이 많을수록 복이 없고, 자식이 적을수록 복이 많다고 생각했어요. 하지만 이것은 반성경적 생각입니다. 하나님의 축복은 생육하고 번성하여 땅에 충만한 겁니다. 영적인 자녀는 물론이고, 육신의 자녀가 충만함은 하나님의 축복입니다.

이 충만한 자녀의 먹을거리를 하나님께서 어떻게 해결해 주십니까? 3절입니다. "모든 산 동물은 너희의 먹을 것이 될지라 채소 같이 내가 이것을 다 너희에게 주노라." 그동안 사람은 채소류만 먹었어요. 하지만 이제부터는 돼지고기를 상추와 함께 먹습니다. 그렇지만 생명 되는 피째 먹어서는 안 됩니다. '대박 치킨'을 먹지만 닭의 생명 자체는 소중히 여기라는 말입니다. '동물 양'을 소중하게 여기는 사람은 '사람 양'도 소중하게 여깁니다.

그런데 왜, 오늘 우리는 피째 먹습니까? 구약의 율법에는 윤리법과 의식법이 있어요. 윤리법은 예나 지금이나 문자적으로 같은 효력을 가지고 있습니다. "살인하지 말라"는 말은 예나 지금이나 똑같이 지켜야 합니다. 반면 의식법은 예수님께서 십자가에서 돌아가심으로써 완성하셨습니다. 그래서 문자적으로 지키기보다는 사상적으로 지킵니다. 예배할 때 양을 잡지 않고 마음을 드립니다. 소고기와 함께 소피로 만든 선짓국도 먹습니다. 다만 생명을 소중하게 여기라는 그 사상만은 오늘도 지켜야 합니다. 생명을 함부로 여기면 하나님께서 그 사람의 생명을 찾으십니다. 왜냐하면 하나님께서 자기 형상대로 사람을 만드셨기 때문입니다. 이 소중한 생명을 생육하고 번성하여 땅에 충만하게 해야 합니다(4-7).

이를 위해서 하나님은 무엇을 하십니까? 언약을 세우십니다. 언약의 대상은 누구입니까? 노아와 그와 함께 한 아들들과 그 후손, 그리고 모든 생물입니다(8-10). 언약은 노아 한 사람으로 끝나는 것이 아니라 그 후손, 즉 오늘의 하나님의 백성들에게도 똑같이 적용합니다. 그러므로 언약의 기간은 대대로 영원히 계속됩니다(12).

그 내용은 무엇인가요? 11절입니다. "내가 너희와 언약을 세우리니 다시는 모든 생물을 홍수로 멸하지 아니할 것이라 땅을 멸할 홍수가 다시 있지 아니하리라." 언약의 핵심은 다시는 홍수로 심판하지 않는다는 겁니다. 세상은 여전히 홍수도 있고, 심판도 있습니다. 하지만 더는 홍수 심판은 없습니다.

이 사실을 어떻게 믿을 수 있나요? 13절을 읽읍시다. "내가 내 무지개를 구름 속에 두었나니 이것이 나와 세상 사이의 언약의 증거니라." 언약의 증거로 무지개를 구름 속에 두십니다. 무지개는 비가 그쳤을 때 대기 중에 떠 있는 물방울이 햇빛을 받아서 해 반대쪽 하늘에 반원 모양으로 나타나는 일곱 가지 빛의 줄기입니다. 문화적인 말로는 '색동다리'라고도 불러요.

그런데 왜 하필 무지개를 증거로 삼으셨을까요? 우리에게 무지개는, 비가 개고 햇빛이 날 때 생기기 때문에 소망을 줍니다. 그런데 당시 사람들에게 '무지개'는 '활'을 뜻했어요. '무지개를 구름 속에 둔다.'라는 말은 '활을 벽에 걸어 둔다.'라는 말입니다. 그동안 하나님은 활을 쏴서 수많은 사람을 벌하셨어요. 그러나 심판의 도구인 그 활을 벽에 걸어 두십니다. '다시는 심판하지 않겠다.'라는 하나님의 결심입니다.

그리고 이 사실을 기억하신다는 겁니다. 16절을 읽읍시다. "무지개가 구름 사이에 있으리니 내가 보고 나 하나님과 모든 육체를 가진 땅의 모든 생물 사이의 영원한 언약을 기억하리라." 무지개는, 하나님께서 인간을 홍수로 심판하지 않겠다는 언약의 증거입니다(17).

무지개 언약을 주신 하나님은 어떤 분이십니까? 죄인을 참고 기다리시는 분입니다. 하나님은 사람이 죄를 지었다고 해서 당장에 심판하지 않습니다. 무지개 언약을 스스로 만드시고 심판을 유보하십니다. 죄인이 회개하고 하나님께로 돌아오기를 기다리십니다. 사실 우리가 세상을 봐도 열받을 때가 많아요.

저는 사기범을 생각하면 괜히 화가 납니다. 최근 중국 사람은 우리를 대상으로 '보이스 피싱'(voice phishing, 전화사기; 범행 대상자에게 전화를 걸어서 송금을 요구하거나 개인정보를 수집하는 사기 수법)에 열을 내고 있어요. 그중에는 서민의 등을 쳐먹는 놈들이 많아요. 이런 놈들은 당장에 어떻게 했으면 좋겠어요.

하지만 이런 식으로 말하면 이 세상에 살아남을 사람은 아무도 없지 않을까요? 전직 대통령은 도덕성을 내세우며 시골 봉화마을을 관광단지로 만들었어요. 100만 명의 관광객이 다녀갔다는군요. 대통령을 향한 우리 국민의 순수함이 느껴집니다. 하지만 '검은돈' 때문에 비난의 화살이 쏟아지고 있어요. 이 세상을 우리가 봐도 이러할진대 하나님께서 보시면 어떠하겠어요? 이 세상 사람들이 그나마 숨을 쉬며 사는 것은 하나님께서 참고 기다리시기 때문입니다. 무지개는 하나님께서 죄인을 향해서 참고 기다리신다는 표시입니다. 무지개가 그렇게 영롱한 것은, 그것이 하나님의 참고 기다리심을 보여주기 때문입니다.

이 무지개를 오늘 우리에게는 어떻게 적용할 수 있습니까? 지금 한강에서는 '레인보우 페스티벌'이라는 행사를 하고 있대요. 그중에는, 우산을 쓰고 달빛 무지개 분수 아래를 걸어가는 '분수비 체험'과 리본을 묶어 사랑을 약속하는 '무지개 언약(Rainbow Promise)' 등이 있대요. 그들은 무지개가 갖는 본래 의미, 즉 성경적 이미지를 상업화하고 있어요. 무지개의 본래 의미는 하나님의 참고 기다리심의 표시라고 말했어요. 그 표시의 절정은 예수님의 십자가와 부활입니다. 무지개는 십자가와 부활의 그림자입니다. 십자가와 부활은 신약 백성에게 주시는 언약의 증거입니다. 그러므로 누구든지 십자가와 부활을 믿고 주님께로 돌아가면 더는 심판이 없습니다. 심판이 없으니 절망이 없습니다. 절망이 없으니 희망과 기쁨이 가득합니다. 생명이 풍성합니다. 노아가 무지개를 통해서 소망과 힘으로 가득하여 생명 사역에 헌신할 수 있었듯이, 오늘 우리도 십자가와 부활을 통하여 희망을 노래하고 생명 사역에 헌신할 수 있습니다.

우리 시대의 대표적 사회현상은 무엇일까요? 두 가지로 생각할 수 있는데, 열악한 환경 때문에 소망과 사랑을 잃어버린 문제입니다. 아마존 강에 스페인 거함 한 척이 표류하고 그 선원들은 죽어가고 있었어요. 지나가던 배에 발견되었어요. "마실 물 좀 주세요. 마실 물이 없어 죽어가고 있어요." 사람들은 아마존 강물을 떠서 그들에게 주었어요. 선원들은 아마존 강 위에 떠 있는데도, 마실 물이 없다고 생각했어요. 그들이 처음 표류한 곳이 바다이기 때문에 계속 바다인 줄 안 겁니다. 그들은 절망부터 했기 때문에 강물을 보고도 죽어 간 겁니다. 사람을 죽음으로 내모는 것은 환경이 아니라 절망이라는 이름의 바다입니다.

'카인과 아벨'이라는 TV 드라마에서는, 형이 동생을 죽이려 하고, 어머니(친어머니는 아니지만)가 자식을 죽이려 합니다. 형이 동생의 여자를 뺏으려 하고, 어머니가 자식의 유산을 가로채려고 합니다. 이처럼 황당한 가족사의 뿌리를 사랑받지 못한 문제로 봅니다. 남편의 사랑을 받지 못한 아내, 아버지의 사랑을 받지 못한 아들이 비뚤어지게 사랑을 갈구한 겁니다. 엄마와 아들은 다른 아들이 모든 사랑을 독차지했다고 여기고 죽이려고 한 거지요. 하지만 그 아들은 자기야말로 사랑에 굶주렸다고 생각해요. 엄마를 엄마라고 부르지 못한 그의 한 맺힌 기억은 시청자들의 눈물샘을 자극하고도 남습니다. 사랑을 받을 만큼 받았으면서도 항상 배고픈 우리의 자화상이라고 할 수 있을까요?

소망과 사랑이 해결되지 못하면 어두운 삶을 살 수밖에 없습니다. 심하면 목숨을 끊습니다. 최근 강원도를 중심으로 일명 '연탄불 자살'이 이어지고 있습니다. 그들 대부분은 열악한 환경 때문에 삶에 대한 소망을 가질 수 없고 사랑받지 못하였기 때문에 죽는 순간만이라도 사랑을 느끼기 위해 동반 자살을 택한다고 하지요.

그런데 생활 형편이 어려운 이웃에게 연탄을 무료로 나눠주는 '연탄은행'이 이런 현상에 대해서 안타까움을 표했어요. "연탄은 가난한 이들의 생명의 '아이콘(icon)'인데, 그런 연탄불로 생명을 끊어서는 안 됩니다. 연탄 1장의 무게가 3.6kg, 신생아 몸무게는 평균 3.5kg인데, 서민들로서는 연탄 한 장이 갓난아기의 생명처럼 소중해요. 방 데우고 밥 짓고 물 데워서 세수하고 빨래하며, 다 타고나면 길에도 깝니다. 연탄불에서 따뜻한 사랑과 소망을 보며 살아가는 사람들이 연탄불을 자살 도구로 악용하는 현실을 보면 어떤 마음이 들겠어요?" "연탄은 희망의 상징이며, 자신을 태워 모두를 따뜻하게 하는 사랑의 '아이콘'입니다. 하나님이 주신 인간의 생명을 연탄불처럼 뜨겁게 사랑하며 살아야 하지 않을까요?" 같은 연탄불이 어떤 사람에게는 생명을 마감하는 도구로 사용되고, 어떤 사람에게는 생명을 살리는 도구로 사용됩니다.

왜 그럴까요? 그 마음에 예수 그리스도의 십자가와 부활을 믿는 믿음이 있느냐, 없느냐의 문제라고 믿습니다. 십자가와 부활을 믿는 사람에게는 절망이 없습니다. 왜냐하면 십자가와 부활은 절망과 죽음을 이긴 표시이기 때문입니다. 십자가와 부활을 믿는 사람에게는 절망의 밤에 더욱 빛을 발하는 소망이 있습니다. 따뜻한 사랑이 있습니다. 열정이 있습니다. 일반적으로 아무리 용맹한 개일지라도 곰의 적수가 되지 못합니다. 하지만 사냥개가 곰을 꼼짝 못 하게 하잖아요?

왜 그럴까요? 사냥개는 자기 뒤에 총을 들고 있는 주인을 믿기 때문입니다. 그래서 펄펄 나는 겁니다. 반면 곰이 사냥개 앞에서 맥을 추지 못하는 것도 개 때문이 아니라, 그 뒤에서 총으로 겨누고 있는 주인 때문입니다. 그리스도의 십자가와 부활을 믿는 사람이 소망과 사랑이 넘치는 것도 우리 뒤에 계신 그리스도 예수님 때문입니다. 우리 앞에 버티고 있는 열악한 환경 앞에서 우리 자신은 별것이 아니지만, 우리와 함께하시는 성령 하나님을 믿고 캠퍼스 복음 사역에 담대하게 도전합니다. 비록 그 일이 힘들어도 한숨 대신 희망을 노래합니다.

무지개 언약을 품고 산다면 언제나 잘 나가기만 할까요? 20-21절을 봅시다. "노아가 농사를 시작하여 포도나무를 심었더니, 포도주를 마시고 취하여 그 장막 안에서 벌거벗은지라." 방주에서 나온 노아는 포도나무를 심었어요. 그 상큼한 맛에 빠져서 너무 먹었어요. 결국 취해서 벌거벗은 채로 잠이 들었어요. 그의 행동이 예전과 너무 달라서 마치 다른 사람을 보는 것 같습니다. 노아도 본래는 이런 사람이었는데 하나님께 쓰임 받아서 그 허물이 감춰진 겁니다.

그런데 노아의 세 아들 중 하나이며 후에 가나안의 조상이 된 함이 이 모습을 보고는 들춰냈어요(22). 그는 아버지의 허물을 덮어주지 못하고 동네방네 입방아를 찧었어요. 이 소문을 들은 다른 두 아들 셈과 야벳은 어떻게 합니까? 아버지의 허물을 조심스럽게 덮어줍니다. 허물을 덮을 수 있는 사람, 성숙한 사람입니다. 술에서 깨어난 노아는 이 사실을 알았어요 (23-24).

그는 무엇을 합니까? 25절입니다. "이에 이르되 가나안은 저주를 받아 그의 형제의 종들의 종이 되기를 원하노라 하고." 왜 함이 잘못했는데도 불구하고 그의 후손에게 저주를 내릴까요? 이스라엘의 역사 속에서 가나안은 언제나 대적자로 나타납니다. 그들이 대적자가 된 것은 조상을 잘못 만났기 때문입니다. 조상 한 사람이 그 후손의 운명을 바꿉니다. 오늘 나의 삶은 결코 나 한 사람으로 그치지 않습니다. 내 자식에게 반드시 영향을 끼칩니다.

셈과 야벳은 어떻게 되나요? 26절입니다. "또 이르되 셈의 하나님 여호와를 찬송하리로다 가나안은 셈의 종이 되고." 왜 셈을 축복하지 않고 셈의 하나님 여호와를 찬송할까요? 셈이 아름다운 모습을 보일 수 있었던 것은 하나님의 은총 때문입니다. 그래서 하나님을 찬송합니다. 하나님은 야벳도 창대하게 하셔서 셈의 장막에서 살게 하십니다(27). 허물을 들춰낸 함은 저주를 받았습니다. 반면 허물을 가린 셈과 야벳은 축복을 받았습니다. 생명을 사역을 이어가는 믿음의 계승자가 됩니다.

오늘 우리에게 무지개는 어떤 의미입니까? 오래 참고 기다리시는 하나님의 사랑을 보여줍니다. 그것은 예수님의 십자가와 부활을 상징합니다. 절망을 딛고 일어서는 소망의 증거이며, 생육 번성 충만한 생명 사역을 이루게 하는 힘입니다. 이 무지개가 삶의 현장에서 밝게 떠오르기를 기도합니다.

제10강
하나 되고 흩어지는 교회

◇ 본문　창세기 10:1-11:26
◇ 요절　창세기 11:9
◇ 찬송　549장, 508장

　우리가 클 때 귀가 따갑게 듣던 말 중 하나입니다. "일본은 진흙 같은 민족이라면 한국은 모래알 같은 민족이다." 일본은 뭉치기를 잘하는데 우리는 하나 됨이 부족하다는 뜻입니다. 초대 대통령 이승만은 말했어요. "뭉치면 살고 흩어지면 죽는다!" 해방 직후 사람들은 '좌익'과 '우익', '친일파'와 '친미파' 등으로 편을 가르며 흩어졌습니다. 그래서 '흩어지지 말고 하나가 되자.'라는 말은 호소력이 컸습니다. 그리고 모든 일에 적용되는 진리처럼 굳어졌고요. 그러면 교회 공동체에도 이 말을 적실하게 적용할 수 있을까요?

　첫째, 교회는 하나가 되어야 합니다(1-4).

　1절을 봅시다. "온 땅의 언어가 하나요 말이 하나였더라." 당시에는 문자도 하나이고, 말도 하나였습니다. 모든 사람이 똑같은 글을 쓰고 똑같이 발음했어요. 그들은 국경을 가리지 않고, 인종에 상관없이 언제나 '생각대로' 통했습니다. 그들은 동방으로 옮겨 가며 시날 땅에서 평지를 발견하고는 그곳에서 삽니다(2). 그들은 그곳에서 하나님의 뜻대로 생육하고 번성하여 땅에 충만한 삶을 살고 있나요?

하지만 우리의 기대와는 전혀 다른 일을 저지르고 있습니다. 그들은 돌 대신 벽돌을 굽고, 진흙 대신 역청을 만들어 성읍과 탑을 건설합니다 (3-4a). 탑은 '피라미드(pyramid)' 모양으로 중앙에 계단을 만들어 꼭대 기에 오를 수 있고, 그 위에는 조그만 사당을 갖춘 형태입니다. 그들은 신들이 이 사당에 내려와 자기들을 만난다고 생각했어요. 그러니까 이 탑은 이방신에게 제사를 지내는 '신전탑'입니다. 이것을 '지구라트(Ziggurat)' 라고 불러요.

왜 이런 탑을 만들었습니까? 4b는 말씀합니다. "우리 이름을 내고 온 지면에 흩어짐을 면하자 하였더니." 사람이 자기 이름을 내고, 흩어지지 않고 뭉치려는 것은 원초적 본능입니다. 길가에 걸려있는 수많은 연등에는 사람들의 이름이 적혀 있어요. 어떤 교회당에 가면 헌금한 사람들의 이름을 빽빽하게 기록했습니다. 어떤 이는 고목이나 바위에 자기가 이름을 새깁니다. 이렇게 함으로써 자기 존재감과 정체성을 확인합니다.

"우리가... 남이가"라는 말을 들어봤지요? 일부 'PK'(부산·경남)인사들이 술을 마실 때, 한 사람이 술잔을 들고 "우리가!"라고 선창을 하면 나머지 사람들은 "남이가!"라고 일제히 화답한대요. 그 구호 속에는 "우리 PK끼리는 서로 돌보고 이끌어줘야 한다."라는 뜻이 담겨 있어요. 반면 중부권 일부 사람은 이렇게 외친답니다. "우리는... 남이다!" 이런 뜻이랍니다. "그래 우리는 너희 PK와는 남이다. 너희끼리 잘 먹고 잘살아라. 우리는 우리끼리 잘 먹고 잘살란다." 결국 양쪽 다 흩어지는 데 대한 두려움 때문에 어찌하든지 하나가 되려고 합니다.

그런데 자기 이름을 내고 하나로 뭉치는 것, 좋은 일 아닌가요? 좋은 일입니다. 하지만 하나님이 보실 때 문제가 있습니다. 무엇이 문제입니까? 사람은 자기 이름보다도 하나님의 이름을 드러내야 합니다. 하나님 없는 하나 됨은 하나님께 대적하는 집단이 됩니다.

'Miss USA' 선발대회에서 2등을 했던 프리진(Prejean) 양은, "모든 주에서 동성 결혼을 합법화해야 한다고 생각하느냐?"라는 질문에 답합니다. "누군가를 불쾌하게 할 의도는 없지만, 결혼은 이성끼리 하는 것이며 이것이 내가 자라고 교육받은 방식입니다." 대회가 끝나자 인터넷에서는 이 발언 때문에 2등으로 밀려났다는 논란이 일었어요. "동성애자를 포함해 미국 전체를 대변해야 할 Miss USA로서는 자격이 없다."라는 진보진영과 "속 시원하게 말 잘했다."라는 보수진영의 주장이 팽팽히 맞섰습니다. 미인대회가 정치 논쟁으로 비화했어요. 과거에 '성적 소수자'들은 죄인의 모습이었는데, 이제는 하나가 되어 하나의 세력이 되고 말았습니다. 그렇지만 이런 하나 됨은 하나님께서 원하시는 모습이 아닙니다.

하나님께서 원하시는 '하나 됨'은 어떤 것입니까? 그것은 사람들이 하나님과 맞선 채로 추구하는 하나 됨이 아닙니다. 자기 이름을 드러내기 위해서 하나 되는 것이 아니라, 하나님의 이름을 드러내기 위해서 하나가 되는 겁니다. 흩어지는 것이 두려워서 하나가 되는 것이 아니라, 하나님께서 원하시는 생육하고 번성하여 땅에 충만한 삶을 살기 위해서 하나가 되는 겁니다.

이렇게 하나가 된 곳이 바로 교회입니다. 교회는 성령 하나님께서 하나가 되게 하신 곳입니다. 우리에게는 주님도 한 분이시고, 믿음도 하나고, 세례도 하나입니다. 그뿐만 아니라 우리가 감당해야 하는 사명도 하나입니다. 그러므로 성령 하나님께서 하나 되게 하신 것을 힘써 지켜야 합니다 (엡 4:3-4).

그런데도 교회에서조차 파벌이 조성되는 안타까운 모습을 더러 봅니다. 어떤 사람은 이런 교회를 향하여 "고등학교 동문회보다 못하고, 향우회보다 못하다."라고 비판합니다. 교회는 서로의 필요를 채우기 위해서 하나가 된 곳이 아닙니다. 하나님의 뜻을 실현하기 위해서 하나가 된 곳입니다.

우리는 대학생 복음 사역이라는 특수한 사명을 갖고 있습니다. 국내 대학뿐만 아니라 세계 캠퍼스를 향한 비전이 있습니다. 이 일을 위해서 우리는 하나가 되었습니다. 그 하나 됨을 지켜야 합니다. 믿음의 동역자와 하나가 되어야 하고, 양과 목자, 후배와 선배가 하나가 되어야 합니다. 가정에서는 부부끼리, 엄마 아빠와 아들딸이 하나가 되어야 합니다.

'하나가 된다.'라는 말은 무슨 뜻입니까? 주님의 이름을 드러내기 위해서 마음을 합하고, 하나의 사명을 한 마음 한 뜻으로 섬기는 겁니다. 동역자들은 매주 목요일 점심을 만들어 학생들을 섬깁니다. 이런 섬김을 통해서 양들과 하나가 되고, 동역자들과도 하나가 됩니다.

어떤 분은 제가 자동으로 설교가 나오는 것으로 생각해요. 하지만 이 일은 정말 만만하지가 않습니다. 나름 매주 '산통'을 겪습니다. 설교학 공부를 하다 보니 설교가 쉬워지는 것이 아니라 더 어려워집니다. 그런데도 제가 그 일을 할 수 있는 것은 동역자들이 저와 함께 하는 줄 믿기 때문입니다. 그뿐만 아니라 우리는 모두 주일예배에 감동하기 위해서 새벽을 깨워서 합심해서 기도합니다. 이런 하나 됨을 통하여 우리는 건강하게 자라고 있습니다. 그러면 교회가 하나 되는 목적은 무엇입니까?

둘째, 교회는 듣고 말해야 합니다(5-7).

5절을 봅시다. "여호와께서 사람들이 건설하는 그 성읍과 탑을 보려고 내려오셨더라." 여호와께서 건설 현장을 직접 방문하십니다. 현장 자체보다도 그 일을 하는 사람을 보시기 위함입니다. 현장을 보신 여호와의 마음은 무겁습니다. 왜냐하면 탑을 쌓는 일은 시작에 불과하기 때문입니다. 저들은 앞으로 어떤 더 큰일을 저지를지 알 수 없습니다(6). 그들이 저지를 큰일이란 하나님 없이 사는 것이요, 하나님의 뜻에 대적하는 일입니다. 교만의 극치를 부리는 겁니다.

여호와께서는 어떤 결단을 내리십니까? 7절을 읽읍시다. "자, 우리가 내려가서 거기서 그들의 언어를 혼잡하게 하여 그들이 서로 알아듣지 못하게 하자 하시고." 여호와께서는 탑을 파괴하지 않습니다. 그들이 서로 알아듣지 못하도록 언어를 혼잡하게 하십니다. 언어는 하나의 사상을 만듭니다. 따라서 언어는 사람을 하나로 뭉치게 하는 힘이 있습니다. 여호와께서는 그들이 하나 될 수 있는 끈을 자르신 겁니다. 그러자 이곳저곳에서 '사오정'들이 생기고, '의사소통'은 '의사먹통'으로 바뀝니다.

그들은 더는 하나가 되지 못합니다. 탑 쌓는 일은 중단되었고, 사람들은 끼리끼리 흩어지고 맙니다. 이때부터 다양한 나라와 민족에 버금가는 다양한 언어들이 생겼어요. 의사소통이 제대로 이루어지지 못합니다. 우리나라는 '의사소통'을 위해서 영어 공부에 국가적 예산을 소모합니다. 가정에서는 엄청난 사교육비를 투자하고요. 언어에 대한 스트레스는 죄에 대한 형벌입니다.

이 형벌이 언제 풀려서 언어가 다시 회복될 수 있습니까? 예수님께서 부활하신 50일 후를 '오순절(Pentecost)'이라고 불러요. 그때 예수님께서 약속하셨던 성령님께서 오셨습니다. 그때 성령님의 충만함을 받은 사람들이 외국어로 말하기를 시작했어요. 그리고 그 외국어를 다른 사람들이 모국어처럼 들었어요(행 2:4, 8-10). 사람들은 들을 수 있는 귀와 말할 수 있는 혀를 선물로 받았습니다.

그러면 이 선물을 주신 목적은 무엇입니까? 행 1:8은 말씀합니다. "오직 성령이 너희에게 임하시면 너희가 권능을 받고 예루살렘과 온 유대와 사마리아와 땅끝까지 이르러 내 증인이 되리라 하시니라." 언어를 회복시켜 주신 목적은 세상 끝까지 예수님의 증인으로 사는 겁니다. 예수님의 증인이 되려면 외국어를 듣고 말할 수 있어야 합니다. 성령 하나님께서는 믿음의 사람들에게 이것을 선물로 주십니다. 교회의 역사는 의사소통이 가능한 새로운 언어 공동체에서 시작합니다.

우리가 외국 학생들에게 성경을 가르치려고 할 때 가장 먼저 부딪히는 문제가 무엇입니까? 의사소통입니다. 그들에게 성경을 가르치려면 그들의 말을 듣고 말할 수 있어야 합니다. 그렇지 못하면 기도만 하든지 웃기만 하든지 해야 합니다. 실력 발휘를 못하니 답답합니다. 우리뿐만 아니라 해외에 있는 선교사들도 언어 때문에 고생이 많습니다.

하지만 우리가 외국인들에게 성경을 가르치려고 애를 쓰면 성령님께서 듣고 말할 수 있는 능력을 선물로 주십니다. 몽골의 한 선교사에게는 한국 사람으로서는 최고의 몽골어 실력을 주셨습니다. 그동안 몽골 대학생에게 성경을 가르치고자 애를 썼기 때문입니다. 교회는 외국인에게 성경을 가르치기 위해서 외국어로 듣고 말할 수 있어야 합니다. 이를 위해서 무슨 일에 힘써야 합니까?

셋째, 교회는 흩어져야 합니다(8-9).

8-9절을 읽읍시다. "여호와께서 거기서 그들을 온 지면에 흩으셨으므로 그들이 그 도시를 건설하기를 그쳤더라, 그러므로 그 이름을 바벨이라 하니 이는 여호와께서 거기서 온 땅의 언어를 혼잡하게 하셨음이니라 여호와께서 거기서 그들을 온 지면에 흩으셨더라." '바벨'의 본래 뜻은 '신의 문(the gate of god)'인데, 여기서는 '혼잡하게 하다'는 뜻으로 사용되었어요. 그리고 '바벨'은 '바벨론'을 말합니다. 바벨론은 하나님 없이 나름대로 최고의 문화 문명을 이루었다는 교만으로 가득 찼습니다. 바벨론은 하나님 없이 사람들이 이룬 인간 문명의 원형입니다. 그 바벨론은 종교적 도덕적 악과 오만의 상징입니다(계 17:5).

이처럼 콧대 높은 바벨론이 혼잡하게 되었어요. 사람들은 '바벨'을 영광과 자랑으로 삼았지만, 여호와께서는 '혼란'의 상징으로 만드십니다. '신의 문' 바벨론이 '쓸데없는 허튼 소리하는 동네'가 된 겁니다. 여호와께서 그들을 온 지면에 흩으셨기 때문입니다.

그들을 흩으시는 여호와는 어떤 분이십니까? 여호와는 그 솜씨와 능력이 어떠하든지 하나님 없이 하나 되는 것을 허락하지 않습니다. 최근에 다시 인간 복제를 꿈꾸는 줄기세포 연구가 살아나고 있습니다. 그들 중 일부는 인간의 생명이 자기들 손에 있는 것처럼 교만을 떱니다. 그러나 현대인에게 죽음의 공포를 불러오는 무서운 바이러스를 보십시오. 에이즈(AIDS), 사스(SARS), AI(조류독감)에 이은 '돼지 인플루엔자'(Swine Influenza), '코로나(COVID-19)'. WHO조차 정체를 파악하지 못할 정도로 신종 바이러스가 재앙의 그림자를 드리우고 있습니다.

그런데 이것은 앞으로 다가올 바이러스 공포에 있어 '빙산의 일각'이라는 전망도 나오고 있습니다. 바이러스를 정복한다는 것 자체가 불가능한 일이기 때문입니다. 바이러스는 변신의 귀재이기 때문입니다. 여호와의 흩으심을 한 개인에게도 똑같이 적용할 수 있습니다. 우리는 세상의 이런 모습에서 우리 자신을 돌아볼 수 있어야 합니다. 우리에게도 그런 요소가 있기 때문입니다. 여호와께서는 교만을 흩으십니다. 흩으심은 징계입니다.

그러면 교회는 어떤 모습을 가져야 합니까? 하나 됨만을 추구해야 합니까? 교회는 흩어져야 합니다. 왜죠? 여호와께서 우리에게 두신 뜻을 이루어야 하기 때문입니다. 그 뜻은 "생육하고 번성하여 땅에 충만하는 것"(창 1:28; 9:1)입니다. 그 뜻을 이루려면 세상 속으로 흩어져야 합니다. 우리의 캠퍼스뿐만 아니라 세계 캠퍼스로 흩어져야 합니다. 교회가 흩어지는 것이 부담스럽다고 끼리끼리 모여 있으면 어떻게 됩니까? 모이는 일 자체가 나쁜 것은 아닙니다. 모여서 기도하고, 위로하고, 힘도 얻어야 합니다.

그러나 모여서 안주해 버리면 문제입니다. 우리끼리 안일하게 지내면 큰일입니다. 고인 물은 생명력이 없습니다. 교회가 세상 속으로 파고들지 못하면 교회의 존재 목적을 잃어버립니다. 교회의 생명력은 세상 속으로 파고들 때 생깁니다. 교회의 역동성은 캠퍼스로 흩어져서 생육하고 번성하여 땅에 충만할 때 충만해집니다. 그러므로 하나님께서는 교회가 안주하려고 하면 세상으로 흩으십니다. 그 흩으심을 통하여 생명 사역을 이루어가십니다. 이런 점에서 흩어짐은 축복이요, 교회가 적극적으로 추구해야 할 모습입니다. 그러니까 흩어짐 자체가 문제가 아니라, 왜 흩어지느냐가 중요합니다.

제가 단국대 복음 사역을 시작했을 때는 "주일예배가 50명을 넘으면 다른 대학을 개척해야 한다."는 전통이 있었어요. 그때 우리 선배들은 이 전통에 적극적으로 순종하여 캠퍼스가 있는 곳이면 어디든지 갔습니다. 이 전통은 영적 유산이 되었습니다. 우리 공동체의 조상들인 1983학번은 모두 해외 캠퍼스로 흩어졌습니다. 취업 비자를 얻지 못하면 유학생 비자를 얻어서 나갔습니다. 지금 우리 대학인들은 취업난에 시달리고 있습니다.

그 문제를 해결하는 좋은 길이 뭘까요? 정부에서 실시하는 '4대강 살리기', 아닙니다. 해외로 흩어지는 겁니다. 물론 사명감 없이 해외로 나가는 것은 이민에 불과합니다. 그것도 괜찮은 일이기는 하지만, 하나님께서 진정으로 원하시는 모습은 아닙니다. 평신도 선교사로 나가는 겁니다. 취업난에 떨고 있는 대학인에게 이런 비전을 심어야 합니다. 그리하여 취업을 해결하는 것은 물론이고 생명 사역을 섬기는 축복된 인생을 살도록 도와야 합니다.

벌써 '계절의 여왕', '축제의 계절' 5월이 되었어요. 캠퍼스의 외적 모습은 활기가 넘칠 겁니다. 하지만 대부분 학우들은 무관심하게 보낼 겁니다. 지난주에 언론들은 전 대통령 검찰소환 소식에 열을 냈어요. 헬기까지 동원해 생중계하는 것도 모자라, 점심은 어떻게 먹는지, 저녁은 뭘 시켜 먹는지, 시시콜콜한 것까지 보도했어요. 그러나 정작 우리 학우들은, 그가 KTX를 타든 버스를 타든, 저녁에 곰탕을 먹든 설렁탕을 먹든, 별 관심이 없습니다. 중간시험이 급하고 장래가 막막하기 때문입니다.

그들을 위해서 우리 교회는 무엇을 해야 합니까? 주님 안에서 하나 되고 흩어지는 교회가 되어야 합니다. 이번 주도 우리 모두 한 마음으로 양을 섬기고, 그들 속으로 파고들어 장래 비전을 심어주는 건강한 교회로 자라기를 기도합니다!

제11강
축복의 약속

◇ 본문 창세기 11:27-12:9
◇ 요절 창세기 12:2
◇ 찬송 505장, 571장

보통 기독교를 '언약의 종교'라고 말합니다. '언약(covenant)'이란 '하나님과 사람 사이에 맺은 약속'을 말해요. 사람과의 약속은 서로 합의를 통해서 이루어지지만, 하나님과의 약속은 하나님께서 일방적으로 맺으십니다. 그 약속의 내용은 우리를 축복하시는 겁니다. 그래서 하나님과의 약속을 '축복의 약속'이라고 부릅니다. 이 축복의 약속 앞에서 여호와께서는 다만 우리가 응답하기를 원하십니다. 그 응답은 무엇입니까?

첫째, 과거로부터 떠나는 겁니다(11:27-12:3).

11:27을 봅시다. "데라의 족보는 이러하니라 데라는 아브람과 나홀과 하란을 낳고 하란은 롯을 낳았으며." 여호와께서는 사람이 스스로 하나 되려고 했을 때 그들을 흩으셨습니다. 이제 여호와 안에서 하나가 되는 새로운 공동체를 만들고자 하십니다. 그때 데라가 눈에 띄었습니다. 하지만 데라가 주인공은 아닙니다. 아브람이 등장하기 때문입니다. 아브람은 하나님의 구속 사역에서 한 획을 긋는 큰 사람입니다.

그가 처음부터 그렇게 큰 사람이었을까요? 대부분의 큰 사람이 그렇듯이, 그도 처음에는 작은 사람에 불과했습니다. 아니 클 수 없는 사람처럼 보입니다. 왜냐하면 그의 아내 사래가 아이를 낳지 못하기 때문입니다 (28-30). 당시에 아이를 낳지 못하는 것은 미래가 없는 것을 말했어요. 아니 오늘도 그래요. 어린이는 미래의 우리 꿈입니다. 현재 아브람의 모습은 미래가 없는 사람처럼 보입니다. 보이는 것이라고는 무력함뿐입니다.

그러나 그때 어떤 일이 일어납니까? 12:1을 읽읍시다. "여호와께서 아브람에게 이르시되 너는 너의 고향과 친척과 아버지의 집을 떠나 내가 네게 보여 줄 땅으로 가라." 여호와께서 아브람에게 명령하십니다. "너는 고향과 친척과 아버지의 집을 떠나라."

왜 고향을 떠나라고 하실까요? 그의 고향은 갈대아 우르인데, '달의 신'을 섬겼어요. 그는 이곳에서 잔뼈가 굵었고, 나름의 기반도 닦았어요. 그뿐만 아니라 사상과 가치관도 굳어졌습니다. 그가 '달의 신'을 적극적으로 섬겼든 그렇지 않았든 중요한 사실은 그의 모든 것들이 이 '달의 신'에 뿌리를 내리고 있다는 겁니다. 그는 '달의 신'이라는 우상의 우산 속에서 살고 있습니다. 그러므로 '고향을 떠나라.'라는 말은 '고향 자체를 떠나는 것'은 물론이고, '고향에서 형성된 가치관, 삶의 스타일로부터 떠나는 것'을 말합니다. 즉 과거로부터 떠나서 인생을 통째로 바꾸는 겁니다. 이것은 결국 종교를 바꾸는 개종입니다.

여호와께서 왜 이렇게까지 원하십니까? 2절을 읽읍시다. "내가 너로 큰 민족을 이루고 네게 복을 주어 네 이름을 창대하게 하리니 너는 복이 될지라." 여호와께서 떠나라고 하신 것은 그에게 축복을 약속하시기 때문입니다. 그 축복의 약속은 크게 세 가지입니다.

첫째로, 큰 나라를 약속하십니다. '민족'은 '나라'를 말해요. 나라를 세우려면 세 가지, 즉 국토, 국민, 주권이 있어야 합니다. 하지만 현재 그의 형편은 나라는커녕 가문의 대를 잇는 일도 요원합니다. 그런 그에게 여호와께서는 큰 나라를 세우신다고 약속하십니다.

둘째로, 복을 약속하십니다. '복'은 뭘까요? 잘 먹고 잘사는 걸까요? 나라를 이루려면 잘 먹고 잘살아야 합니다. 하지만 국토와 국민이 더 중요합니다. 여호와께서는 아브람에게 국토와 국민, 즉 땅과 자녀를 주시겠다는 겁니다. 아이를 낳지 못하는 그에게 이보다 더 큰 복이 있을까요?

셋째로, 큰 인물을 약속하십니다. 그는 여호와의 복을 받았기 때문에 생육하고 번성하여 땅에 충만한 삶을 살게 됩니다. 그의 이름은 창대하게 되고, 큰 인물이 됩니다. 이것이 여호와께서 아브람에게 약속하신 세 가지 축복입니다.

이 세 가지 축복의 약속을 한마디로 말할 수 없을까요? "너는 복이 될지라." '복이 된다.'라는 말은 '복의 통로가 된다.'라는 뜻입니다. 과거에는 '복의 근원'이라고 표현했는데, '복의 근원'은 엄밀한 의미에서는 여호와 하나님뿐이십니다. 따라서 '복이 된다.'라고 표현하는 것이 옳습니다. 여호와는 '복의 근원'이시고, 아브람은 그 복을 전달해 주는 '복의 채널(channel)'입니다.

그러면 복을 전달하는 기준은 무엇인가요? 3절입니다. "너를 축복하는 자에게는 내가 복을 내리고 너를 저주하는 자에게는 내가 저주하리니 땅의 모든 족속이 너로 말미암아 복을 얻을 것이라 하신지라." 아브람을 축복하느냐, 저주하느냐가 그 기준입니다. '아브람을 축복한다.'라는 말은 아브람의 하나님을 인정하고, 아브람의 삶을 존경하고 그렇게 사는 겁니다. '저주한다.'라는 말은 '깔본다' '함부로 여긴다.'라는 뜻입니다. 즉 아브람의 하나님을 깔보고, 아브람의 삶을 함부로 여기는 겁니다. 그런 사람은 하나님으로부터 깔봄을 당합니다. 하나님으로부터 함부로 여김을 받습니다. 반면 아브람을 축복하는 사람을 여호와께서 그도 축복하십니다. 그러므로 아브람을 어떻게 대하느냐에 따라서 저주의 삶을 살 수도 있고, 축복의 인생이 될 수도 있습니다. 여호와께서는 이렇게 큰 축복을 약속하십니다.

이 축복의 약속을 누가 지킵니까? 본문에는 '내가'라는 말이 계속해서 반복됩니다. 다시 말하면 여호와께서 이 축복의 약속을 지키십니다. 아브람에게 주신 축복의 약속은 그 자신이 지키지 못합니다. 그가 무슨 일을 성취함으로써, 혹은 무슨 업적이나 공덕을 쌓음으로써 이루지 못합니다. 약속을 주신 여호와께서 그 약속을 친히 이루어 가십니다. 이 여호와는 비전의 하나님이십니다. 왜냐하면 미래가 보이지 않는 사람에게 미래를 만들어 주시기 때문입니다.

이 사실이 당시 공동체에 주는 의미는 무엇일까요? 여호와께서는 시내산에서 그들에게 약속하십니다. "세계가 다 내게 속하였나니 너희가 내 말을 잘 듣고 내 언약을 지키면 너희는 모든 민족 중에서 내 소유가 되겠고, 너희가 내게 대하여 제사장 나라가 되며 거룩한 백성이 되리라"(출 19:5-6). 당시 이스라엘은 애굽에서 노예로 살다가 해방되었어요. 뭔가 될 것 같았는데, 광야에서 40년 동안 훈련을 받다 보니 미래가 보이지 않았어요. 하지만 여호와께서는 그들에게 비전을 두고 미래를 만들어 주십니다. 여호와께서 아브람을 '복이 되게' 하신 것처럼 이스라엘도 '제사장 나라'로 만들어 가십니다.

이런 모습은 예수님께도 나타납니다. 예수님께서 베드로와 그 형제 안드레가 물고기를 잡는 것을 보시고 말씀하십니다. "나를 따라오라 내가 너희로 사람을 낚는 어부가 되게 하리라"(막 1:17). 예수님은 어부에게 목자에 대한 비전을 주십니다. 그리고 그 비전대로 그들을 키우십니다.

이 사실을 오늘 우리에게는 어떻게 적용합니까? 여호와께서는 오늘 우리에게도 일방적으로 축복의 약속을 맺으십니다. 그 축복의 약속은 우리 같은 사람들을 캠퍼스 목자로 삼으신 겁니다. 요즘 같은 세상에서 캠퍼스 목자로 사는 일은 정말 만만하지 않습니다. 학우들이 너무나 바쁘고, 먹고 사는 일에 너무 매여있습니다. 그런데도 여호와께서는 우리에게 비전을 두시고 그 비전대로 키우십니다. 여호와께서는 이 축복의 약속에 우리가 응답하기만을 바라십니다. 그 응답은 첫째로, 우리의 과거로부터 떠나는 겁니다.

우리의 과거는 무엇입니까? 실은 오늘 우리가 발을 딛고 있는 현실입니다. 그 현실이 어떠합니까? "박쥐"라는 영화가 있습니다. 영화는 병원에서 환자를 위로하는 일을 하는 신부가 백신 개발 실험에 자원해서 아프리카로 가는 이야기로 시작합니다. 그곳에서 바이러스 감염으로 죽음에 이르지만 '뱀파이어(vampire, 흡혈귀)'의 피를 수혈받아 기적적으로 살아납니다. 뱀파이어가 된 그는 신부의 신분으로 피를 구하기 위해 살인을 저질러도 되는지, 친구의 아내와 불륜을 저질러도 되는지 수많은 유혹의 고난을 만납니다. 그는 자신에게 다가오는 유혹과 고난들을 이겨내지 못합니다. 친구의 아내와 불륜을 저지르고, 친구와 존경하는 사제를 살해하고, 그 주변인들을 파탄으로 몰아갑니다. 마침내 그는 불륜녀와 함께 자살을 택합니다.

죽은 뒤 그 신부는 어떻게 될까요? 영화는 불륜녀의 말로 그 대답을 대신에 합니다. "죽으면 끝. 그동안 즐거웠어요, 신부님." 이 영화는, 죄인이 지옥에 갈 수 없도록 죽는 순간 모든 것이 사라진다고 주장해요. 이런 주장은 우리 시대 사람들의 일부 주장이기도 해요. 과거에 살았던 우리의 모습이기도 하고요. 우리는 이런 과거를 이미 떠났습니다. 아직 떠나지 못한 사람이 있다면 떠나야 합니다. 혹은 미련이 있다면 그 미련을 떨쳐버려야 합니다. 그러면 여호와께서 우리에게 두신 비전을 이루십니다. 축복의 약속인 성경 선생으로 키워주십니다. 그러므로 떠나는 것이 중요합니다. 어떻게 떠날 수 있습니까?

둘째, 믿음으로 순종하는 겁니다(12:4-5).

4절을 봅시다. "이에 아브람이 여호와의 말씀을 따라갔고 롯도 그와 함

께 갔으며 아브람이 하란을 떠날 때에 칠십오 세였더라." 아브람은 축복의
약속 앞에서 순종으로 응답합니다. 그가 순종하는 일이 쉬울까요? 떠나야
할 곳은 아주 구체적인 데 반해 가야 할 곳은 막연합니다. 막연한 곳을 향
해 가기는 쉽지 않습니다. 그리고 그의 나이가 적지 않습니다. 적지 않은
나이에 막연한 목적지를 향해 떠나는 일은 거의 '개고생' 수준입니다.

그런데도 그는 어떻게 순종할 수 있을까요? 히 11:8은 말씀합니다. "믿
음으로 아브라함은 부르심을 받았을 때에 순종하여 장래의 유업으로 받을
땅에 나아갈새 갈 바를 알지 못하고 나아갔으며." 그가 순종할 수 있었던
것은 확실한 뭔가가 있어서가 아니라, 축복의 약속에 대한 믿음 때문입니
다. 그는 자기 생각, 주위 사람들의 말, 세상 가치관보다도 여호와의 말씀
을 더 믿었습니다. 더 믿었기 때문에 따를 수 있습니다. 순종은 믿음에서
나옵니다. 순종이 나무의 열매라면 믿음은 그 나무의 뿌리입니다.

화단에 있는 단풍나무가 죽었어요. 파 보았더니 뿌리가 없었어요. 일꾼
들이 옮겨 심으면서 일을 쉽게 하려고 뿌리를 짧게 잘라버렸어요. 그런 중
에 옆집 밭에서 나무 한 그루를 발견했어요. 나무가 작아서 쉽게 옮겨 심
을 줄 알았는데, 뿌리가 나무보다 더 길었어요. 그 나무는 척박한 조건에
서 살아남기 위해서 뿌리를 내리고 또 내렸어요. 아무리 좋은 화단에서 자
라도 뿌리가 약하면 죽고 맙니다. 반면 아무리 험한 곳에서 자라도 뿌리만
견고하면 살아남습니다. 신앙 여정에서도 뿌리는 중요합니다. 뿌리는 말
씀에 대한 믿음입니다. 믿음이 있으면 일상생활에서 실제로 순종합니다.

우리의 모습은 어떠합니까? 큰일이든 작은 일이든 실제 생활에서 순종
하는 일은 만만하지 않습니다. 한 개그우먼은 틈새 전략을 제시하면서 말
합니다. "참 쉽지용..." 하지만 개그는 어디까지나 개그일 뿐 현실성은 없
습니다. 사람은 또 본성적으로 자기 생각이 강하고, 자기 생각이 다른 사
람보다 더 낫다고 생각합니다. 이런 개그도 있잖아요? "그건 니 생각이고,

내 생각은 아니야." 이런 생각은 보통 사람의 생각은 물론이고 믿음의 사람들의 생각 속에도 남아 있습니다. 메시지를 듣는 순간에도, 혹은 대화를 나누는 중에도 자신도 모르게 우리는 생각해요. '그건 목자님 생각이고, 내 생각은 달라요.' 그러면 순종은 말로만 되고 실제로는 되지 않습니다.

일상생활에서 순종을 실천하려면 결국 자기 생각을 부인해야 합니다. 자기를 부인하려면 하나님의 말씀에 대한 믿음이 있어야 합니다. 사람 말이 좀 미덥지 않아도 하나님께 대한 믿음이 있으면 순종합니다. 환경이 안 좋아도 믿음이 있으면 순종합니다. 순종은 하나님을 믿고 하는 것이지 사람이나 환경을 보는 것이 아닙니다. 이렇게 순종하면 삶의 현장에서 우리의 모습은 어떻게 될까요?

셋째, 자기 정체성을 드러내는 겁니다(12:6-9).

6절을 봅시다. "아브람이 그 땅을 지나 세겜 땅 모레 상수리나무에 이르니 그 때에 가나안 사람이 그 땅에 거주하였더라." 아브람은 새집으로 이사 왔는데, 그 집에는 이미 다른 사람이 살고 있습니다. 그는 집에 들어가지도 못하고 이슬을 맞아야 할 판입니다. 그가 어려움을 이기고 순종한 대가치고는 너무 '거시기'합니다. 그때 여호와께서 그에게 찾아와 말씀하십니다. "니들이 고생이 많다." "이 땅을 네 자손에게 주리라"(7).

이에 대한 그의 반응이 어떠합니까? 8절을 읽읍시다. "거기서 벧엘 동쪽 산으로 옮겨 장막을 치니 서쪽은 벧엘이요 동쪽은 아이라 그가 그곳에서 여호와께 제단을 쌓고 여호와의 이름을 부르더니." '여호와께 제단을 쌓고 여호와의 이름을 불렀다.'라는 말은 무슨 뜻일까요? 자신의 정체성을 드러낸 겁니다. 그는 온 세상 만민의 복으로서의 정체성을 처음부터 드러냈습니다. 그가 이방 땅에서 처음부터 정체성을 분명하게 하지 못하면 이방 세계에 먹힐 수 있습니다. 그는 처음부터 '이민자 모드(mode)'가 아닌 '복의 모드'로 시작합니다.

이 말씀을 오늘 우리에게는 어떻게 적용할 수 있을까요? 우리는 이 세상에 이민 온 자들이 아닙니다. 우리는 캠퍼스에 복을 전달하는 목자입니다. 어떻게 목자로서의 정체성을 드러낼 수 있나요? 첫째로, 주일예배를 드리면 됩니다. 보통의 사람들은 주일이 되면 늦잠 자고 쉬고 놀고먹는 '모드'로 바뀝니다. 하지만 우리 는 주일이 오면 '예배 모드'로 바뀝니다. 우리는 예배를 통해서 한 주간 살아갈 삶의 에너지를 공급받습니다. 주일예배를 드리지 않으면서 하나님의 사람 운운하는 것은 자기를 속이고 세상을 속이는 일입니다.

둘째로, 성경 읽고 기도하면 됩니다. 요즘 '성경 쓰기' 컴퓨터용 프로그램이 나왔어요. 담당자가 제게 "사라고" 해서 "우린 읽기에 힘쓴다."라고 했어요. "가장 이상적이네요" 하더군요. 기도는 또 어떠합니까? 다른 종교에서도 기도라는 이름으로 행해지는 것들이 있어요. 하지만 우리의 기도는 그런 것들과는 차원이 다릅니다. 왜냐하면 우리의 기도는 '달라'는 것이 아니라, 복으로 살아갈 수 있도록 은총을 구하는 것이기 때문입니다. 마지막으로, 전도하면 됩니다. 전도하려면 자기의 정체성을 드러내지 않을 수 없습니다. 목자들이 캠퍼스에 올라가면 우리의 신분을 알 만한 사람들은 다 압니다. 그래서 우리는 정문을 통과하는 순간 '목자 모드'로 자동으로 바뀝니다.

여호와께서 우리에게 주신 축복의 약속이 무엇입니까? 많은 사람 가운데서 우리를 부르시어 캠퍼스 목자로 삼으신 겁니다. 이 축복의 약속에 대한 우리의 응답은 무엇입니까? 과거로부터 떠나는 겁니다. 믿음으로 순종하고, 정체성을 드러내는 겁니다. 그러면 여호와께서 우리를 성경 선생으로 쓰실 줄 믿습니다.

제12강
약속을 믿고 사는 우리

◇ 본문 창세기 12:10-13:18
◇ 요절 창세기 13:9
◇ 찬송 393장, 370장

우리의 신앙이 '온실 속의 꽃처럼' 자랄까요? 거친 세상에서 막 자랄까요? 신앙은 진공상태에서 자라지 않습니다. 약속을 믿고 사는 우리 앞에 이런저런 문제들이 생깁니다. 나름 잘 대처했다고 생각하지만 엉뚱하게 일이 커질 때도 있어요. 약속을 믿고 사는 것이 그렇게 쉬운 일이 아닙니다. 언제나 싸움이 필요합니다. 우리는 어떻게 싸워야 합니까?

첫째, 두려워도 정도를 걸어야 합니다(12:10-20).

12:10을 봅시다. "그 땅에 기근이 들었으므로 아브람이 애굽에 거류하려고 그리로 내려갔으니 이는 그 땅에 기근이 심하였음이라." 아브람이 사명의 땅에 뿌리를 내리려고 했지만, 현실이 받쳐주질 않습니다. 먹고 살 수 없으면 사명도 감당하지 못합니다. 그는 먹을거리가 풍성한 애굽으로 잠깐 내려갑니다. 그런데 아내 사래가 너무 아름다워서 걱정입니다. 애굽의 힘 있는 사내들이 아내를 뺏기 위해 자기를 죽일 것 같았어요. 그는 두려워서 한 꾀를 냅니다. 아내를 누이라고 말하는 겁니다. 그러면 살 수 있어요(11-13).

　사실 아브람과 사래는 혈연적으로는 오빠와 누이 사이입니다. 그의 말은 완전히 거짓은 아니고 반만 거짓입니다. 그런데도 우리는 그에게서 무자비한 힘 앞에서 생존을 위해서 몸부림치는 '소수자(minority)'의 안타까운 모습을 봅니다. 어쨌든 이것은 정도가 아닙니다. 어떤 아내는 여기서 막 화를 냅니다. "세상에, 남편은 절대로 믿을 자가 못돼!" 아브람은 이런 비난을 받을 정도로 냉혹한 사람입니까? 믿음으로 고향을 떠나서 약속의 땅으로 온 모습과는 너무 대조됩니다. 사람이 아무리 '두 얼굴이 있다.'라고는 하지만, 좀 심하지 않나요?

　그는 왜 이렇게까지 자기 목숨을 지키려고 할까요? 그를 도덕적 측면에서만 보면 '성토 모드'에서 벗어날 수 없습니다. 축복의 약속을 믿고 산다는 측면에서 보면 좀 다릅니다. 만일 아브람이 여기서 죽게 되면 축복의 약속도 죽게 됩니다. 약속이 이루어지려면 자기가 살아야 합니다.

　그럼 사래가 남의 남자에게 시집가는 것은 괜찮나요? 아브람이 생각할 때, 사래는 아이를 낳지 못하기 때문에 약속을 이루는 일에는 필수적이 아닙니다. 사래가 없어도 약속을 이루는 데는 문제가 없어요. 어쩌면 아브람은 약속을 이루어야 한다는 대의명분 때문에 아내를 희생한다고 생각할 수 있어요. 그는 아내를 끝까지 지켜주지 못한 못난 남편으로서의 자괴감에 시달립니다. 바늘에 찔린 듯한 아픔을 믿음으로 참습니다. 앞으로 어떤 일이 일어날지 뻔히 알면서도 애굽으로 갈 수밖에 없는 아브람을 비난만 할 수 있을까요?

　사래가 애굽에 도착하자마자 그녀의 아름다움은 바로 왕에게 바로 생중계가 되었어요(14-15). 바로는 자기 나라에 많은 여인이 있음에도 불구하고 사래는 보는 순간 '필'(feel)이 꽂혔어요. 사래가 '아이돌(idol)' 스타도 아니고, 빼어난 외모를 가진 것도 아닐 터인데, 어디에서 그런 매력이 나올까요? 믿음으로 사는 여인에게서 풍기는 원숙미가 아닐까요?

바로는 사래 때문에 오빠 아브람에게 'VVIP' 대우를 하며, 선물 공세를 펼칩니다(16). '노숙자(homeless)'처럼 들어왔던 아브람이 아내 때문에 '대박 인생'이 됩니다. 그러나 아내를 잃게 된다면 이 모든 것들이 무슨 소용이 있겠어요? 아무리 대의명분을 말해도 이런 일이 일어나서는 안 됩니다. 바로는 웃음꽃이 활짝 피었지만, 아브람은 독배를 마시는 것처럼 고통스럽습니다. 그는 두려움을 피해 보려다가 더 큰 두려움에 빠지고 맙니다.

그러나 여호와께서는 무슨 일을 하십니까? 17절을 읽읍시다. "여호와께서 아브람의 아내 사래의 일로 바로와 그 집에 큰 재앙을 내리신지라." 왜 여호와께서는 사래 때문에 바로에게 큰 재앙을 내리실까요? 아브람은 사래를 약속을 이루는 데 없어도 될 사람으로 생각했어요. 바로는 그저 사래의 외모만 보았어요. 그러나 여호와께서는 사래를 약속을 성취할 통로로 여기십니다. 그런 사래의 위기는 곧 약속의 위기입니다. 그래서 여호와께서는 약속을 성취하기 위해서 즉각적으로 개입하신 겁니다. 바로는 재앙을 통해서 보이지 않는 큰 힘이 있음을 알고 아브람에게 사래를 돌려줍니다(18-20).

이 사실이 오늘 우리에게 주는 의미는 무엇일까요? 아무리 두려운 일이 있을지라도 정도를 걸어야 한다는 겁니다. 학생들이 학교에서 믿음을 드러내면 교수나 선배에게 찍힐 수 있어요. 찍히면 학교생활이 힘들어요. 일터에서 목자임을 주장하면 삶이 고달플 수 있어요. 약속을 믿고 살면 좋은 일도 많지만 불이익을 당할 때도 많아요. 돈을 손해 보기도 하고, 자존심에 상처가 나기도 해요. 그러면 장래가 두렵습니다. 두려움을 피하려고 정도에서 벗어난 행동을 할 때도 있어요. 완전 거짓을 행하는 것은 아니고 살짝 비켜 갑니다.

하지만 더 큰 문제가 생기고 복잡해집니다. 내가 정도를 걷지 못하면 나에게만 문제가 생기지 않고 다른 사람들에게까지 문제가 확대됩니다. 세상

속으로 저주가 침투합니다. 두려움이 없어지는 것이 아니라 오히려 더 큰 두려움이 몰려옵니다. '그냥 정도를 걸을 걸' 하는 후회가 밀려옵니다.

어떻게 정도를 걸을 수 있나요? 우리의 실수조차 감당하시는 여호와께 대한 믿음이 있어야 합니다. 약속을 주신 여호와께서 그 약속이 이루어질 때까지 보살펴 주십니다. 이런 말이 있어요. "약속을 이루는데 가장 큰 적은 약속을 받은 그 사람이다." 우리 자신이 가장 큰 걸림돌입니다. 연약하고 허물이 크기 때문입니다. 하지만 설령 우리가 약속을 위기에 빠뜨렸다 해도 그것은 무효화하지 않습니다. 여호와께서 우리의 잘못에도 불구하고 그 약속을 지키시기 때문입니다.

이 여호와를 어떻게 표현해 볼 수 있을까요? TV "휴먼다큐 사랑— 풀빵 엄마" 편이 시청자를 울렸답니다. 아직도 우리나라에서 버려진 아이들이 상당합니다. 부모들이 점점 야박해지고 있어요. 그러나 반대의 경우도 있는데, '싱글맘(single mom)' '싱글대디(single daddy)'입니다. '풀빵 엄마'는 '싱글맘'으로서 풀빵 장사를 하며 딸과 아들을 키우고 있어요. 또 그녀는 장애우이면서 위암 말기래요. 그런데도 그녀는 이렇게 말합니다. "아파서 힘든 거요? 참을 수 있어요. 제가 없어지고 나서 애들 힘든 거에 비하면 아무것도 아니니까요." 아이들을 향한 처절한 모성애를 보여줍니다.

저는 여기에 나타난 모성애를 생각하다가 우리의 여호와 하나님을 그려 보게 되었어요. 물론 우리의 여호와를 세상의 그 어떤 모성애와도 비교할 수 없습니다. 다만 비유적으로 표현할 뿐입니다. 그리고 그런 모성애 속에서 자란 아이들을 보면서, 약속을 믿고 사는 우리의 모습을 생각해 봅니다. 우리의 허물과 실수 속에서도 여호와께서 함께하신다는 사실은 약속을 믿고 사는 우리에게 큰 버팀목이 됩니다. 두려움 앞에서도 정도를 걷게 하는 힘입니다. 이 사실을 삶 속에서 배운 아브람은 어느 정도 성숙해집니까?

둘째, 다투지 말고 너그러워야 합니다(13:1-13).

아브람은 애굽에서 여호와의 신묘막측한 방법으로 부자가 되어 사명의 땅으로 돌아옵니다. 그는 처음 제단을 쌓았던 곳으로 가서 여호와의 이름을 부릅니다. 그는 초심을 회복합니다. 여호와께서는 그런 그를 축복하시고, 그와 함께 한 롯도 축복하십니다. 그런데 그들은 축복 때문에 함께 살 수 없습니다. 그 땅이 두 사람을 수용하기에는 너무 좁습니다. '피자' 한 판을 놓고 두 형제가 좀 더 많이 먹겠다고 다투는 것처럼 다툼이 생깁니다 (13:1-7).

그때 아브람은 어떻게 합니까? 13:8을 봅시다. "아브람이 롯에게 이르되 우리는 한 친족이라 나나 너나 내 목자나 네 목자나 서로 다투게 하지 말자." 아브람은 롯을 조카로 보지 않습니다. 아들로 대합니다. 그를 상속자로 생각했을 수 있어요. 그러므로 그들은 서로 다투어서는 안 됩니다. 가족끼리 다투는 것처럼 고통스러운 일도 없습니다.

아브람은 다툼을 어떻게 해결합니까? 9절을 읽읍시다. "네 앞에 온 땅이 있지 아니하냐 나를 떠나가라 네가 좌하면 나는 우하고 네가 우하면 나는 좌하리라." 아브람은 롯에게 왼쪽이든 오른쪽이든 마음대로 먼저 선택하도록 우선권을 줍니다. 그는 참 너그럽지요?

어떻게 이렇게 너그러울 수 있을까요? 롯을 경쟁자가 아닌 후계자로 생각해서일까요? 그는 무엇보다도 여호와의 약속을 믿습니다. 그는 '애굽 사건'을 통해서 자기 꾀나 욕심으로 인생이 풀리지 않음을 배웠습니다. 어떤 상황에서도 약속을 믿고 사는 것이 최선임을 알았습니다. 비록 포기할지라도 여호와께서 원하시면 다시 주시는 분임을 믿었습니다. 그런 그는 갈등해야 할 순간에 갈등하지 않습니다. 다퉈야 할 순간에 다투지 않습니다. 여호와의 공급하심을 믿는 사람은 안달하지 않습니다. 오히려 자기를 부인하고 너그러움으로 양보할 수 있습니다.

이 사실이 오늘 우리에게는 지나치게 이상적으로 다가오지는 않나요?

왜냐하면 우리의 현실은 너그러움보다는 각박함이 더 필요하기 때문입니다. 양보는 힘없는 자가 어쩔 수 없이 택하는 슬픈 모습으로 여겨지기 때문입니다. 청와대 앞에는 "청년실신"이라고 쓴 피켓을 든 1인 시위가 있대요. 즉 '청년들이 실업자가 되기 전에 신용불량자가 된다.'라는 말입니다. 대학인들이 졸업하면 취업자가 되지 못하고 실업자가 됩니다. 그런데 그 전에 등허리가 휘는 등록금 때문에 '신불자'가 되는 현실에 대한 항거입니다.

그러나 더 심각한 일도 있어요. 한 젊은 여성은 방에서만 생활하는데, 온종일 자신의 '미니 홈피'를 관리합니다. 그것도 모두 거짓으로 말입니다. 그녀는 청소년기에 학교에서 '왕따'를 당해서 사회와는 단절하고 삽니다. 이런 사람을 '은둔형 외톨이'라고 불러요.

영화 "김씨 표류기" 내용 중 일부인데, 우리 주위에서 일어난 이야기입니다. 그들 대부분은 치열한 경쟁 사회의 피해자라고 할 수 있어요. 그들을 누가 치유할 수 있을까요? 교회는 경쟁을 추켜세우는 세상에 대항하여 생긴 '대안 공동체'입니다. 교회는 약속을 믿고 사는 사람들의 너그러움이 있는 곳입니다. 약속을 믿고 사는 우리는 다투지 않습니다. 까칠하지 않습니다. 우리는 너그러움을 실천합니다.

그러면 롯은 어떻게 합니까? 10절입니다. "이에 롯이 눈을 들어 요단 지역을 바라본즉 소알까지 온 땅에 물이 넉넉하니 여호와께서 소돔과 고모라를 멸하시기 전이었으므로 여호와의 동산 같고 애굽 땅과 같았더라." 요단 지역은 물이 넉넉했는데, 에덴동산이나 애굽처럼 풍요롭습니다. 롯은 그 풍요로움에 빠져서 요단 온 지역을 선택합니다. 롯은 아브람에게 독립 선언을 하고 아무런 미련도 없이 훌훌 떠납니다.

이런 롯의 인생 철학은 무엇일까요? 세속적입니다. 그는, '내가 왜 이곳까지 왔는가?'에 대해서 조금이라도 생각했다면 이런 선택은 하지 않았을 겁니다. 하지만 그의 선택의 기준은 오직 잘 먹고 잘사는 것뿐입니다. 우리나라 20-30대 미혼 남성들이 가장 이상적인 배우자의 직업이 뭘까요? 공무원, 교사 순입니다. 정작 교사들의 자기 만족도는 높지 않아요. 반면 미혼 여성들은 의사, 변호사 등 전문직을 이상적인 직업으로 꼽았어요. 사람들이 갈수록 돈을 밝힙니다. 돈이 그만큼 중요하기 때문입니다.

그러나 그런 사람의 안타까움은 지극히 자기중심적이라는 겁니다. 아무리 아브람이 "네가 먼저 택하라."라고 했어도, 말이라도 "삼촌 먼저"라고 했으면 참 아름답지 않을까요? 아무나 상대방을 배려하지 못해요. 약속을 믿고 사는 사람만이 배려가 뭔지를 압니다. 배려를 모르는 롯의 앞날이 걱정됩니다. 그가 콧노래를 부르며 가는 소돔은 여호와 앞에 악하며 큰 죄인입니다(11-13). 당장 좋아 보이는 그곳에 심판이 다가오고 있다는 복선이 깔려 있습니다. 그러면 약속을 끝까지 믿고 사는 아브람은 무엇을 합니까?

셋째, 비전 중에 예배해야 합니다(13:14-18).

14절을 보십시오. "롯이 아브람을 떠난 후에 여호와께서 아브람에게 이르시되 너는 눈을 들어 너 있는 곳에서 북쪽과 남쪽 그리고 동쪽과 서쪽을 바라보라." 아브람은, 롯이 떠나자 상속자가 없어졌다는 사실 때문에 상실감이 컸습니다.

하지만 그것은 어디까지나 자기 생각입니다. 여호와께서는 아브람에게 땅뿐만 아니라 자식에 대한 소망도 확신시킵니다. 아브람은 롯에게 땅의 선택권을 주었는데, 여호와께서는 아브람에게 온 땅을 주십니다. 롯은 자기 눈을 들어 그 땅을 보았는데, 여호와께서는 아브람에게 자기 눈을 들어 땅을 보라고 하십니다. 그리고 자손을 땅과 연결하면서 땅의 티끌처럼 많은 자손을 약속하십니다. 그 사실을 좀 더 실감하기 위해서는 땅을 걸어봐야 합니다(15-17).

여호와께서는 아브람에게 계속해서 비전을 심으십니다. 아브람은 비전 앞에서 어떻게 응답합니까? 18절을 읽읍시다. "이에 아브람이 장막을 옮겨 헤브론에 있는 마므레 상수리 수풀에 이르러 거주하며 거기서 여호와를 위하여 제단을 쌓았더라." 그는 여호와의 비전 앞에서 예배로 응답합니다. 그의 삶은 예배로 시작하고(4) 예배로 마칩니다. 비록 현실에서는 손에 잡히는 것이 없을지라도 비전 중에 예배합니다. 예배는 비전을 현실화시키는 에너지입니다.

옆집 공터는 돌밭인데도 불구하고 채소들이 잘 자라고 있어요. 매일 아침 가꾸기 때문입니다. 돌도 골라내고, 풀도 뽑아 주고, 물도 주고, 거름도 줍니다. 채소들이 잘 자라는 것은 이런 가꿈이 있기 때문입니다. 우리에게 주신 약속이 현실로 나타나려면 이런 가꿈이 필요합니다. 그 가꿈이 바로 예배입니다. 예배를 통해서 세상에서 물든 것들을 정화하고, 자라서는 안 될 잡초를 뽑아 줍니다.

그리고 말씀을 통해서 부족한 영적 에너지를 채웁니다. 역동적인 생명을 덧입습니다. 약속이 당장에 현실로 나타나지 않을 때 답답할 수 있어요. 포기해 버릴 수도 있어요. 하지만 예배를 드리면 영양분을 받아서 약속의 나무가 뿌리를 내립니다. 뿌리가 내리면 잎이 자라고, 꽃이 피고, 열매를 맺습니다. 그러므로 약속을 믿고 사는 사람에게 예배는 필수입니다. 우리에게 이런 예배관이 먼저 임해야 합니다. 그리고 우리의 예배가 이런 예배가 되도록 다 함께 기도하며 소망해야 합니다.

우리는 이 한 주를 어떻게 살아야 합니까? 이번 주 캠퍼스는 '축제 모드'로 바뀝니다. 우리의 일터는 계속해서 바쁘게 돌아갑니다. 이런 환경은 약속을 믿는 우리를 가만히 두지 않습니다. 우리는 비바람을 맞으며 자라는 나무처럼 세파와 싸워야 합니다. 그 싸움은 두려움 앞에서도 정도를 걷는 것에서부터 시작합니다. 다툼이 일어날 때 너그럽게 양보할 수 있어야 합니다. 그리고 비록 현실에서는 아무것도 잡히지 않을지라도 비전 중에 예배해야 합니다.

여호와께서 이 믿음의 싸움을 받으셔서 우리에게 도전하는 문제들을 해결해 주시기를 기도합니다. 그리하여 우리를 좀 더 성숙한 약속의 자녀요, 우리 교회를 좀 더 건강한 공동체로 키워주시기를 기도합니다!

제13강
누가 승리의 복을 누릴 수 있는가

◇ 본문 창세기 14:1-24
◇ 요절 창세기 14:20
◇ 찬송 429장, 391장

한때 나라가 충격에 빠졌습니다. 전직 대통령 중 한 분은 가난하게 태어났지만, 시련을 이기고 청문회 스타가 되었고, 대통령의 자리에까지 올랐어요. 성공한 사람이요, 승리의 복을 누린 사람으로 여겼습니다. 하지만 그의 마지막을 생각하면 그렇지 않다는 생각이 듭니다. 사람이 참으로 승리의 복을 누리는 그것이 쉽지 않습니다. 누가 승리의 복을 누릴 수 있을까요?

첫째, 양을 하나님의 약속을 이룰 자로 보아야 합니다(1-16).

당시에는 바벨론을 중심으로 한 동방 세력이 천하를 주무르고 있었어요. 가나안을 중심으로 한 서방 세력을 동방을 12년 동안 '짱'으로 모셨어요. 하지만 서방 세력도 뒤에서 칼을 갈며 실력을 키웠어요. 13년째 되는 해에는 '짱'에게 도전장을 던졌어요. 세금을 바치지 않았어요. 그런 그들을 보고 동방이 말로 한 방 먹입니다. "미친 거 아냐, 우릴 섬기는 것을 영광인 줄 알아, 이것들아!"

이 말이 안 먹히자 14년째 되는 해에 동방은 서방의 일부 지역을 '싹쓸

이'하면서 그들의 목을 조였습니다. 서방은 동방과 '맞짱을 떴지만' 한 방에 무너졌습니다. 재산은 물론이고 사람들까지 빼앗기고 말았습니다. 그때 소돔에서 살고 있던 아브람의 조카 롯도 끌려갔습니다(1-12). 롯은 '고래 싸움에 새우 등이 터진 격'이 되고 말았어요.

롯의 인생은 여기서 끝나는 겁니까? 그 전쟁 중에 도망친 한 사람이 이 모든 사실을 히브리 사람 아브람에게 알립니다. '히브리 사람'이라는 말은 '땅이 없는 사람', '외국인 노동자'라는 뜻입니다. 아브람은 약속의 땅에서 살고 있지만 아직은 나그네처럼 삽니다. 하지만 그는 소왕국의 왕으로서 위상을 갖고 있습니다. 그곳 원주민들과 동맹을 맺을 정도로 컸습니다 (13).

그 아브람이 롯의 소식을 듣고 어떻게 합니까? 14절을 봅시다. "아브람이 그의 조카가 사로잡혔음을 듣고 집에서 길리고 훈련된 자 삼백십팔 명을 거느리고 단까지 쫓아가서." 아브람은 특수부대를 직접 이끌고 적들을 추격합니다. 승리에 취해서 긴장이 풀린 그들은 아브람의 적수가 되지 못합니다. 아브람은 그들이 빼앗아 간 재산을 모두 되찾습니다. 롯과 그의 모든 재산을 되찾고, 여자들과 다른 사람들도 되찾습니다(15-16).

이런 아브람으로부터 무엇을 배울 수 있나요? 아브람은 롯이 자기 곁을 떠났을지라도 그의 삶이 망가지는 것을 모른 척하지 못합니다. '하나님께서 벌을 주신 것이다.'라고 합리화하지 못합니다. 왜냐하면 그 인생이 여기서 무너져버리면 안 되기 때문입니다. 왜냐하면 그도 하나님 편에서 보면 소중한 생명이기 때문입니다. 무엇보다도 아브람은 롯을 하나님의 약속을 이룰 자로 보았습니다. 그러므로 롯의 인생이 여기서 끝나버리면 약속도 끝나버립니다. 아브람은 인간적으로는 롯이 미울 수 있어요. 도와주고 싶지 않을 수 있어요.

하지만 하나님의 약속 편에서 생각하면 그런 사사로운 감정을 접고 적극적으로 도와야 합니다. 하나님의 약속이 더 중요하기 때문입니다. 물론 아브람이 롯을 후계자로 생각한 것은 오해입니다. 하지만 여기서는 그런 생각 속에서 자기를 극복하고 롯을 구하는 일에 도전했다는 점이 중요합니다. 롯을 후계자로 생각하기 때문에 과거에 아내가 위기에 처했을 때의 모습과는 전혀 다르게 반응하는 겁니다. 롯을 약속의 씨로 생각하기 때문에 어떤 희생을 치르더라도 구한 겁니다. 하나님의 약속을 이루어야 한다는 생각 때문에 희생은 문제가 되지 않습니다.

우리가 어떻게 우리 곁을 떠난 양을 적극적으로 도울 수 있습니까? 의무감이나 좋은 마음만으로는 금방 한계가 드러나고 맙니다. 먼저, 우리가 구하지 않으면 그들의 삶이 망가진다는 사실을 마음으로 받아들여야 합니다. 겉으로는 잘난 척하고 자신감이 있는 것 같지만 실은 얼마나 많은 아픔과 고통으로 시달리고 있습니까? 과거 서구 사회는 자식이 20살이 넘으면 철저하게 독립을 시켰어요. 우리가 보면 "저렇게 자식에게 야박할 수 있을까, 친부모가 맞는 걸까"라는 생각이 들 정도입니다. 그런 서구 사회도 자식에 대한 부모의 마음이 변하고 있어요. 취업난 때문입니다. 대학 졸업한 뒤까지 부모에게 얹혀사는 '캥거루' 젊은이가 늘고 있대요. 그래도 여전히 대세는 '스무 살 성인'입니다.

프랑스 통계청에 따르면, 프랑스 젊은이는 20대 초반이 되면 2명 중 1명꼴로 부모에게서 독립합니다. 20대 후반까지 부모에 기대 사는 젊은이는 6명 중 1명꼴인데, 이런 젊은이는 "아직도 탯줄을 못 잘랐느냐?"며 친구들에게 놀림도 당한대요. 그런데 요즘 우리 사회에서는 무늬만 독립이지, 취직하고 결혼하고도 부모에게 집값은 물론 생활비, 아이들 학원비까지 도움받는 '서른 살 아기'가 늘고 있어요. 이런 학우들의 현실을 생각하면 그들을 구할 수 있습니다.

그러나 더욱 중요한 것은 그들을 구속 사역을 계승할 후계자로 봐야 한다는 점입니다. 비록 내 곁을 떠났지만, 저 양은 하나님께서 당신의 자녀로 삼고자 하시고, 캠퍼스 복음 사역을 이루어 갈 사람이라는 눈으로 보면 도울 수 있습니다. 물론 이 일에는 희생이 따릅니다. 하지만 우리가 하나님의 약속을 성취하는 일에 최고의 가치를 둔다면 희생이 부담스럽지 않습니다. 우리가 양들을 섬기고자 할 때 싸워야 할 것 중 하나가 실용주의입니다.

한 동역자는 "라이언 일병 구하기(Saving Private Ryan)"라는 영화를 예로 들었어요. 라이언 일병 한 사람을 구하기 위해 특수 대원 8명이 투입됩니다. 한 대원이 모순을 제기합니다. "어째서 1명을 위해 8명이 위험을 감수해야 합니까?" 실용주의적 관점으로 보면 잘못된 작전입니다. 하지만 라이언 일병이 처한 특수한 상황을 생각하면 8명을 희생해서라도 1명을 구해야 합니다.

왜 우리는 크고 작은 희생을 하면서까지 양 한 사람을 붙들고 씨름합니까? 왜 우리는 우리의 삶을 다하여 한 사람을 후계자로 세우기 위해서 몸부림칩니까? 그 한 사람이 하나님 편에서 볼 때 특별한 자이기 때문입니다. 캠퍼스 복음 사역을 계승할 자이기 때문입니다. 이런 점에서 우리가 양들을 돕는 일에서 가장 먼저 싸워야 할 것이 실용주의입니다. 왜냐하면 사람을 돕는 일에는 반드시 희생이 따르기 때문입니다. 돈이 들어가고, 시간이 들어가고, 자기 자신에 대한 헌신이 따르기 때문입니다. 그러나 우리가 한 생명을 살리는 일을 최고의 가치로 여기고, 하나님의 약속을 이루는 일을 최고의 가치로 여긴다면 이런 희생을 능히 감당할 수 있습니다! 우리는 그 싸움에서 승리할 수 있습니다.

둘째, 복은 하나님께서 주심을 믿고 고백해야 합니다(17-24).

아브람이 승리하여 돌아올 때 누가 그를 영접합니까? 소돔 왕과 살렘 왕 멜기세덱이 맞으러 나왔어요. 멜기세덱은 지극히 높으신 하나님의 제사장입니다(17-18).

멜기세덱은 아브람을 어떻게 축복합니까? 19-20절을 읽읍시다. "그가 아브람에게 축복하여 이르되 천지의 주재이시요 지극히 높으신 하나님이여 아브람에게 복을 주옵소서, 너희 대적을 네 손에 붙이신 지극히 높으신 하나님을 찬송할지로다 하매 아브람이 그 얻은 것에서 십 분의 일을 멜기세덱에게 주었더라." 멜기세덱은 싸움에서 돌아온 아브람에게 "네가 수고가 많다."라고 말하지 않습니다. 천지 만물을 창조하시고 주관하신 하나님을 찬송합니다. 왜냐하면 아브람이 싸움에서 이긴 것은 지극히 높으신 하나님께서 도와주셨기 때문입니다.

이에 대한 아브람의 반응은 어떠합니까? 목숨 걸고 싸운 자신의 수고와 희생을 몰라준다고 섭섭해합니까? 아브람은 싸움에서 이기기 위해 기도만 하지 않았어요. 머리도 쓰고, 발도 움직이고, 땀도 흘렸어요. 한 마디로 목숨 걸고 싸워서 이긴 겁니다. 그런데도 그는 승리의 복을 하나님께서 주셨다고 믿습니다. 그 믿음의 표현으로 그 얻은 것에서 십 분의 일을 멜기세덱에게 줍니다. 아브람은 비록 자기가 수고했지만, 승리의 축복이 하나님께로부터 왔음을 인정하고 고백한 겁니다. 그는 자신의 승리를 하나님 중심으로 보고, 그렇게 살고 있습니다.

여기서 우리는 '누가 승리의 복을 누릴 수 있는가'에 대한 답을 찾을 수 있습니다. 누가 승리의 복을 누릴 수 있습니까? 세상을 창조하신 하나님께서 지금 우리와 함께하시며 우리를 도우시고 승리를 주시는 하나님을 믿고 싸우는 사람입니다. 승리의 순간에 그 승리를 하나님께서 주셨음을 고백하고 가진 것 중 일부를 드리는 사람입니다.

전직 대통령의 죽음 앞에서 어떤 이는 "나라의 큰 별이 떨어졌다."라고 말합니다. 군사독재에 항거하여 민주화를 이룬 공이 크기 때문입니다. 그런데 그는 유서에서 이렇게 말합니다. "너무 슬퍼하지 마라. 삶과 죽음이 모두 자연의 한 조각 아니겠는가." 하지만 영적인 렌즈로 보면 우리의 삶과 죽음은 자연의 한 조각이 아닙니다. 삶과 죽음은 하나님의 주권 안에 있습니다. 그분이 하나님 편에서 자신의 삶을 보았다면, 이런 비극을 극복할 수 있지 않았을까요? 현 정부도 하나님 편에서 볼 수 있는 눈이 필요합니다. 보수파는 '잃어버린 10년'을 말하며, 정권 창출에 모든 것을 걸었어요. 그 헌신의 대가로 정권을 다시 찾았습니다. 하지만 아쉬운 점은 그 승리의 순간에 자신들의 희생보다도 하나님의 축복을 좀 더 생각하지 못한 겁니다. 승리의 순간에 자기의 희생보다도 하나님의 축복을 생각하면 교만하지 않습니다.

이런 점은 오늘 우리 교회에도 중요한 메시지로 다가옵니다. 우리 교회는 선배들의 대단한 헌신 때문에 이 정도로 자랐습니다. 새벽을 깨워서 기도하고, 양들을 섬기기 위해서 모든 것을 희생했어요. 하지만 이 모든 것 뒤에 하나님의 도우심이 있었습니다. 교회는 이 사실을 놓쳐서는 안 됩니다. 승리의 순간에 모든 영광과 감사를 하나님께 돌릴 때만이 승리의 복을 계속해서 누릴 수 있습니다.

우리에게 승리의 복을 주신 하나님을 어떻게 그려볼 수 있을까요? 가시고기의 수컷은, 암컷이 산란해 놓은 알을 보호하기 위해서 아무것도 먹지 않고 15일 동안 알을 지킵니다. 알이 부화할 무렵, 수컷은 자신이 파놓은 둥지 옆에서 장렬하게 죽습니다. 치어들은 무심하게도 제 아비의 살을 뜯어 먹으며 자랍니다. 이런 부성애 때문에 가시고기 부화율은 90%에 이릅니다.

경제가 어렵다고 아우성치는데, 그 중심에 가시고기 같은 아버지의 초라한 모습이 투영됩니다. 늙수그레한 아버지는 이제 더는 역전의 용사가 아닙니다. 도심의 빌딩 아래에서 한숨처럼 담배 연기를 토해내기도 하고, 아내와 자녀를 외국에 보내놓고 삶의 한기를 느끼기도 합니다. 그런데 더 안타까운 것은 교회에서조차 아버지를 위해서 더는 기도하지 않는 어머니들이 늘고 있다는 겁니다. 어떤 어머니는 "혼자 교회에 다니는 것이 홀가분하다."라고 말하기까지 한 대요. 이런 웃지 못할 이야기도 있어요. 한 아파트 부녀회에서 '바자'를 열기로 했어요. 집에 있어도 그만이고, 없어도 그만인 물건을 하나씩 챙겨 들고 저녁에 다시 모이기로 했어요. 그날 밤, 주부들은 모두 남편을 데리고 모임에 나타났어요. 농담이지만 무서운 이야기입니다. 짱짱한 아버지는 줄어들고, 기력이 쇠진한 아버지만 덩그러니 남았어요.

그러나 아버지가 누구입니까? 나를 존재하게 하신 분이요, 내가 도움이 필요할 때면 언제나 그 자리에 대기 중입니다. 아버지의 사랑은 가시고기의 그것과 같습니다. 아버지는 철없는 치어 같은 자녀들에게 행복을 선물하고 수컷 가시고기처럼 스러져갑니다. 이런 아버지의 모습이 곧 우리에게 승리의 복을 주신 하나님의 모습입니다. 우리는 결코 절로 크지 않았습니다. 하나님의 복으로 컸습니다.

이 비결을 가장 잘 누렸던 분을 생각하면 누가 떠오릅니까? 바울 사도가 아닐까요? 그는 정말 헌신적으로 사명을 감당합니다. 그는 '안티'들에게 '달걀 세례'도 받았고, 돌멩이도 맞았어요. 까무러치기까지 했어요. 인간적인 눈으로 보면 대단한 석학인데 목자로 살기 위해서 많은 것을 희생했어요. 그런 만큼 그는 대단한 승리를 맛봅니다. 곳곳에 교회를 개척하고, 양들을 많이 세웠습니다. 그는 그 누구보다도 잘나갔습니다.

그 승리의 순간에 그는 어떻게 고백합니까? "그러나 내가 나 된 것은 하나님의 은혜로 된 것이니 내게 주신 그의 은혜가 헛되지 아니하여 내가 모든 사도보다 더 많이 수고하였으나 내가 한 것이 아니요 오직 나와 함께 하신 하나님의 은혜로라"(고전 15:10). 그는 "자신의 모든 것이 하나님의 은혜라"고 고백합니다. 자기가 다른 사도들보다 더 많이 수고할 수 있는 것조차도 하나님의 은혜라는 겁니다.

우리가 이런 시각으로 우리의 수고를 볼 수 있어야 합니다. 우리는 이곳에 예배처를 짓고, 집을 새로 얻느라 나름 희생했습니다. 그런 중에 양들을 섬기기 위해서 또 얼마나 많은 수고를 합니까? 우리는 그런 희생 때문에 승리의 복을 누리고 있습니다. 하지만 우리의 수고 때문에 오늘의 우리가 있게 된 것은 결코 아닙니다. 우리에게 승리의 복을 주신 하나님 때문에 오늘의 우리가 있는 겁니다. 우리는 이 사실을 잊지 않아야 합니다. 이를 위해서 우리는 우리가 얻은 것의 십 분의 일을 주님께 드립니다. 헌금은, 내가 오늘 이 자리에 있는 것은 나 자신의 헌신 때문이 아니라 하나님의 축복 때문임을 믿고 고백하는 신앙 행위입니다.

그런데 이런 축복을 헷갈리게 하는 유혹이 있습니다. 소돔 왕입니다. 그는 아브람에게 터무니없는 요구를 합니다. "포로에서 구출해 온 사람은 내게로 보내고 물품은 네가 취하라"(21). 이것이 왜 유혹이 될까요? 사람을 다 보내고 물품만 챙기면 아브람의 재산은 점점 많아집니다. 그러면 소돔 왕 때문에 부자가 된 것으로 오해받을 수 있습니다. 결국 성공의 정점에서 하나님께 돌아가야 할 모든 영광을 사람에게 내줄 수 있어요. 그러나 아브람은 소돔 왕의 제안을 단호하게 거절합니다. "나는 당신의 것은 아무것도 가지지 않겠다. 나는 실오라기 하나도, 신발 끈 하나도 가지지 않겠다"(23).

거절할 수 있는 용기는 어디서 옵니까? 22절을 봅시다. "아브람이 소돔 왕에게 이르되 천지의 주재이시요 지극히 높으신 하나님 여호와께 내가 손을 들어 맹세하노니." 아브람은, 승리의 복은 사람이 주지 않고 오직 하나님만이 주심을 끝가지 믿습니다. 이 믿음이, 거절할 것은 거절할 수 있는 용기를 줍니다.

누가 승리의 복을 누릴 수 있습니까? 복을 주신 분이 하나님이심을 믿고 그에 대한 감사의 표현을 하는 사람입니다. 전직 대통령의 장례식이 핵 폭풍으로 사회 전반으로 몰아칠 수 있어요. 내 삶에까지 여파가 미칠 수도 있고요.

우리는 어떻게 해야 합니까? 우리나라가 여기까지 온 것은 우리의 희생이 아니라 복을 주신 하나님 때문이라는 믿음 안에 굳게 서야 합니다. 그리고 그 믿음으로 나를 보고, 이 나라를 봐야 합니다. 그 믿음으로 기도하고 헌신함으로써 이 사실을 고백해야 합니다. 그러면 하나님께서 어려움을 이기게 하시고, 제사장 나라로서의 복을 누리게 하실 줄 믿습니다!

제14강
아브람의 믿음, 나의 믿음

◇ 본문 창세기 15:1-21
◇ 요절 창세기 15:6
◇ 찬송 545장, 546장

아브람은 아이를 낳을 수 없는데도 불구하고 여호와의 부름을 받았습니다. 그리고 그는 희망의 순례길을 떠납니다. 그 순례길은 다른 것이 아닌 바로 여호와의 약속에 근거합니다. 여호와의 약속은 아이를 낳을 수 없는 현실을 뛰어넘습니다. 그러나 아이를 낳을 수 없는 상황이 너무 오랫동안 계속되었습니다. 약속이 지연되다 보니 약속 자체가 의심을 받게 된 겁니다. 약속과 현실 사이에서 심각하게 갈등합니다. 이처럼 삶의 정황이 약속과 어긋날 때 어떻게 해야 합니까?

첫째, 믿음을 의로 여기시는 하나님을 믿어야 합니다(1-6).

1절을 봅시다. "이 후에 여호와의 말씀이 환상 중에 아브람에게 임하여 이르시되 아브람아 두려워하지 말라 나는 네 방패요 너의 지극히 큰 상급이니라." 아브람에게는 어떤 두려움이 있을까요? 장래에 대한 두려움이 있습니다. 왜냐하면 여호와의 약속이 이루어지지 않고 계속 지연되기 때문입니다. 나이는 먹어 가는데, 손에 잡히는 것은 없습니다. 계속해서 약속을 믿고 살아야 할지, 아니면 나름대로 자기 길을 가야 하는지, 수없는 날들을 갈등으로 보냅니다.

그런 그에게 여호와께서 방패가 됩니다. 여호와께서 보호자가 되십니다. 그리고 지극히 큰 상급이 되십니다. 이 말은, '여호와께서 상급이 된다.'라는 말보다는 '너의 상급이 아주 클 것이다.'라는 말입니다. '상급'은 물론 '자식'을 말합니다. 여호와께서는 아브람에게 '아주 많은 자식을 주겠다.'라는 겁니다.

그러나 그의 반응은 어떠합니까? 여호와께서 '네 상급이 매우 클 것이다.'라고 말씀하시지만, 한 명의 아들도 없는 아브람은 그 약속을 실감할 수 없습니다. 오히려 반발심만 생깁니다. 언제나 '주신다.'라고만 하고 실제로는 아무것도 주시지 않기 때문입니다. 그는 약속만 계속해서 받는 데 지쳤습니다. 그는 다메섹 사람 엘리에셀을 입양시켜 상속자로 삼고자 합니다. 그도 이런 선택을 하고 싶지 않지만, 주님께서 아들을 주시지 않으니 어쩔 수 없습니다(2-3).

여호와는 무엇이라고 말씀하십니까? 4절을 봅시다. "여호와의 말씀이 그에게 임하여 이르시되 그 사람이 네 상속자가 아니라 네 몸에서 날 자가 네 상속자가 되리라 하시고" 여호와는 아브람의 계획을 전면으로 부정하십니다. 그리고 당신의 계획을 좀 더 구체화하십니다. 아브람은 아들을 낳을 수 없다고 생각하여 양자를 들이려 하는데, 여호와는 아브람이 직접 아들을 낳을 수 있다는 겁니다. 아브람은 다시 갈등합니다.

그때 여호와께서는 그를 어떻게 돕습니까? 5절입니다. "그를 이끌고 밖으로 나가 이르시되 하늘을 우러러 뭇별을 셀 수 있나 보라 또 그에게 이르시되 네 자손이 이와 같으리라." 이 말씀은, '네가 저 별들을 셀 수 있으면 세어 보아라. 네 후손도 저렇게 많을 것이다.'라는 뜻입니다. 여호와께서는 '적은 자손'이 아닌 '매우 큰 자손', '완전 많은 후손'을 주십니다.

이 약속 앞에서 아브람은 어떻게 반응합니까? 6절을 읽읍시다. "아브람이 여호와를 믿으니 여호와께서 이를 그의 의로 여기시고." '아브람이 여호와를 믿었다.'라는 말은 무슨 뜻일까요? 그는 '네 몸에서 상속자를 낳고, 그 상속자는 하늘의 별처럼 많게 된다.'라는 여호와의 약속을 믿었습니다. 물론 그가 처음 부름을 받았을 때는 이 약속을 의심하지 않았어요. 하지만 세월이 가다 보니 이 약속을 의심했어요. 그러나 오늘 다시 그 약속을 믿습니다.

의심했던 약속을 어떻게 다시 믿을 수 있을까요? 무엇이 아브람으로 하여금 새로운 응답을 하게 하였을까요? 하늘의 별들을 보면서 자신의 삶 속에서 일하시는 여호와를 영접했기 때문입니다. 별들을 통해서 땅이 혼돈하고 공허할 때 말씀으로 별들을 만드신 여호와를 영접했기 때문입니다. 무엇보다도 별을 만드신 여호와께서 아브람의 마음속에 말씀이 임하게 하셨기 때문입니다. 말씀은 현실과 약속 사이의 갈등을 이어주는 다리입니다. 그의 믿음은 그가 세상 안에서 보는 어떤 것에도 근거하지 않습니다. 오히려 그것은 세상의 불임을 뛰어넘을 하나님의 말씀에 있습니다. 믿음은 새로운 삶을 위해 현재를 뛰어넘고자 하는 하나님의 말씀을 의지하는 겁니다.

그런 그를 여호와께서 어떻게 여기십니까? 여호와께서 이것을 그의 의로 여기십니다. '의'란 도덕적 깨끗함이나 법적 완전함을 말하기보다는, '하나님과의 관계성이 올바르다.'라는 뜻입니다. 즉 하나님과의 언약 관계 안에서 요구되는 책임을 잘 이행한다는 말입니다. 아브람은 하나님의 약속을 받아들임으로써 하나님과 바른 관계를 맺게 됩니다. 그런데 '의'는 기본적으로 심판 날에 구원의 보증이 됩니다. 동시에 구속 사역에 쓰임 받는 복이 되는 근거가 됩니다. 이런 점에서 아브람의 고백은 신앙의 역사에 있어서 혁명적인 중요성이 있습니다. '의'는 '새로운 탄생(Genesis)', '새로운 피조물'이 되는 출발점이기 때문입니다.

이 진리를 오늘을 사는 우리에게도 적실하게 적용할 수 있습니까? 첫째로, 예수님을 믿음으로 심판에서 생명을 얻습니다. 최근 우리 사회에서는 정치 지도자들이 극단적 선택을 하는 경우가 있습니다. 우리는 그 속사정을 다 알지 못합니다. 다만 우려하는 것은 그런 극단적 선택을 보고 죽음을 심각하게 여기지 않을 수 있다는 점입니다. 죽음은 어떤 상황에서도 매우 심각한 문제입니다. 사람이 스스로 목숨을 버리는 극단적인 선택은 희망이 없을 때 하는 마지막 수단입니다. 그런데 한 나라의 정치 지도자가 그런 선택을 했다면, 그에게 절망 밖에는 없었다는 겁니다.

그에게 절망만 있었다면 동시대를 사는 우리 모두에게도 희망이 없다는 말일까요? 그동안 우리 사회는 수없이 희망을 말해 왔어요. "아무리 어렵더라도 좌절하지 말고 오뚝이처럼, 단단한 아스팔트의 틈새를 뚫고 피어나는 민들레처럼 희망으로 피어나자." 그러나 이런 말과는 달리 혹시라도 "정치 지도자도 살기 힘들면 죽는데, 나 같은 것은 죽어도 된다."라고 생각하는 사람들이 있을까 봐 걱정입니다. 특히 "삶과 죽음은 하나"라는 잘못된 적용이 보편화할까 봐 염려됩니다.

보통 사람은 소크라테스의 죽음을 인류 역사상 가장 위대한 최후를 맞이한 사례로 듭니다. 그러나 그의 죽음의 한계는, 죽음의 문제를 극복한 것이 아니라 결국 죽음에 삼킨바 되었다는 점입니다. 그러나 예수님의 죽음은 죽음에 먹힌 것이 아니라 죽음을 정복한 겁니다. 그러므로 누구든지 예수님을 믿으면 죽음을 이기고 영원한 생명을 얻습니다. 오늘 우리가 예수님을 믿음으로 생명을 얻는 것은 아브람이 약속을 믿음으로 의롭게 된 데 그 뿌리가 있습니다.

둘째로, 말씀을 믿음으로 성경 선생의 길을 계속 갈 수 있습니다. 우리 사회의 여론은 하루아침에 왼쪽에서 오른쪽으로, 오른쪽에서 왼쪽으로 바뀝니다. 주일에 교회에서 예배하는 것보다는 자원봉사를 하는 것이 더 잘

난 인간처럼 보입니다. 세상의 거대한 물결 속에서 교회는 점점 작게만 보입니다. 우리는 대학인의 성경 선생의 길을 가고 있지만, 현실은 걸맞지 않습니다. 아브람에게 '타이틀'만 거창했던 것처럼, 오늘 우리도 '타이틀'에 비해 내용은 별로 없습니다. 그래서 약속은 약속으로 멈춰 있는 것처럼 보입니다.

이런 현실에서 우리는 성경 선생의 길을 계속해서 가야 하는 걸까요? 아니면 나름의 대책을 세워야 하는 걸까요? 우리는 삶의 현장에서 '약속'과 '현실', '현실'과 '말씀'의 갈림길에서 뒤로 물러서기도 합니다. 헤매기도 하고 울기도 합니다. 그러나 여호와는, 우리가 현실보다는 말씀을 믿기를 원하십니다. 여호와께서는 눈에 보이는 것을 원하는 우리에게 눈에 보이는 것은 주지 않고, 오직 말씀만 강조하십니다. 믿음으로 살고, 성경 선생으로 사는 것은 눈에 보이는 것을 붙드는 것이 아니라, 말씀을 붙드는 것이기 때문입니다. 당장에 이루어지지 않는다고 해서 여호와의 약속이 사라진 것은 아닙니다. 여호와께서는 당신의 뜻 가운데서 가장 좋은 때에 반드시 주십니다.

그러므로 우리는 성경 선생의 길을 걸을 수 있습니다. 이 시대를 섬기는 영적 지도자의 길을 갈 수 있습니다. 우리는 현실보다도 약속의 말씀을 믿기 때문입니다. 우리가 눈에 보이는 열매가 없어서 마음이 무거울 수 있습니다. 아름다운 소식을 전하기 위해 캠퍼스로 올라가는 발걸음이 무거울 수 있습니다. 하지만 바로 그 순간 약속을 주신 여호와를 바라보고, 그 말씀을 믿으면 다시 도전할 수 있습니다. 여호와께서 이런 우리의 믿음을 의롭게 여기실 줄 믿습니다.

둘째, 약속을 지키시는 하나님을 믿고 기다려야 합니다(7-21).

7절을 봅시다. "또 그에게 이르시되 나는 이 땅을 네게 주어 소유를 삼게 하려고 너를 갈대아인의 우르에서 이끌어 낸 여호와니라." 과거 아브람은 헛된 신들을 섬겼어요. 그는 그냥 그렇게 살다가 죽을 수밖에 없는 사람이었다는 말입니다. 여호와를 섬기지 않으면 아무리 큰소리쳐도, 아무리 뭔가를 소유했다고 할지라도 별것이 없습니다. 그런 그를 여호와께서 구원하셨어요. 그리고 언약의 파트너로 삼으셨어요.

그 목적이 뭔가요? 그를 복이 되게 하는 겁니다. 이를 위해서 아들뿐만 아니라 땅도 주십니다. 하지만 아브람은 다시 볼멘소리합니다. "내가 이 땅을 소유로 받을 것을 무엇으로 알리이까"(8)? 그는 더는 말로는 믿을 수 없으니 문서를 작성하자는 겁니다. 하나님은 희생 제물을 통해서 아브람에게 약속을 보증하십니다(9-12).

그런데 그 약속이 성취되기까지 어떤 일들을 겪게 됩니까? 아브람의 후손은 다른 나라에서 나그네살이를 하다가 마침내 종이 되어서 사백 년 동안 괴로움을 받을 겁니다. 그러나 여호와께서 이스라엘을 괴롭힌 그 나라를 반드시 벌하십니다. 그 다음에 그들은 재물을 많이 가지고 나올 겁니다. 여호와의 약속은 지금 당장 아닌 먼 훗날에 이루어집니다. 약속의 성취는 확실하지만, 시간이 오래 걸립니다. 고통과 죽음을 겪기도 합니다(13-21). 그러나 중요한 것은 여호와의 약속은 반드시 성취된다는 점입니다.

이 사실이 오늘 우리에게 주는 의미는 무엇입니까? 삶의 현장에서 기다리는 일이 힘들지라도 끝까지 기다리라는 겁니다. 하박국 선지자도 믿고 기다리는 일이 너무 힘들어서 불평했습니다. 약속을 믿지 않고 사는 사람들이 믿고 사는 사람들보다 잘 나가기 때문입니다. 이런 현실은 상대적 박탈감을 줍니다. 나름대로 살고 싶은 유혹을 줍니다. 그러나 선지자는 강조합니다. "이 묵시는 정한 때가 있나니 그 종말이 속히 이르겠고 결코 거짓되지 아니하리라 비록 더딜지라도 기다리라 지체되지 않고 반드시 응하리라"(합 2:3).

오늘 우리의 현실로 눈을 돌려볼까요? 정치적 갈등, 이념에 따른 분열,

다른 한편으로는 경제난에 지친 서민들이 눈물로 답답함을 호소하고 있습니다. 여기에 세계에는 우리가 어찌할 수 없는 질병까지 범람하고 있습니다. 안팎으로 긴장감이 팽배합니다. 예수님께서 오늘 우리를 보신다면 어떻게 말씀하실까요? "목자 없는 양과 같다."라고 말씀하실 겁니다.

목자 없는 양이 방황하는 이 시대에서 우리 교회는 무엇을 해야 할까요? 할 수 있는 일이 없어 보입니다. 무력감만 생깁니다. 그런데도 우리는 끝까지 믿음으로 살아야 합니다. 끝까지 기다려야 합니다. 그런데 기다림은 가장 소극적인 것처럼 보입니다. 촛불이라도 들어야 응어리가 사라질 것 같습니다.

그러나 역사는 사람이 이끌어가지 않습니다. 여호와께서 이끄십니다. 그러므로 우리는 여호와를 믿고 기다릴 수 있습니다. 당장에 눈에 보이는 것이 없을지라도 믿고 기다릴 수 있습니다. 기다림은 믿음에서 나옵니다. 믿음은 여호와께 대한 신뢰에서 나옵니다.

우리의 여호와는, 우리가 정말로 신뢰할 수 있는 분입니까? 무엇이 우리가 여호와를 신뢰할 수 있게 만듭니까? 바로 믿음입니다. 말씀입니다. 우리가 약속을 계속해서 믿는다면, 캠퍼스에 올라갈 수 있고 이 시대를 섬기는 성경 선생의 길을 걸을 수 있습니다. 약속을 믿고 기다린다면, 경제 정치적으로 어려운 이 나라에 교회는 영향력을 끼칠 수 있을 겁니다. 아브람의 믿음이 나의 믿음이 되어 아브람의 길을 좇는 믿음의 상속자들이 되기를 기도합니다!

제15강
고통을 들으시는 여호와

◇ 본문　창세기 16:1-16
◇ 요절　창세기 16:11
◇ 찬송　370장, 365장

　하나님의 약속과 현실 사이에서 갈등할 때 어떻게 해야 한다고 했나요? 현실보다는 약속을 믿고 기다리자고 했습니다. 그런데 기다리고 또 기다려도 약속이 이루어지지 않으면 어떻게 해야 하나요? 우리는 약속이 하루라도 빨리 이루어지도록 뭐라도 하고 싶습니다. 하지만 하나님께서 우리에게 원하시는 모습은 어떤 겁니까?

　첫째, 삶의 방법도 중요함을 알아야 합니다(1-6).

　1절을 봅시다. "아브람의 아내 사래는 출산하지 못하였고 그에게 한 여종이 있으니 애굽 사람이요 이름은 하갈이라." 여호와께서는 아브람에게 "네 몸에서 날 자가 네 상속자가 될 것이다."(15:4)라고 약속하셨어요. 그러나 그 아내 사래는 아이를 낳지 못합니다. 여호와께서 출산을 허락하지 않으시기 때문입니다(2a). 한 여인으로서 아이를 낳지 못하는 것처럼 고통스러운 일도 없습니다.

　최근 우리나라 출산율은 점점 낮아지면서 세계 최저 수준입니다. 물론 아이를 일부러 낳지 않는 부부도 있지만, 낳고 싶어도 낳을 수 없는 가정이

의외로 많아요. 이런 부부를 '난임 부부'라고 해요. 보통의 부부에게 아기 갖는 일은 소박한 꿈이지만 '난임 부부'에게는 큰일입니다. '난임' 문제를 해결하지 않고서는 출산율을 높일 수 없습니다. '난임 부부'는 남모르는 고통을 삼키며 살아갑니다. 그런데 사래에게는 이런 '난임'의 고통만 있는 것은 아닙니다. 하나님의 구속역사를 이끌어갈 후계자를 세우지 못하고 있다는 자괴감까지 있어요. 하루라도 빨리 한 살이라도 더 먹기 전에 후계자를 세우지 않으면 안 된다는 조급함과 압박감에 시달리고 있습니다.

사래는 이 압박감을 어떻게 해결하고자 합니까? 그녀에게는 한 여종이 있는데, 애굽 사람이며 이름은 하갈입니다. 그녀는 하갈을 '대리모'로 삼고자 합니다. 자기 하녀를 남편에게 줘야 하는 그녀의 마음이 어떨까요? 주인으로서 정체성, 아내로서 자존심, 그리고 여인으로서 존재 의미마저 다 포기해야 합니다. 지금 이 순간 그녀의 마음속에 있는 단어는 오직 하나 '자기 부인' '자기 십자가'뿐입니다. 그녀는 고통을 온 몸으로 감당하고 있습니다.

왜 이 길을 택할까요? 사명에 충성하기 위해서입니다. 그녀는, 하나님의 약속이 지체되는 원인이 자기에게 있다고 생각합니다. 아이를 낳지 못하면서 아내의 권리만을 주장할 수 없습니다. 그녀는 남편을 위해서, 하나님을 위해서, 그리고 구속 사역을 위해서 극단적인 선택을 한 겁니다. 아니 할 수밖에 없습니다. 아브람도 그런 사래의 결단을 알기 때문에 군소리 없이 따릅니다. 그때는 아브람이 가나안에서 산 지 십 년이 지난 해였습니다(3).

그러면 이런 희생을 안고 선택한 방법이 좋은 결과로 나타납니까? 4절을 봅시다. "아브람이 하갈과 동침하였더니 하갈이 임신하매 그가 자기의 임신함을 알고 그의 여주인을 멸시한지라." 뜻밖의 일이 일어납니다. 하갈이 주인님 사래를 멸시해요. 하갈도 처음에는 자기 같은 자를 '대리모'로써 주신 것만도 감사하고 또 감사했어요. 그런데 입덧을 하면서부터 조금씩 변했어요. 배가 나오자 '간'까지 나왔어요.

사래는 참다못해 남편에게 '바가지'를 긁습니다. "내가 받는 고통은 당신이 받아야 해요. 내 여종을 당신의 품에 두었거늘, 그 여자가 임신하더니 나를 깔보기 시작해요. 당신과 나 사이에 누가 옳은지 여호와께서 판단해 주기를 원해요"(5). 사래는 '완전 희생'했는데, '완전 무시' 당하자 '완전 피해 의식'에 빠졌어요. 원인 제공은 자기가 해놓고 남편에게 책임을 돌립니다. 그녀는, 남편으로 하여금 자신과 하갈을 선택하라고 압력을 넣습니다.

아브람은 어떤 결단을 내립니까? 6절을 봅시다. "아브람이 사래에게 이르되 당신의 여종은 당신의 수중에 있으니 당신의 눈에 좋을 대로 그에게 행하라 하매 사래가 하갈을 학대하였더니 하갈이 사래 앞에서 도망하였더라." 아브람은 사래의 손을 들어줍니다. 하갈은 사래와 동등한 존재가 될 수 없습니다. 사래는 아브람이 자기편인 것을 확인하고 하갈을 거칠게 다룹니다.

하갈은 나름 희생하며 주인님께 순종했는데, 돌아오는 것은 고통뿐입니다. 그녀는 고통을 견디지 못하고 도망칩니다. 아브람은 후계자를 얻기 위해서 모험을 했는데, 후계자는커녕 가정불화만 키우고 말았습니다. 문제를 해결하기 위해서 시도한 방법은 해결은커녕 새로운 문제만 낳았습니다. 모든 것이 다 꼬인 겁니다.

왜 이렇게 꼬인 겁니까? 약속을 빨리 이루어야 한다는 생각만 했지, 어떻게 이루어야 하는가에 대해서는 생각하지 못했기 때문입니다. 후계자를 얻는 것만 중요하게 여겼지, 그 방법에 대해서는 생각하지 못했습니다. 약속을 믿고 사는 사람은 그 삶의 방법도 성경적이어야 합니다. 방법이 세상적이면 결국 모든 것이 세상적이 되고 맙니다.

오늘 우리가 주의해야 할 세상적인 방법은 무엇일까요? 혼합주의와 실용주의라고 할 수 있어요. 혼합주의의 전형은 '상가 건물'에서 찾아볼 수 있어요. 그곳은 교회부터 단란주점까지, 소위 '성'과 '속'이 공존하는 '짬뽕 문화'를 대변해요. 꼭대기 층 교회에서 예배드리는 신자, 바로 아래층 학원에서 수험 준비하는 고등학생, 그 아래층 당구장에서 내기를 즐기는 대학생, 아래층의 식당에서 소주 한잔 기울이는 회사원, 지하 노래방에서 목청 돋우는 사람들... 이런 혼합문화가 종교적으로도 나타납니다. 다른 종교를 포용하는 진보파는 뜨고, 절대성을 강조하는 보수파는 비난을 당합니다. 반면 자살까지도 미화하는 종교는 잘 나갑니다. 혼합종교는 실용주의에 그 뿌리가 있습니다. 실용주의는 과정보다도 결과만을 생각합니다. 좋은 게 좋다는 겁니다.

이런 말 기억하지요? "검은 고양이든지 흰 고양이든지 쥐만 잘 잡으면 된다(이념보다도 잘 먹고 잘사는 것이 더 중요하다)." "꿩 잡는 게 매다(방법이 어떻든 간에 목적을 이루는 것이 가장 중요하다)." 우리 시대의 대표적 삶의 방법입니다. 그러나 우리는 이런 삶의 방법을 따라서는 안 됩니다. 교회에서만 믿음으로 살고 학교와 직장에서는 세상적인 방법으로 살면 어떻게 될까요? 믿음으로 사는 우리는 학교에서 공부할 때도, 일터에서 일할 때도, 믿음의 방법대로 살아야 합니다. 삶의 목표만큼 삶의 방법도 중요합니다. 삶의 방법을 중요하게 여길 때만이 건강한 신앙인이 됩니다. 그렇게 살아야 세상에 영향력을 끼치는 소금과 빛이 됩니다.

또 우리에게는 교회를 부흥시켜야 한다는 사명이 있어요. 학생회 후계자를 세워야 한다는 압박감도 큽니다. 그렇다고 해서 세상적인 방법으로 이런 일을 할 수는 없습니다. 어떤 곳에서는 사람을 모으기 위해서 경품을 내걸기도 해요. 성경은 가르치지 않고 선물만 주기도 해요. 설교해도 십자가와 부활을 선포하기보다는 '긍정의 법칙' '잘 사는 비결'에 대해서만 말합니다. 물론 어린 양과 관계성을 맺고 접촉점을 찾기 위해서 이런 과정이 어느 정도는 필요합니다.

하지만 이런 방식이 계속된다면 문제입니다. 이런 식으로 해서 사람을 많이 모았다고 할지라도 그 방법이 성경적이지 않기 때문에 교회라고 말할 수 없습니다. 교회는 결과만큼 과정도 중요하게 여깁니다. 우리에게 절대적으로 필요한 것은 하나님의 방법을 고집하는 믿음입니다. 세상은 정신없이 변할지라도 하나님의 방법은 변하지 않습니다. 하나님의 방법이 가장 확실하고 가장 좋은 길입니다. 그러면 하나님의 방법은 무엇입니까?

둘째, 기도의 중요성을 알아야 합니다(7-16).

집에서 도망친 하갈은 어떻게 되었나요? 여호와의 사자가 그녀를 찾아갑니다. "사래의 여종 하갈아, 네가 어디서 왔으며 어디로 가느냐?" 이 말은, 자신을 돌아보며, 자신의 잘못을 알라는 겁니다. "내 여주인 사래를 피하여 도망치는 길입니다." 그러나 그녀는 여주인 사래에게로 돌아가서 복종해야 합니다. 그렇게 하면 여호와께서 그녀의 씨를 크게 번성하여 그 수가 많아 셀 수 없게 하십니다(7-10).

여호와께서는 또 어떤 복을 약속하십니까? 11절을 읽읍시다. "여호와의 사자가 또 그에게 이르되 네가 임신하였은즉 아들을 낳으리니 그 이름을 이스마엘이라 하라 이는 여호와께서 네 고통을 들으셨음이니라." '이스마엘'은 '하나님께서 들으신다.'라는 뜻입니다. 여기서는 '여호와께서 하갈의 고통을 들으신다.'라는 뜻으로 사용됩니다.

하갈에게는 어떤 고통이 있을까요? 집에서 쫓겨난 것도 쫓겨난 것이지만, 자기의 고통을 알아주는 사람이 없다는 사실이 가장 큰 고통입니다. 얼마 전까지만 해도 사래 마님에게 속마음을 털어놓았는데, 이제는 '불통'의 관계가 되고 말았어요. 자기도 좀 성숙하지 못해서 마님께 배를 내밀긴 했지만, 진심은 아니었는데... 이제는 모든 것이 답답하고 억울할 뿐입니다. 광야에서 소리를 질러도 메아리쳐 되돌아올 뿐입니다. 그런데 여호와께서 그 고통을 들으십니다. 자기 같은 하녀의 고통을 들으십니다. 그 증거로 아들의 이름을 '이스마엘'이라고 지어주십니다. '이스마엘'은 고통 중에 있는 자들에게 여호와께서 듣고 계신다는 사실을 깨우쳐 주는 이름입니다.

이에 대한 하갈의 반응은 어떠합니까? 13절을 봅시다. "하갈이 자기에게 이르신 여호와의 이름을 나를 살피시는 하나님이라 하였으니 이는 내가 어떻게 여기서 나를 살피시는 하나님을 뵈었는고 함이라." 하갈은 고통을 들으시고 돌보시는 하나님을 만납니다. 그 만남을 고백합니다. 그 만남을 영원토록 잊지 않고자 증거를 남깁니다. 그 샘을 '브엘라해로이', 즉 '나를 살피시는 살아 계신 자의 우물'이라고 부릅니다(14).

그녀는 왜 영원토록 하나님을 기억하고자 할까요? 고통이 문제가 아니라 고통을 들으시는 하나님을 잊어버리는 것이 문제입니다. 고통이 올 때 하나님을 잊어버리면 인생이 망가집니다. 절벽에서 떨어지게 됩니다. 대학교수들이 시국선언을 발표했어요. 군사독재 정권 때나 있었던 일을 할 수밖에 없는 이유를 말합니다. "껍데기만 남은 민주주의 때문에 연구실 밖으로 머리를 내밀고 쓴소리를 하게 되었다. 대통령은 국민의 목소리에 귀 기울여야 한다." 대통령이 국민의 고통을 듣지 않는다는 겁니다. 그래요. 사람에게 가장 큰 고통은 고통이 있다는 것보다도 그 고통을 함께할 사람이 없다는 겁니다. 우울증의 가장 큰 원인도 내 마음의 고통을 나눌 상대를 찾지 못하기 때문입니다. 누군가가 내 고통을 들어만 줘도 그 고통을 이길 수 있어요.

누가 우리의 고통을 들으십니까? 여호와께서 우리의 고통을 들으십니다. 고통의 순간에 고통을 들으시는 하나님을 기억하면 고통을 이길 수 있습니다. 그러므로 고통이 있느냐보다도 고통을 들으시는 하나님을 잊었느냐 잊지 않았느냐가 더 중요합니다.

그러면 이브람은 하갈을 통하여 무엇을 배웁니까? 15절입니다. "하갈이 아브람의 아들을 낳으매 아브람이 하갈이 낳은 그 아들을 이름하여 이스마엘이라 하였더라." 아브람이 그 아들의 이름을 '이스마엘'이라고 짓습니다. 이것은 아브람도 고통을 들으시는 하나님, 보살피시는 하나님을 체험했다는 말입니다. 그러면 그는 어떻게 살아야 합니까? 기도의 중요성을 알고 기도에 전념해야 합니다.

만일 사래가 고통을 들으시는 하나님을 좀 더 실존적으로 체험했다면 어떻게 했을까요? 하갈을 들고나왔을까요? 아님 기도에 헌신했을까요? 고통을 들으시고 보살피시는 하나님을 의지한다면 기도에 전념하지 않을 수 없습니다. 기도에 헌신하는 모습은 이삭과 리브가를 통해서 확인할 수 있습니다. 이삭과 리브가 부부에게도 '난임' 문제가 있었어요. 기다릴 만큼 기다렸지만 소식이 없었어요. 나름대로 방법을 모색할 수도 있었어요. 하지만 그들은 기도하며 좀 더 기다립니다. 여호와께서는 그들의 고통을 들으시고 보살펴 주십니다(25:21).

또 우리는 사무엘이 어떻게 태어났는가를 압니다. 한나는 한 동안 아이를 갖지 못했어요. 남편의 사랑도 그런 그녀의 아픔을 없애지 못합니다. 한나는 오직 여호와께 자신의 고통을 호소합니다. 그리고 여호와께서는 한나의 고통을 들으십니다(삼상 1:5, 10). 여호와를 향한 부르짖음이야말로 믿음의 사람들이 가야 할 최상의 길입니다.

우리에게는 어떤 고통이 있습니까? 한 정치인은 요즘 우리의 현실과 관련하여 "참으로 불행한 시대를 살고 있다."라고 말했어요. "같은 언어를 쓰고, 같은 음식을 먹고, 대한민국이란 국적을 지니고 있지만 요즘 우리 사회를 보면 말 그대로 '양분'된 느낌이다."라는 겁니다. 요즘처럼 살벌하게 사람이 대립하는 때도 흔하지 않습니다. 그동안 우리 교회는 사회문제를 성경적으로 보기보다 이념의 눈으로 봐왔어요. 교회조차도 '보수'와 '진보'

로 나뉘어 이념싸움만 했어요. 아니 지금도 그 싸움을 계속합니다. 그런 가운데 약자들의 고통은 커져만 갑니다.

우리 교회는 오늘의 현실을 보면서 무엇에 힘써야 할까요? 지금 한국교회는 정국 혼란, 북핵 위기, 경제 난국 등 중첩되어 가는 우리 사회의 어려움을 극복하기 위해서 대규모 기도회를 펼치고 있습니다. 우리에게는 이런 사회적인 아픔뿐만 아니라, 개인적인 고통도 있습니다. 물론 그 고통은 잘 먹고 잘살기 위한 것은 아닙니다. 믿음으로 살고, 캠퍼스 목자로 살기 때문에 따르는 고통입니다. 하나님께서 주신 사명을 잘 감당하려고 해서 생긴 고통입니다. 만일 우리가 세상 사람들처럼 인생을 쉽게 쉽게 살면서 '참~ 쉽죠, 잉'하며 산다면 고통은 많이 줄 것입니다. 하지만 우리는 사명을 위해서 고통을 온몸으로 감당하고 있습니다.

그 고통 앞에서 우리는 어떻게 해야 합니까? 기도의 중요성을 깨닫고 기도에 전념해야 합니다. 기도는 주님께서 내 고통을 들어주시고, 보살펴 주신다는 믿음이 있을 때만 가능합니다. 내가 몸을 움직이는 것보다도 주님께서 움직이시는 것이 훨씬 위대하고 능력이 있다는 사실을 믿을 때만 가능합니다. 어떤 사람은 기도는 소극적인 행동이고, 몸을 움직여서 뭔가를 하는 것은 적극적인 행동이라고 생각해요. 그러나 기도는 결코 골방에만 틀어박혀서 아무것도 하지 않고 소극적으로 사는 것을 말하지 않습니다. 내가 몸으로 뛰는 것보다도 훨씬 가치가 있고 능력이 있습니다.

기도하는 사람은 절대로 소극적인 삶을 살지 않습니다. 기도하는 사람은 절대로 졸고 놀고 쉬지 않습니다. 기도는 오히려 하나님께서 기뻐하시는 방법대로 약속을 성취하는 겁니다. 기도는 결코 문제들을 피하는 일이 아닙니다. 오히려 문제를 안고 적극적으로 씨름하는 행동입니다. 기도하면 기도가 얼마나 적극적인 몸부림인지를 알 수 있습니다. 기도하지 않은 사람은 기도의 위대함과 그 능력을 말할 수 있습니다. 우리가 다시 아침을 깨워 기도하여 그 신비를 체험할 수 있기를 바랍니다.

하갈의 고통을 들으신 여호와, 아브람과 사래의 고통을 들으신 여호와께서 오늘 우리의 고통도 들으십니다. 하갈을 보살피신 여호와, 아브람과 사래를 보살피신 여호와께서 오늘 우리도 보살피십니다. 이 사실을 우리는 찬양을 통해서 기억하기를 바랍니다. "… 하나님 사랑의 눈으로 너를 어느 때나 바라보시고/ 하나님 인자한 귀로서 언제나 너에게 기울이시니/ 어둠에 밝은 빛을 비춰주시고 너의 작은 신음에도 응답하시니/ 너는 어느 곳에 있든지 주를 향하고 주만 바라볼지라."

제16강
하나님의 소원, 내 소원

◇ 본문 창세기 17:1-27
◇ 요절 창세기 17:5
◇ 찬송 542장, 549장

한 정치인이 '계파 정치'를 하는 사람에게 쓴소리했어요. "웅덩이 속의 올챙이 같다. 큰 바다가 있고, 큰 강이 있는데 웅덩이 속의 올챙이처럼 서로 오글거리면서 뒤엉키고 하는 것은 둘 다 편협하고 옹졸한 짓이다." 이 말이 어찌 정치인에게만 해당하겠어요? 우리 교회도 적용할 수 있습니다. 우리도 하나님께서 우리에게 두신 소원을 모르면 올챙이처럼 살 수 있습니다. 하나님께서 우리에게 두신 소원은 무엇입니까?

1절을 읽읍시다. "아브람이 구십구 세 때에 여호와께서 아브람에게 나타나서 그에게 이르시되 나는 전능한 하나님이라 너는 내 앞에서 행하여 완전하라." 아브람이 아흔아홉 살이라는 말은, 이스마엘이 태어난 지 13년이 되었다는 뜻입니다. 그동안 아내 사래는 여전히 아이를 갖지 못했어요. 하나님의 약속이 아직도 이루어지지 않았다는 겁니다.

이런 현실 앞에서 아브람은 어떻게 살았을까요? 그도 얼마 동안은 사래의 몸에서 아들이 생길 그날을 소망하며 살았어요. 사래가 요즘처럼 더운 날에도 "군고구마가 먹고 싶다."라고 하면, 입덧이라고 생각하여 '모란시장'을 누볐어요. 하지만 현실은 변하지 않았어요. 아브람도 사래도 지쳤습니다. 그 지친 마음에 산소가 되어 준 이가 있으니 바로 이스마엘입니다. 그런 이스마엘을 후계자로 '찜'을 할 수밖에 없습니다. 이스마엘 외에는 대안도 없습니다.

그러나 여호와께서는 무엇이라고 말씀하십니까? "나는 전능한 하나님이라!" 여호와는 아무것도 없는 데서 천지와 만물을 창조하신 전능하신 창조주 하나님이십니다. 여호와는 불가능한 상황에서도 일을 가능하게 하시는 전능하신 하나님이십니다. 여호와는 한 번 한 약속은 어떤 일이 있어도 지키시는 전능하신 하나님이십니다.

그러므로 아브람은 어떻게 살아야 합니까? 하나님 앞에서 살아야 합니다. 그러나 그는 이스마엘 앞에서 살고 있어요. 그는 현실에 매어서 살고 있어요. 이런 모습은 전능하신 하나님을 믿지 못하기 때문입니다. 그렇다고 그가 전혀 믿음이 없다는 말은 아닙니다. 그에게도 믿음은 있는데, 그 믿음의 내용이 문제입니다. 그는 자기가 믿고 싶고, 믿을 수 있는 것만 믿고 있어요. 이런 믿음으로는 하나님 앞에서 살지 못합니다. 하나님께서 아브람에게 원하시는 삶의 모습은 이런 겁니다. 비록 약속이 더딜지라도 흔들리지 말고, 타협하지 말고 믿음의 길을 계속 가는 겁니다. 하나님께서는, 아브람이 끝까지 믿음의 길을 가면 수없이 많은 자손을 주시겠다고 언약을 세우십니다(2).

언약의 내용은 무엇입니까? 4절입니다. "보라 내 언약이 너와 함께 있으니 너는 여러 민족의 아버지가 될지라." '여러 민족의 아버지'란 '여러 나라의 태조'를 말합니다. 아브람으로부터 많은 나라와 왕들이 태어납니다(6). 이 말은 곧 '복'이라는 말과 같은 겁니다(12:2). 지금까지 여호와께서 아브람에게 하셨던 그 약속을 강조하십니다. 그런데 오늘은 그 언약에 대해 보증하신다는 사실이 중요합니다.

5절을 읽읍시다. "이제 후로는 네 이름을 아브람이라 하지 아니하고 아브라함이라 하리니 이는 내가 너를 여러 민족의 아버지가 되게 함이니라." 여호와께서는 언약의 보증으로 그의 이름을 바꾸십니다. 이름은 대부분 부모가 짓습니다. 부모는 자식이 '가문의 영광'을 드러내 주기를 기대하면서 짓습니다. 그때부터 그 아들의 존재 의미와 목적은 가문과 연결됩니다. 그런데 하나님께서 그 이름을 바꾸십니다.

이제부터는 아브람이 '가문의 영광'이 아닌 '하나님의 영광'을 드러내기를 원하십니다. '아브람'은 '높임을 받는 아버지', '아브라함'은 '많은 사람의 아버지'라는 뜻입니다. 아브람은 이스마엘과 놀다 보니 '그의 아빠'로 만족했어요. 그러나 하나님은 온 세상 만민의 아버지가 되기를 원하십니다. 하나님은 아브람이 현실에 안주하기보다는 약속을 믿고 현실을 뛰어넘기를 원하십니다. 이런 하나님의 소원은 아브람만이 아니라 그 후손들에게도 같이 적용됩니다(7-9).

'여러 민족의 아버지'라는 주님의 소원이 이 시대와 캠퍼스의 성경 선생으로 사는 우리에게 주는 의미는 무엇일까요? 과거 우리 선배는 가정보다는 교회에만 관심을 가졌어요. 그 때문에 가정에 역기능이 많이 생겼고요. 특히 아이들이 상처를 많이 받았어요. 이런 아픔을 치료하기 위해서 최근에는 '가정 사역'의 중요성이 강조되고 있어요. 우리도 이 점을 강조하며 실천하고 있습니다.

하지만 우리의 삶이 가정에만 제한된다면 어떻게 될까요? 하나님의 자녀요 '목자'로 살아가는 우리가 내 가족만 부둥켜안고 산다면 어떻게 될까요? 믿음의 사람은 자기만 문제없고, 자기 가족만 잘 산다고 해서 행복하지 않습니다. 요즘 나라가 시끄러우니 우리의 마음도 시끄럽습니다. 세계의 대유행(pandemic)을 보면서 우리의 마음이 얼마나 불안합니까? 우리는 그물망처럼 얽히고설킨 세계화 시대에 살고 있어요. 따라서 나만의 세상 속에 안주할 수 없습니다. 세계 속에서 세계와 더불어 살아갈 수밖에 없습니다. 하물며 세상이 이러한데, 믿음의 세계에서 하나님의 소원을 무시하고 내 소원만 붙들고 살 수 있을까요?

믿음으로 산다는 것은 내 소원이 아닌 하나님의 소원을 붙들고 사는 겁니다. 하나님께서 우리에게 주신 약속을 붙들고 사는 겁니다. 한 가정의 구성원으로 만족하지 않고 구속 사역의 구성원으로까지 사는 방식을 넓히며 사는 겁니다. 물론 우리는 이 소원을 알면서도 삶의 현장에서는 자주 놓칩니다. 현실 때문입니다. 현실은 이런 소원을 붙들고 살기에 녹록하지 않습니다. 그래서 타협합니다. 그러나 그런 모습은 전능하신 하나님을 믿지 못하는 불신에서 나옵니다. '여러 나라의 아버지'의 삶은 전능하신 하나님을 믿는 믿음에서 나옵니다.

미국에서 '마트(Mart)계'를 평정한 '월마트(Wal-Mart)'가 있어요. 그런데 최근에는 'Wal-Mart'의 한계가 드러나고 있답니다. 물건은 많은데, 사람과 사람 사이의 끈끈한 정을 나눌 수 없다는 겁니다. 이제는 물건을 사면서 이웃집 안부도 묻고 세상 사는 이야기도 나누는 정이 필요하다는군요. 이런 틈새를 노리고 등장한 것이 '할아버지 가게(grandfather shop)'라는군요. '할아버지가 운영하는 구멍가게'라고 할 수 있는데, 물건을 사면서 이런저런 대화를 나누기 때문에 틈새시장으로 자리를 잡고 있다는군요. 우리나라도 '이마트(E-Mart)'가 모든 가게를 평정하고 흡수했잖아요?

이처럼 대형교회가 주변의 작은 교회들을 다 흡수해버렸어요. 어떤 대형교회 목사는 이 사실에 미안함을 느끼고 작은 교회 목사들에게 점심을 대접했다는군요. 그러나 대형교회도 한계가 나타나고 있는데, 교인들이 정을 느낄 수 있는 '할아버지 가게(grandfather shop)'와 같은 교회를 찾고 있답니다. 대형교회의 가장 큰 약점 중 하나는 한 사람 한 사람을 인격적으로 돌보지 못하기 때문에 삶이 변화되지 않는 거래요. 이런 점에서 작은 교회들이 쓰임 받을 그 날이 다가오고 있습니다.

그러므로 우리는 현실에 자족하지 말고, 우리에게 두신 소원을 이룰 수 있는 그 날을 소망하며 성경 선생이요 목자로 자라야 합니다. 우리의 캠퍼스 학우들은 물론이고 세계 캠퍼스 학우들을 말씀으로 섬길 수 있는 그날을 소망해야 합니다. 물론 우리가 이 소원을 붙들고 살아갈 때 크고 작은 장애물은 있습니다. 그러나 그때마다 우리는 언약을 보증하신 전능하신 하나님을 믿어야 합니다. 세상 사람들조차도 장벽 앞에서 포기하지 않고 희망을 붙들기 위해서 몸부림치지 않습니까? 노래를 부르며 희망을 가꿔 가지 않습니까?

이런 점에서 "거위의 꿈"이라는 노래를 들어봐요. 그 가사에 보면 감히 거위가 하늘을 날아보겠다는 꿈을 꾸잖습니까? 거위도 이러할진대 사람인 우리가, 아니 믿음으로 사는 우리가 현실에 눌릴 수는 없습니다. 현실에 만족할 수는 없습니다. 전능하신 하나님께서 주신 소원을 붙들고 나갈 수 있기를 바랍니다.

이 소원을 놓치지 않기 위해서 하나님께서는 무엇을 또 하십니까? 10절을 봅시다. "너희 중 남자는 다 할례를 받으라 이것이 나와 너희와 너희 후손 사이에 지킬 내 언약이니라." 아브라함뿐만 아니라 그 후손들도 언약에 참여하기 위해서는 할례를 받아야 합니다. 할례란 무엇입니까? 남자의 양피를 베는 것인데, 이것이 하나님과 그 사람 사이에 세운 언약의 표시가 됩니다(11).

할례의 대상은 누구입니까? 모든 남자입니다. 집에서 태어난 종과 외국 사람에게서 돈을 주고 산 사람도 할례를 받아야 합니다(12). 할례는 언제 하나요? 태어난 지 8일 만에 해야 합니다. 할례는 언약을 살에 새기는 행위입니다(13). 살에 새기는 목적은 영원토록 잊지 않고 기억하는 데 있습니다. 할례는 마치 신랑 신부가 결혼식에서 반지를 교환함으로써 부부임을 표시하는 것과 같습니다. 반지를 끼고 다님으로써 자기가 결혼한 사람임을 잊지 않듯이, 할례를 받음으로써 하나님의 언약 백성이라는 사실을 잊지 않습니다.

할례를 받지 않으면 어떻게 됩니까? 할례를 받지 않으면 하나님의 백성이 되지 못합니다(14). 할례를 받지 않으면 하나님과의 관계에서 끊어지고 맙니다. 왜냐하면 할례를 받지 않은 것은 언약을 배반하는 일이기 때문입니다.

그러면 사래는 어떻게 됩니까? 15절을 봅시다. "하나님이 또 아브라함에게 이르시되 네 아내 사래는 이름을 사래라 하지 말고 사라라 하라." 사래라는 이름을 사라로 바꾸십니다. '사래'와 '사라'는 문자적으로는 둘 다 '공주'라는 의미입니다. 하지만 '사라'는 아들을 직접 낳게 됩니다. 그리고 그녀는 여러 민족의 어머니가 됩니다. 민족의 여러 왕이 그녀에게서 나옵니다(16).

그도 그럴 것이, 아브라함이 여러 나라의 아버지가 되려면 사라도 여러 나라의 어머니가 되어야 합니다. 자식의 정통성은 어머니가 누구냐에 따라서 결정됩니다. 홍길동이 했던 가슴 아픈 말 있잖아요? "아버지를 아버지라 부를 수 없는 이 못난 소인을 용서하소서!" 그는 대감의 아들이면서도 어머니가 '후처'이기 때문에 서자가 되었어요. 사래가 여러 민족의 어머니가 되어야만 아브라함도 여러 민족의 아버지가 됩니다.

이에 대한 아브라함의 반응이 어떠합니까? 17절입니다. "아브라함이 엎드려 웃으며 마음속으로 이르되 백 세 된 사람이 어찌 자식을 낳을까 사라는 구십 세니 어찌 출산하리요 하고." 아브라함은 자기가 '여러 민족의 아버지가 된다.'라고 했을 때는 받아들였어요. '할례를 행해야 한다.'라고 했을 때도 받아들였어요. 그런데 '사래'가 '사라'가 된다고 하니 웃습니다.

왜 사라에 대해서는 이렇게 부정적일까요? 희망은 노래만 부른다고 해서 이루어지는 것은 아닙니다. 꿈은 꾼다고만 해서 이루어지는 것은 아닙니다. 뭔가 나름으로 꼬투리가 있어야만 희망도 계속 가질 수 있고, 노래할 수 있지 않을까요? 아브라함이 볼 때 사라는 아이를 낳을 수 없어요. 아브라함도 믿음으로 살고는 있지만, 약속을 붙들고는 있지만 안 되는 것은 안 되는 겁니다. 다른 사람은 몰라도 사라만은 아닙니다. 그녀의 나이가 아흔이기 때문입니다. 십 년만 젊었어도, 아니 오 년만 젊었어도 희망을 품겠지만, 이제는 사라졌어요.

그래서 아브라함도 차선책으로 이스마엘을 붙든 겁니다. "이스마엘이나 하나님 앞에 살기를 원합니다"(18). 후계자 문제로 더는 하나님과 실랑이를 하고 싶지 않습니다. 이스마엘도 자기 피를 이어받았으니, 하나님께 타협안을 제시한 겁니다.

이 안에 대해서 하나님은 어떻게 반응하십니까? 19절입니다. "하나님이 이르시되 아니라 네 아내 사라가 네게 아들을 낳으리니 너는 그 이름을 이삭이라 하라 내가 그와 내 언약을 세우리니 그의 후손에게 영원한 언약이 되리라." 하나님은 아브라함의 타협안을 단칼에 자릅니다. 사라가 직접 아들을 낳을 수 있기 때문입니다. 아니 그렇게 하실 것이기 때문입니다. 이삭이라고 그 아들의 이름까지도 지으셨어요. '이삭'은 '웃음'이라는 뜻입니다. 하나님은 아브라함의 코웃음을 참 웃음으로 바꾸실 겁니다. 사라가 아들을 낳을 수 없는데도, 계속 낳는다는 말만 들으면 코웃음이 납니다.

하지만 그런 사라가 아들을 낳으면 가슴속 깊은 곳에서 기쁨의 웃음이 넘칠 것입니다. 하나님께서는 지금은 믿음이 없어서 코웃음을 치고 있는 아브라함에게 장차 큰 웃음을 선물하고자 하십니다. 그 선물을 받을 때는 내년 이 시기입니다(20-21). 즉 1년 뒤에 큰 웃음의 잔치가 벌어집니다. 이것이 하나님께서 아브라함에게 두신 소원입니다.

그 소원 앞에서 아브라함은 어떻게 합니까? 23절을 봅시다. "이에 아브라함이 하나님이 자기에게 말씀하신 대로 이날에 그 아들 이스마엘과 집에서 태어난 모든 자와 돈으로 산 모든 자 곧 아브라함의 집 사람 중 모든 남자를 데려다가 그 포피를 베었으니.” 아브라함은 할례를 행함으로써 여호와의 소원을 영접합니다. 사라의 임신 가능성에 대한 그의 의심도 하나님의 소원에 대한 그의 순종을 막지 못합니다. 그의 순종은 그날을 구원역사에서 가장 위대한 날 중 하루가 되게 합니다. 할례는 하나님께 대한 믿음과 순종을 보여줍니다(24-27).

오늘 우리에게 있어서 할례는 무엇입니까? 외적인 의식보다는 마음에 새기는 것이 더 중요합니다(롬 2:29). 이것이 세례 의식으로 표현되기도 합니다. 세례는 예수님께서 나의 죄를 위해서 죽으시고 부활하셨음을 믿는 믿음의 표시입니다. 동시에 현실에 안주하지 않고 하나님의 언약과 그 소원을 믿고 살겠다는 결단의 표시이기도 합니다.

전능하신 여호와 하나님께서 오늘 우리에게 두신 소원은 무엇입니까? 자기와 아기에게 매인 삶입니까? 현실은 초라할지라도 우리의 캠퍼스와 세계 캠퍼스 영혼들을 마음에 품는 성경 선생이요 목자로 사는 겁니다. 이 하나님의 소원이 내 소원이 되기를 기도합니다.

제17강
여호와가 할 수 없는 일이 있느냐

◇ 본문 창세기 18:1-15
◇ 요절 창세기 18:14
◇ 찬송 64장, 543장

　이런 도전적인 질문을 받은 적이 있나요? "당신은 정말로 하나님을 아는가?" "모른다."라고 말할 수도 없고, "안다."라고 말할 수도 없어요. 우리는, 자기가 믿고 싶은 하나님의 한 성품만을 붙잡고 나름대로 살고 있지는 않은지요? 오늘 우리가 정말로 알고 믿어야 할 하나님은 어떤 분입니까?

　첫째, 우리와 특별한 사이이신 하나님(1-8)

　1절을 봅시다. "여호와께서 마므레의 상수리나무들이 있는 곳에서 아브라함에게 나타나시니라 날이 뜨거울 때에 그가 장막 문에 앉아 있다가." 여호와께서 가장 더운 한낮에 아브라함에게 직접 찾아오십니다. 아브라함은 세 사람이 자기 가까이 서 있는 것을 보고 달려 나와 땅에 엎드려 그들을 맞이합니다(2). 그리고 청합니다. "우리 집에 가서 쉬세요. 식사도 하시고요. 몸과 마음을 상쾌하게 한 후에 가세요. 여기까지 오셨는데."(3-4).

　그들은 아브라함의 초청을 받아들입니다. 그러자 아브라함은 급히 장막으로 달려가 사라에게 말합니다. "빨리 식사 준비를 할래요." 그리고 짐승

들이 있는 곳으로 달려가 아주 좋은 송아지 한 마리를 끌어다가 종에게
줍니다. 종은 즉시 송아지 요리를 합니다. 아브라함은 그들에게 송아지 요
리와 버터와 우유를 대접합니다. 그들이 먹는 동안 불편함이 없도록 섬깁
니다(5-8).

그는 왜 이렇게 마법에 걸린 사람처럼 섬깁니까? 노숙자에게 아픈 마음
이 든 것처럼 그런 마음 때문일까요? 먹고살 만해져서 삶의 여유를 부려
본 것일까요? 이런 점도 있을 겁니다. 하지만 좀 다른 의미는 없을까요?
당시에는 누군가와 밥을 함께 먹으면 그들 사이가 매우 특별하다는 것을
보여주었어요. 특별한 사이에서 특별한 계약이 맺어졌고요.

지난주에 우리 대통령과 미국 대통령이 백악관에서 함께 점심을 드셨어
요. 어떤 동역자는 "미국 대통령이 우리 대통령을 파격적으로 대우를 해
준 것이다."라고 해요. 안방에서 밥을 함께 먹음으로써 두 사람 사이는 아
주 특별하다는 것을 국제무대에 알린 거래요. 밥을 함께 먹는 것에 이렇게
깊은 뜻이 있어요. 그러므로 아브라함과 하나님도 매우 특별한 관계라는
사실을 보여줍니다. 밥을 드시면서 뭔가 새로운 계약을 맺으신다는 의도
도 보이고요.

이런 모습은 예수님에게도 나타납니다. 당시 세무 공무원은 몸을 파는
여인들과 같은 물에서 놀았어요. 점잖은 사람은 세무 공무원과 밥을 먹지
않았어요. 세무서장인 삭개오는 예수님을 알고 싶었어요. 보고 싶었습니
다. 예수님께서 그를 만나주십니다. 그리고 그의 안방에서 함께 식사하십
니다. 사람들은 수군거립니다. "어떻게 죄인과 함께 밥을 먹니?" 그러나
예수님은 그를 축복하십니다. "오늘 구원이 이 집에 이르렀다"(눅
19:1-9). 예수님은 지금도 죄인들에게 찾아오시고 함께 밥을 먹기를 원
하십니다. 만일 누구든지 주님의 음성을 듣고 문을 열면, 주님은 그에게로
들어가 그와 함께 먹고, 그도 주님과 함께 먹게 됩니다(계 3:20).

오늘 우리에게 주님은 어떻게 문을 두드리십니까? 삶의 현장에서 성경 선생을 통해서 두드립니다. 목자를 통해서 두드립니다. 그때 어떻게 해야 합니까? 적극적으로 영접해야 합니다. 물론 처음부터 주님임을 알고 영접하는 경우는 많지 않아요. 처음에는 그냥 마음의 문을 열었다가 나중에 주님을 인격적으로 만납니다. 주님과 아주 특별한 관계를 맺게 됩니다. 이 특별한 관계를 공식적으로 표현하는 자리가 성만찬입니다.

예수님께서는 우리 죄를 위해서 십자가에서 죽으시고 죽은 자 가운데서 사흘 만에 다시 살아나셨습니다. 이를 위해서 살이 찢기시고 피를 흘리셨습니다. 예수님은 이 사실을 기념하기를 원하십니다(눅 22:19). 교회는 예수님의 살과 피를 기념하기 위해서 빵을 먹고 포도주를 마십니다.

요즘 빵과 포도주는 아무나 먹고 마십니다. 그러나 예수님의 살과 피를 기념하면서 먹고 마시는 사람은 예수님과 아주 특별한 관계가 됩니다. 예수님께서는 우리를 하나님의 아들딸들로 삼아주시는 특별한 축복을 주십니다. 성만찬은 의식이기 전에 먼저 내 마음에서부터 시작합니다. 즉 예수님께서 나의 죄를 위해서 십자가에서 죽으시고 부활하셨음을 믿는 신앙고백으로부터 시작합니다. 이 신앙고백 위에 주님의 축복이 임합니다. 이 주님은 또 어떤 분이십니까?

둘째, 조건이 없어도 일하시는 하나님(9-15)

9절을 봅시다. "그들이 아브라함에게 이르되 네 아내 사라가 어디 있느냐 대답하되 장막에 있나이다." 그 동안은 주로 아브라함이 주연이었는데, 지난주부터는 사라가 주연으로 등장합니다. 사라는 어떤 점에서 주연입니까? 사라가 아들을 직접 낳습니다. 그것도 내년 이맘때 낳습니다. 사라가 장막 문에서 들었어요(10).

그러면 아브라함과 사라는 아이를 낳을 수 있는 무슨 조건이 있나요? 11절을 봅시다. "아브라함과 사라는 나이가 많아 늙었고 사라에게는 여성의 생리가 끊어졌는지라." 아브라함도 아브라함이지만 사라가 임신하기에는 너무 늙었습니다. 여성의 생리가 끊어졌습니다. 즉 임신할 수 있는 조건이라고는 아무것도 없습니다. 물론 지금까지도 사라는 임신하지 못했어요. 하지만 생리는 끊어지지 않았어요. 즉 인간 조건은 살아 있었어요. 가능성이 크지는 않았지만 그래도 있기는 했어요. 그래서 기대를 했어요. 하지만 이제는 그 가능성마저 사라졌습니다. 일말의 기대도 사라졌습니다.

그런 사라는 어떻게 반응합니까? 12절입니다. "사라가 속으로 웃고 이르되 내가 노쇠하였고 내 주인도 늙었으니 내게 무슨 즐거움이 있으리요." 사라는 자기를 잘 압니다. 현실을 모르고 무조건 덤비는 그런 아줌마와는 '노는 물'이 다릅니다. 사라는 이제 너무 늙어서 자식의 즐거움을 가질 수 없습니다. 여호와의 약속은 불가능해 보입니다. 그런 사라에게 "하나님께서 아이를 주시도록 기도할게요."라고 말한다면, 과거에는 "그래. 기도해 주세요."라고 대답했어요. 하지만 이제는 웃고 맙니다. 비록 그 말을 하나님께서 하실지라도 웃고 맙니다. 왜냐하면 그녀에게는 어떤 가능성도 없기 때문입니다. 그녀의 웃음은 체념에서 나온 겁니다. 깊은 실망에서 나온 겁니다.

그러나 여호와께서는 무엇이라고 말씀하십니까? 13절을 보십시오. "여호와께서 아브라함에게 이르시되 사라가 왜 웃으며 이르기를 내가 늙었거늘 어떻게 아들을 낳으리요 하느냐." 여호와께서는 사라의 웃음과 말에 태클을 거십니다. 그런 말을 해서도 안 되고, 그렇게 웃어서도 안 됩니다. 왜죠? 14절을 읽읍시다. "여호와께 능하지 못한 일이 있겠느냐 기한이 이를 때에 내가 네게로 돌아오리니 사라에게 아들이 있으리라." '여호와께 능하지 못한 일이 있습니까?' 여호와께는 할 수 없는 일이 없습니다. 그분께는 어려운 일이란 없습니다. 불가능한 일도 없습니다. 모든 일이 다 평범합니다. 여호와는 전능하신 하나님이시기 때문입니다.

이 사실을 안 사라의 반응이 어떻게 변합니까? 그녀는 두려워서 부인합니다. "안 웃었어요." 그녀는 웃음을 취소합니다. 그러나 주님은 사라의 취소를 받아주지 않습니다. "네가 웃었느니라"(15). 사라는 이삭이 태어날 때까지 웃음을 기억해야 합니다. 웃음을 기억하는 것은 자신의 믿음 없음을 잊지 않는 겁니다. 동시에 여호와께서 하지 못할 일이 없음을 마음속에 간직하는 겁니다.

여호와께서는 왜 '하지 못할 일이 없다.'라는 사실을 기억하기를 원하십니까? 여호와가 누구신가를 알면, 여호와께서 하신 약속을 의심하지 않고 믿을 수 있기 때문입니다. 여호와의 약속에 대한 믿음은 여호와께 대한 믿음에서 옵니다. 여호와를 전능하신 분으로 믿지 못하면 그 약속도 믿지 못합니다. 그러나 여호와를 전능하신 분으로 믿으면 그분이 하신 어떤 약속도 다 믿을 수 있습니다. 그러므로 여호와께 대한 믿음이 중요합니다. 사라는 하나님을 어떤 분으로 믿고 있나요? 사라는 자기 분량대로만 하나님을 믿고 있어요. '생리가 끊어지면 하나님도 어떻게 하실 수 없다.' 이것이 사라의 믿음입니다. 사라가 믿는 하나님입니다.

그러나 하나님은 어떤 분이십니까? 하나님은 생리를 뛰어넘어서 일하시는 분입니다. 인간의 한계 상황을 뛰어넘어서 일하시는 분입니다. 우주를 창조하시고, 홍수로 그것들을 멸하시며, 바벨에서 언어를 혼잡하게 하신 여호와께서 사라에게 아들을 낳게 하는 것은 불가능한 일이 아닙니다. 여호와께 불가능이란 없기 때문입니다.

이 여호와 앞에서 우리는 어떻게 해야 합니까? 첫째로, 믿음으로 체질이 바뀌고 믿음의 사람이 된다는 사실을 믿어야 합니다. 어떤 사람은 말해요. "난 죄가 너무 커서 예수님 믿기 어려워요." "난 목자 체질이 아니어서…" 예수님을 믿고 목자가 되려면 최소한의 조건이 있어야 한다는 겁니다. 그러나 우리 중 대부분은 '체질'이 아니었어요. 그러므로 '체질'이 필요한 것이 아니라 믿음이 필요합니다.

최근 드라마들이 '못난 남자'를 내세워 인기를 끌고 있어요. '바보 온달과 평강공주'의 '콘셉트(concept)'가 먹히고 있어요. 돈 많은 집안에서 부족함을 모르고 커 남에게 고개 숙일 줄 모르는 '밥맛없는' 부잣집 아들이, 가난하지만 밝은 여성을 만나 조금씩 변합니다. 번듯하지만 '마냥 착해빠진' 4형제가 여성을 만나면서 타인과 어울리는 법을 익혀가고요. 인간성좋고, 능력도 있지만 사회성이 부족한 남편을 내조하는 이야기가 떴고요. 혼자 가정을 책임지던 전통적인 남성상이 무너지고 있어요. 반면 여성은단지 차별을 깨고 주체성을 발현하는 데서 벗어나 남자들의 사회 부적응과 좌절을 적극적으로 해결해 주는 '목자'의 역할을 하고 있어요. 결국 남자는 '목자 같은' 여자를 만나야 한다는 겁니다.

그러면 여자는 태어날 때부터 남편을 돕고 키우는 '목자 체질'인가요? 처녀 마리아가 '목자 체질'이었나요? 그녀가 예수님을 낳는다는 소식을 들었을 때 얼마나 놀랐습니까? "전 임신할 수 없어요. 아직 남자를 몰라요." 그녀는 사라보다 더 어려운 상황입니다. 그러나 천사는 믿음을 심습니다. "대저 하나님의 모든 말씀은 능하지 못하심이 없느니라"(눅 1:37). 그녀가이 말씀을 믿으니 '체질'이 바뀌고, 믿음의 어머니가 되었습니다. 오늘의형제들에게 이런 믿음의 자매들이 필요합니다. 그런데 믿음의 자매를 만나려면 먼저 믿음의 형제가 되어야 합니다. 믿음의 형제만이 믿음의 자매를 만날 수 있습니다.

둘째로, 내 인생 문제도 주님께서 해결해 주심을 믿어야 합니다. 최근다시 이념논쟁이 치열해졌어요. 소위 보수파는 "진보가 악이다."라고 말하고, 진보파는 "보수가 악이다."라고 핏대를 냅니다. 이런 말 하는 사람 중에는 보수와 진보에 대한 정확한 이해도 못 하는 경우가 많아요. 그러나이런 '고래 싸움에 새우 등이 터지는' 서민들이 있습니다.

우리 축구가 7회 연속 월드컵에 진출했다며 축제 분위기입니다. 하지만 기말시험을 잘 보지 못하고, 삶의 현장에서 부딪히는 크고 작은 일들 때문에 마음이 우울할 수 있어요. 빗길 교통사고로 몇 명의 사상자가 났느냐보다는 내 몸이 피곤한 것이 더 절박합니다. 모든 사람은 이렇게 나름의 문제를 안고 살아갑니다. 이 문제를 어디에서 해결 받을 수 있나요? 여호와께 소망이 있습니다. 여호와께서는 할 수 없는 일이 없으십니다. 그러므로 우리는 내 문제를 여호와께 들고 나가야 하고, 한계적인 생각을 해서는 안 됩니다. 그러면 주님께서 이 나라와 내 인생 문제를 해결해 주십니다.

똑똑하고 야무진 아들이 귀신에게 농락당하고 있었어요. 그 아빠는 예수님의 제자들에게 도움을 청하지만, 손을 쓰지 못해요. 그때 예수님을 만났는데, 귀신은 최후 발악을 해요. 아빠는 아이의 절망적인 상황을 보고는 맥없이 말합니다. "무엇을 하실 수 있거든 우리를 불쌍히 여기사 도와주세요." 아빠는 예수님께 도움을 청하지만 기대를 하지 않습니다. 상황이 너무나 어렵기 때문입니다. 아무리 주님일지라도 이런 상황에서는 할 수 없다고 생각했어요. 그러나 주님께서는 무엇이라고 말씀하십니까? "'할 수 있거든'이 무슨 말이냐? 믿는 자에게는 능히 하지 못할 일이 없느니라." 예수님은 상황을 뛰어넘어 일하십니다. 문제는 우리의 믿음입니다. 우리가 믿음이 있으면 상황을 뛰어넘어 일하시는 주님을 만납니다. 그러므로 우리는 이렇게 기도해야 합니다. "내가 믿나이다. 나의 믿음 없는 것을 도와주세요"(막 9:24-25).

셋째로, 우리를 캠퍼스의 성경 선생이요 목자로 쓰심을 믿어야 합니다. 우리 중 대부분은 대학을 졸업한 지가 꽤 되었어요. 대학생들과 대화를 나누다 보면 '코드(code)' 불일치 현상을 느끼기도 해요. '너무 늙었다.'라는 생각이 들어요. 그러나 여호와께는 할 수 없는 일이 없습니다. 이 여호와 앞에서 볼 때 나이는 숫자에 불과합니다. 우리의 인간 조건이 문제가 아니라 믿음이 문제입니다.

엘리사가 목자로 섬길 때 한 귀부인이 있었어요. 그녀는 주의 종들을 섬기는 것을 사명으로 여겼어요. 엘리사를 섬기기 위해서 자기 집을 '구조 변경'까지 했어요. 이렇게 헌신적인 그녀에게 아들이 없습니다. 남편은 너무 늙었어요. 엘리사는 그녀에게 아들이 생기도록 축복합니다. 그러나 여인의 반응은 냉정합니다. "내 주 하나님의 사람이여, 당신의 계집종을 속이지 마십시오." 그녀는 지금 생활에 만족하며 살다가 죽겠다는 겁니다. 그토록 헌신적이던 그녀의 말치고는 매우 냉정합니다. 그러나 하나님께서는 그녀에게 아들을 선물하십니다. 그런데 잘 자라던 아들이 갑자기 죽습니다. 엄마는 엘리사를 찾아가서 데모합니다. "내가 언제 아들 달라고 했나요. 거짓말하지 말라고 했지요. 이렇게 허망하게 죽일 아들 왜 주었어요? 아들을 살려내지 않으면 한 발짝도 움직이지 않겠어요." 엘리사가 여호와께 기도합니다. 죽은 아이가 다시 살아납니다. 엄마는 아들을 품에 안습니다(왕하 4:8-37).

이 사건을 통해서 여호와께서 여인에게 원하시는 바가 무엇입니까? 믿음입니다. 열심히 섬기는 것도 좋지만 실제적인 믿음으로 살라는 겁니다. 이 땅의 많은 대학인이 영화 속 '슈퍼맨(superman)'과 같은 부족인 '엄친아', '엄친딸' 앞에서 주눅 들고 스트레스를 받고 있어요. 그도 그럴 것이 '엄마 친구 아들딸들'은 완벽한 영어 실력에 운동도 잘하고 예의 바르며 다들 일류 대학에 다닙니다. 심지어 졸업 후에는 좋은 직장에 결혼까지 번듯하게 잘합니다. 여기에 '부친남'이란 말도 등장했어요. 돈 많이 벌어오고 아내에게 자상하고 얼굴까지 잘생긴 '부인 친구 남편'을 말해요.

그런데 실제로 이런 사람을 만난 적이 있나요? 별로 없어요. 그런데도 이런 상상의 인물 때문에 많은 사람이 마음의 상처를 받습니다. 다만 우리도 엄마 친구 집에서는 '엄친아' '엄친딸', 그리고 '부친남'으로 불릴 수 있다는 기대 때문에 위로를 조금 얻기도 해요. 하지만 우리가 믿음의 세계에서 '엄친아' '엄친딸'이 될 수는 없을까요? 인간적으로 생각하면 웃고 넘길 일에 불과합니다.

그러나 "여호와께 할 수 없는 일이 있느냐?"고 말씀하신 그 앞에 서면 달라집니다. 여호와께서는 우리가 의심이 아니라 믿음으로 응답하기를 원하십니다. 우리가 그분이 행하시겠다고 말씀하신 것을 온전히 믿는다면, 우리의 삶이 달라질 겁니다. 우리의 교회와 캠퍼스가 달라질 겁니다.

제18강
내 기도의 힘

◇ 본문 창세기 18:16-19:38
◇ 요절 창세기 19:29
◇ 찬송 368장, 523장

　제가 요즘 가장 많이 듣고 하는 말이 뭔지 아세요? 기도입니다. 왜냐하면 믿음으로 살면서 가장 소중한 일이 기도라는 사실을 깨닫기 때문입니다. 무엇을 위해서 기도합니까? 물론 우리 자신을 위해서 기도합니다. 하지만 다른 사람을 위해서도 참 많이 기도합니다. 그 근거는 무엇일까요?

　여호와께서는 아브라함과 함께 점심을 잘 드신 후 소돔으로 향하십니다. 아브라함이 배웅하자(18:16), 여호와께서 말씀하십니다. "내가 지금 하려는 일을 어떻게 너에게 숨기겠니"(17)? 여호와께서는 아브라함을 당신의 비밀에 참여하는 동역자로 인정하십니다.

　여호와께서 하려는 일은 무엇일까요? 먼저, 아브라함 자신에 관한 겁니다. 아브라함이 강대한 나라가 되고 천하 만민이 그로 말미암아 복을 받게 됩니다(18). 이렇게 아브라함을 복으로 택하신 목적은 뭔가요? 그가 자기 자녀들을 가르쳐 여호와의 길을 잘 따르게 하기 위함입니다(19). 아브라함이 후손을 잘 가르치면, 그들은 여호와를 경외하는 공동체가 됩니다. 하나님은 아브라함으로 시작된 믿음의 사역이 그 후손에게로 계승되기를 원하십니다. 계승 사역은 가르침을 통하여 이루어집니다.

왜 우리는 캠퍼스 양에게 말씀을 가르칩니까? 왜 우리는 자녀에게도 말씀을 가르칩니까? 우리만 말씀대로 사는 것으로 끝나서는 안 되기 때문입니다. 하나님께서는 말씀 공동체가 후손에게 계승되기를 원하십니다.

여호와께서 하시려는 두 번째 일은 무엇입니까? 소돔과 고모라의 죄악에 대해서 알아보고자 하십니다(20-21). 그들의 죄악이 너무나 커서 심판에 이르렀기 때문입니다. 그래도 다시 현장에 가서 좀 더 자세히 알아보고자 하십니다. 그 일을 천사들에게 맡깁니다(22).

그때 아브라함은 무엇을 합니까? 23절입니다. "아브라함이 가까이 나아가 이르되 주께서 의인을 악인과 함께 멸하려 하시나이까?" 아브라함이 생각할 때 의인은 악인과 함께 심판받아서는 안 됩니다. 여호와의 말씀대로 사는 의인과 자기감정대로 사는 악인이 똑같이 취급받아서는 안 됩니다. 만일 그렇게 되면 여호와의 공의가 서지 못합니다(25). 그런 그는 의인의 구원을 위해서 기도합니다. "그 성 중에 의인 오십 명이 있을지라도 주께서 그곳을 멸하시고 그 오십 의인을 위하여 용서하지 아니하시리이까"(24)?

여호와의 대답은 무엇입니까? "의인 오십 명을 찾으면 그들을 위하여 온 지역을 용서하리라"(26). 그러나 아브라함은 먼지나 재에 지나지 않지만, 감히 주님께 기도합니다. "만약 저 성안에 의인이 사십오 명밖에 없다면 어떻게 하시겠습니까? 다섯 명이 부족하다고 해서, 저 성 전체를 멸망시킬 건가요?" 주님이 대답하십니다. "성을 멸망시키지 않을 것이다." 아브라함이 또 말합니다. "주여, 노하지 마시고 제가 드리는 말씀을 들어주십시오. 만약 저 성안에 의인이 삼십 명밖에 없다면, 어떻게 하시겠습니까?" "멸망시키지 않을 것이다." 아브라함이 감히 주님께 또 말합니다. "만약 이십 명 있다면, 어떻게 하시겠습니까?" "멸망시키지 않을 것이다." 아브라함이 마지막으로 여호와께 한 번만 더 말씀드립니다. "만약 열 명이 있으면, 어떻게 하시겠습니까?" "멸망시키지 않을 것이다"(27-33). 아브라함은 더는 기도하지 않습니다.

왜 열 명에서 그쳤을까요? 롯과 그 가족을 생각했을 겁니다. 최소한 롯의 가족은 의인으로 살고 있을 것으로 기대한 겁니다. 그렇다고 해서 열 명 자체가 중요한 것은 아닙니다. 의인이 단 한 명일지라도 구원해 달라는 간절함이 나타나 있기 때문입니다.

우리는 여기서 무엇을 배웁니까? 첫째로, 아브라함의 목자의 마음입니다. 그가 롯을 생각하고 이렇게까지 기도했다면, 그는 정말 좋은 목자입니다. 그의 마음에는 '한 번 양은 영원한 양이다.'라는 생각이 뿌리내리고 있습니다. 다시 말하면 '한 번 목자는 영원한 목자다.'라는 겁니다. 양이 자기 곁을 떠나 눈에 보이지 않을지라도, 양이 제대로 신앙생활을 하지 않을지라도, 그 영혼을 위해서 기도합니다. 우리는 봄학기에 양들을 많이 만났어요. 그런데 지금은 많이 떠났어요. 눈에 보이지 않아요. 눈에서 멀어지면 마음에서도 멀어지기 쉽습니다. 그러나 좋은 목자는 눈에서 멀어진다고 해서 마음에서까지 멀어지지는 않습니다. 그들을 위해서 기도합니다.

둘째로, 여호와의 목자의 마음입니다. 여호와께서는 아브라함의 목자 마음을 다 받아주십니다. 여섯 번의 기도를 한 번도 거절하지 않고 다 받아주십니다. 아브라함이 그렇게 기도할 수 있었던 것은 참 목자이신 여호와의 마음을 알았기 때문입니다. 우리는 간혹 양과 세상, 혹은 가족을 위해서 기도하기 싫을 때가 있어요. 여호와께서 안 들으실 것 같기 때문입니다. 그러나 여호와께서는 우리가 아무리 적은 수를 놓고 기도할지라도, 아무리 여러 번 기도할지라도 다 들으십니다. 여호와께서는 의인 한 사람을 천하보다 귀하게 여기십니다.

그런데 아브라함이 그토록 기도한 소돔의 모습은 어떠합니까? 두 천사

161

들은 밤에 소돔에 도착했어요. 마침 롯이 성문에 앉아 있다가 그들을 보고 일어나 영접합니다. 집으로 초청하지만 사양해요. 그래도 계속 청하자 저녁을 먹고 잠자리에 듭니다. 그때 성 사람들이 몰려와 집을 에워싸고 소리 칩니다(19:1-4). "오늘 밤에 네게 온 사람들이 어디 있느냐? 이끌어내라. 우리가 그들을 상관하리라"(5). 이런 말입니다. "우리가 그들과 재미 좀 보게 끌어내라." 그들은 집단 겁탈을 하겠다는 겁니다. 롯은 호소합니다. "형제들이여, 이런 악을 행하지 말라. 내가 결혼하지 않은 두 딸을 줄 터이니 좋을 대로 하고, 대신 이 사람들에게는 아무 일도 하지 마시오. 그들은 내 집에 온 손님이오"(7-8).

그러나 유감스럽게도 롯의 제안은 받아들여지지 않습니다. 사람들의 언어적 공격은 육체적 공격으로 돌변합니다. 롯을 밀치며 가까이 가서 문을 부수려고 합니다. 이것이 소돔 사람의 죄악의 현주소입니다. 그때 천사들이 손을 써서 문 밖에 서 있는 사람들의 눈을 어둡게 합니다(9-11).

천사들은 어떤 결론을 내립니까? 13절입니다. "그들에 대한 부르짖음이 여호와 앞에 크므로 여호와께서 이곳을 멸하시려고 우리를 보내셨나니 우리가 멸하리라." 소돔은 변명의 여지가 없습니다. 심판받아 마땅합니다.

그러면 심판의 땅에 사는 롯은 어떻게 됩니까? 14절을 읽읍시다. "롯이 나가서 그 딸들과 결혼할 사위들에게 말하여 이르기를 여호와께서 이 성을 멸하실 터이니 너희는 일어나 이곳에서 떠나라 하되 그의 사위들은 농담으로 여겼더라." 롯은 심판의 메시지를 영접합니다. 이 소식을 사위들에게 전합니다. 하지만 그들은 심판의 메시지를 농담으로 여깁니다.

어떻게 이럴 수 있을까요? 롯은 사위들 때문에 마음이 무겁습니다. 발걸음이 떨어지지 않습니다. 천사들은 이튿날 새벽이 되자 롯을 재촉합니다. 롯은 머뭇거립니다. 천사는 롯과 그의 아내와 두 딸의 손을 잡아끌고 성 밖 안전한 곳으로 데리고 나갑니다. 그러나 천사들조차도 농담으로 여긴 사위

들은 어찌하지 못합니다. 손을 잡아끌 때 따라와 줘야 끌 수 있어요. 여호
와께서는 그런 자에게 자비를 더하십니다(15-16). 하나님은 공의로우시
면서 동시에 자비로우신 분입니다. 구원은 스스로 얻지 못합니다. 누군가
가 손을 잡고 끌어줘야 합니다. 그리고 끌 때 따라와 줘야 합니다.

요즘 스스로 교회에 오는 사람이 있을까요? 스스로 찾아와서 성경 공부
하는 사람이 있나요? 물론 없지는 않을 거예요. 하지만 대부분 하나님께서
자비를 베푸셔서 그 손을 잡아 끌어주셔야만 해요. 오늘 우리가 구원받은
것은 바로 여호와의 자비하심 때문입니다. 자비하신 여호와께서 이제는
우리를 통해서 캠퍼스 학우들의 손을 잡아끄는 데 사용하십니다. 그리고
우리의 가족을 잡아끄는 데 사용하십니다.

그런데 롯은 그 순간 무엇을 합니까? 아브라함처럼 누군가를 위해서 기
도합니까? 그는 먼 산까지 갈 수 없으니 가까운 산으로 가도록 허락해 달
라고 간청합니다. 그는 자신의 약함과 편의를 주장합니다. 그러나 여호와
께서는 어린아이 같은 그의 기도에 응답하십니다. 롯이 그 성에 들어갈 때
해가 돋습니다(17-23). 롯에게 구원의 새날이 밝아옵니다.

그러면 소돔은 어떻게 됩니까? 여호와께서는 소돔과 고모라에 유황과
불을 비같이 내리십니다. 그리하여 다 엎어 멸하십니다(24-25). 그때 롯
의 아내는 뒤를 돌아봅니다. 미련 때문에 미련하게 고개를 돌리고 맙니다.
그녀는 소금 기둥이 됩니다(26). 그녀는 마지막 순간에 불순종함으로써
구원을 잃고 맙니다. 끝까지 순종하는 자가 완전한 구원에 이릅니다.

이런 일들이 일어나고 있을 때 아브라함은 무엇을 합니까? 27-28절을
봅시다. "아브라함이 그 아침에 일찍이 일어나 여호와 앞에 서 있던 곳에
이르러, 소돔과 고모라와 그 온 지역을 향하여 눈을 들어 연기가 옹기 가
마의 연기같이 치솟음을 보았더라." 아브라함이 기도했던 의인 열 명이 없
어서 소돔은 불타고 맙니다. 그러나 그런 중에도 감사하게 롯은 구원을 받

았습니다.

그는 어떻게 구원받은 겁니까? 29절을 읽읍시다. "하나님이 그 지역의 성을 멸하실 때 곧 롯이 거주하는 성을 엎으실 때에 하나님이 아브라함을 생각하사 롯을 그 엎으시는 중에서 내보내셨더라." 하나님께서 롯을 생각한 것이 아니라 아브라함을 생각하십니다. 즉 아브라함의 기도를 기억하십니다. 아브라함의 기도를 기억하신 여호와께서 롯을 심판에서 구원하십니다. 롯이 구원받은 것은 자신의 의로움 때문이라기보다는 아브라함의 기도 때문입니다. 사도 베드로는 롯을 의인이라고 부르는데(벧후 2:6), 그것은 그의 행위에 기초한 것이 아닙니다. 아브라함의 기도로 구원을 받은 결과에 기초한 겁니다. 롯의 구원은 순전히 아브라함의 기도 덕분입니다. 이렇게 다른 사람을 위해서 하는 기도를 '중보(仲保, intercessory prayer)'라고 불러요. 예를 들면 우리나라를 위한 기도, 또는 다른 사람을 위한 기도를 말해요.

이런 중보의 모습을 어디에서 또 볼 수 있나요? 이스라엘은 애굽에서 400년 동안 고통당하고 있었어요. 그 고통이 주님께 들립니다. 그때 주님께서는 아브라함과 이삭과 야곱에게 하신 약속을 기억하십니다. 그리고 그들을 구원하십니다(출 2:24-25). 이스라엘이 광야에서 생활할 때 목자 모세가 산에서 내려오는 것이 늦어지자 그들은 해서는 안 될 짓을 해요. 금송아지 우상을 만들고 하나님이라고 소리칩니다. 이를 본 여호와께서 몹시 화를 내십니다. 그들을 모두 멸망하려고 하십니다.

그때 모세는 기도합니다. "주님, 어찌하여 그 큰 권능과 강한 손으로 애굽 땅에서 인도하여 내신 주의 백성에게 진노하십니까? 주의 종 아브라함과 이삭과 이스라엘을 기억하소서!" 그러자 여호와께서 마음을 돌리십니다(출 32:1-14). 이런 모습은 예수님을 통해서 아주 분명하게 나타납니다. 예수님은 십자가에서 강도를 위해서 기도하십니다. 그 강도는 예수님의 기도 덕분에 낙원에 이릅니다(눅 23:42-43). 오늘 우리가 구원받은 것은 바로 예수님의 중보 때문입니다. 예수님의 중보로 우리는 최후 심판에서도 구원받습니다.

그러므로 우리는 어떻게 살아야 합니까?

첫째로, 나라와 지도자를 위해서 기도해야 합니다(딤전 2:2).

정부가 '4대강 살리기 사업'을 알리려고 홍보영상물 "대한늬우스"를 만들어서 극장에서 상영한다는군요. 그것 자체뿐만 아니라 그 내용까지 도마에 올랐어요. '개그콘서트'의 한 꼭지인 '대화가 필요해'를 패러디했어요. "나라에서 전반적으로 물 관리를 한다 카데예."라는 아들의 말에 아버지가 "진작에 했어야지"라고 맞장구를 치며, 식탁에 마주 앉은 아내를 향해 "집안 물도 이렇게 엉망인데..."라고 노골적으로 면박을 줍니다. "집안물도 엉망인데"라는 말이 여성 비하적 표현이라는 거지요. 정부는 나름으로 열심히 하려고 하지만 자꾸 꼬입니다. 우리는 이런 정부를 향해 비판도해야 하지만 기도를 더욱 많이 해야 합니다. 주님께서 우리를 생각하셔서이 나라를 구원하시고, 제사장 나라로 써 주시기를 바랍니다.

둘째로, 가정 복음화를 위해서 기도해야 합니다.

성 어거스틴(St. Augustin, 354-430)의 어머니 성 모니카(St. Monica, 322-387)하면 무엇이 생각납니까? 중보의 모습이지요. 그녀는 믿음이 좋은 부모 밑에서 곱게 자랐는데, 믿음이 없는 남편을 만납니다. 남편은 난폭하고 걷잡을 수 없는 한량입니다. 처음에는 그래도 젊은 아내를 사랑했는데, 갈수록 태산입니다. 게다가 시어머니마저 까칠하기 그지없고요. 모니카는 이 험한 세월을 오직 기도로 버팁니다. 그런데 시어머니가 며느리의 삶에 은혜를 받고 변화되어 주님을 영접합니다. 남편도 아내를 존경하며 회개합니다. 그러나 아직도 모니카의 마음은 무겁습니다. 큰아들 어거스틴이 '탕자'이기 때문입니다. 그런 모니카에게 암브로시오

(Ambrosius, 340-397)가 했던 말은 '어록'으로 전해지고 있어요. "어머니가 많은 눈물을 흘리면서 기도한 자녀는 잘못되는 법이 없습니다." 어머니의 많은 눈물의 기도는 탕자를 성자로 변화시킵니다.

셋째로, 병든 자를 위해서 기도해야 합니다.

국내에서 처음으로 법원의 판결로 '존엄사'를 시행한 김 할머니가 인공호흡기 없이도 생명을 이어가고 있어요. 누구도 예상치 못한 일입니다. 많은 사람은 의학을 예측할 수 있고 자로 잴 수 있는 정확한 학문이라고 생각해요. 그러나 아쉽게도 그런 기대에 못 미치는 게 오늘의 의학입니다.

우리가 알지 못하는 몸의 신비함이 얼마나 큽니까? 그리고 그 신비함은 사람마다 다 달라요. 누가 우리의 질병과 생명을 주관합니까? 우리의 하나님 여호와이십니다. 우리 주위를 보면 아픈 사람이 참 많아요. 야고보는 말씀합니다. "그러므로 너희 죄를 서로 고백하며 병이 낫기를 위하여 서로 기도하라. 의인의 간구는 역사하는 힘이 큼이니라"(약 5:16). 아픈 사람은 의술의 도움과 더불어 기도의 도움이 필요합니다. 한 동역자가 허리 디스크로 고생하고 있는데, 튼튼해지도록 기도합니다.

넷째로, 캠퍼스 양을 위해서 기도해야 합니다.

세계 대중문화의 '아이콘'으로 불린 '팝의 황제' 잭슨(Michael Jackson)이 갔습니다. 그는 "사람들이 주머니에 돈을 너무 많이 넣어줘 바지가 흘러내릴 지경이었다."라고 회상했어요. 하지만 그는 어린 시절 아버지의 학대를 경험했는데, 아버지를 닮아가는 게 싫어서 얼굴에 손을 대기 시작했어요. 겉의 화려함 속에 감춰져 있는 깊은 슬픔, 이런 모습이 바로 현대인의 모습입니다. 이들에게 정말 필요한 것이 구원입니다. 이런 말이 있어요. "나는 너의 에너지이다(I am your energy)." 목자는 양이 구원받을 수 있는 에너지입니다. 여름방학에는 컴퓨터 화상을 통해서라도 기도 사역이 계속되기를 원합니다. 주님께서 우리를 생각하셔서 양들을 구원하실 줄 믿습니다.

이 모든 기도는 어디서부터 시작됩니까? 주님께서 내 기도를 생각하셔서 다른 사람을 구원하신다는 믿음에서부터 시작됩니다. 즉 내 기도의 힘을 믿는 믿음에서부터 시작됩니다. 하나님께서는 목자의 기도를 생각하사 양을 구원하십니다. 교회가 부르짖으면 캠퍼스와 나라를 새롭게 하십니다. 부모가 부르짖으면 자녀를 변화시킵니다. 기도는 구원을 위해서 사용하시는 가장 강력한 도구입니다. 그러므로 누군가가 나를 위해서 기도하고, 내가 누군가를 위해서 기도하는 모습이야말로 가장 아름다운 삶의 순간입니다!

제19강
약속의 성취

◇ 본문 창세기 20:1-21:21
◇ 요절 창세기 21:2
◇ 찬송 393장, 543장

　어떤 동역자는 '좋은 아빠 라인'에 속해요. 그는 가능하면 두 아들이 원하는 것을 다 들어주려고 해요. 맛있는 것도 사주고 시간을 내서 함께 자전거도 탑니다. 그렇지만 그들의 요구를 다 들어주지는 못해요. 그래서 "다음에 해 줄게"라는 말을 해요. 그러면 착한 아들은 그 약속을 대부분 잘 믿는데 어떤 때는 믿지 않아요. 그때 아빠의 마음이 어떨까요? 속이 상합니다. 심하면 화가 날 수도 있어요. 사랑하는 아빠의 약속을 믿지 않기 때문입니다. 그러면 우리는 하나님 아버지의 약속 앞에서 어떻게 합니까?

　아브라함이 어느 날 남쪽으로 가서는 아내를 누이라고 말합니다. 그러자 그곳 왕 아비멜렉이 사라와 결혼하려고 해요(20:1-2). 사라가 다른 남자의 품에 안기면 무슨 일이 벌어집니까? 부부 사이가 깨집니다. 더욱 심각한 일은 사라가 약속의 아들을 낳을 수 없다는 겁니다. 아비멜렉이 사라를 신부로 '찜'함으로써 하나님의 약속이 또 한 번의 위기를 맞습니다.

　그 위기상황이 어떻게 해결됩니까? 그 밤에 하나님께서 아비멜렉에게 나타나 경고합니다. "네가 데려온 그 여자 때문에 넌 죽는다. 그녀는 결혼한 여자다"(3). 다행히도 아비멜렉은 사라와 아직 손도 잡지 않았어요. 그는 하나님의 경고를 받고 다음 날 아침 아브라함을 불러 야단칩니다(4-10). "어떻게 상상할 수도 없는 짓을 한 거니?" 아브라함이 변명해요. "이곳 사람들이 하나님을 두려워하지 않으므로, 아내를 빼앗으려고 날 죽일 것이라고 생각했소. 실제로 내 누이기도 하고요"(11-13). 아브라함은 두려움 때문에 해서는 안 될 일을 한 겁니다. 두려움이 일을 꼬이게 하고, 여럿 다치게 합니다. 그 두려움을 극복할 수 있는 것은 오직 하나, 하나님의 인도하심과 보호하심을 믿는 것뿐입니다.

아비멜렉은 아브라함을 어떻게 대우합니까? 양떼와 소떼와 남종과 여종을 줍니다. 사라도 돌려보냅니다. 살 곳도 제공하고, 은 천 세겔까지 줍니다(14-16a). 이렇게까지 호의를 베푼 이유가 무엇입니까? 모든 사람 앞에서 사라가 깨끗하다는 사실을 공포한 겁니다(16b). 아비멜렉은 왕답게 '높아' 보입니다. 그러나 결정적으로 높임 받는 사람은 아브라함입니다. 하나님께서 사라의 일로 아비벨렉의 여인들이 임신하지 못하도록 긴급조치를 취하셨어요. 아브라함이 기도하자 그 조치가 풀립니다(17-18).

여기서 우리는 무엇을 배웁니까? 아브라함이 실수를 했으니 야단을 맞든지, 사회적으로 그 권위가 망가져야 할 것 같은데, 오히려 더 높아집니다. 택한 자의 연약함을 감싸주시는 하나님의 은총 때문입니다. 아브라함은 여호와께 대하여 신실하지 못했어요. 하지만 여호와는 신실하지 못한 그를 감싸시며 약속을 이루시는 신실하신 분이십니다.

하나님께서 어떻게 약속을 성취하십니까? 21:1을 읽읍시다. "여호와께서 말씀하신 대로 사라를 돌보셨고 여호와께서 말씀하신 대로 사라에게 행하셨으므로." 여호와께서 사라에게 하신 약속을 기억합니까? "내년 이맘때 내가 반드시 네게로 돌아오리니 네 아내 사라에게 아들이 있으리라"(18:10). 그러나 사라는 그 약속을 듣고 웃었어요. 그도 그럴 것이 그 약속이 이루어질 만한 어떤 조건도 없기 때문입니다. 그때 여호와께서는 더 강하게 말씀하십니다. "여호와께 능하지 못한 일이 있겠느냐 기한이 이를 때에 내가 네게로 돌아오리니 사라에게 아들이 있으리라"(18:14). 때가 되자 여호와께서는 말씀하신 대로 사라에게 다시 찾아오십니다. 여호와께서 말씀하신 그대로 사라에게 행하십니다.

무엇을 행하십니까? 2절도 읽읍시다. "사라가 임신하고 하나님이 말씀하신 시기가 되어 노년의 아브라함에게 아들을 낳으니." 하나님의 약속대로 사라가 임신했고, 하나님이 말씀하신 시기가 되어 아들을 낳았습니다. 마침내, 드디어, 믿음 생활 시작한 지 25년 만에 그토록 기다리던 아들이 태어났어요. 그런데 성경은, '아들이 태어났다.'라는 사실보다도 '여호와의 약속이 성취되었다.'라는 점을 더 강조합니다. '여호와께서 말씀하신 대로', '여호와께서 말씀하신 대로', '하나님이 말씀하신 시기가 되어.' 하나님께서는 말씀하시면 반드시 이루십니다. 사람은 의심할지라도, 사람이 연약하여 헤맬지라도, 여호와의 약속은 반드시 성취됩니다.

아브라함은 약속의 성취로 받은 아들에게 무엇을 합니까? 하나님의 말씀대로 그 이름을 이삭이라고 짓습니다. 하나님께서 말씀하신 대로 태어난 지 팔 일 만에 할례를 행합니다. 이삭이 태어났을 때 그의 나이는 백 살입니다(3-5).

무슨 뜻입니까? 인간적인 조건으로는 아이를 낳을 수 없다는 말입니다. 백 살 된 아브라함이 아이를 낳은 것은 순전히 하나님의 은혜 때문입니다. 하나님의 약속은 희망 없는 자를 통해서 이루어집니다. 왜냐하면 사람이 하나님의 약속을 성취하는 것이 아니라 전능하신 하나님께서 성취하시기 때문입니다.

이 사실을 체험한 사라의 고백이 어떠합니까? 6-7절을 봅시다. "사라가 이르되 하나님이 나를 웃게 하시니 듣는 자가 다 나와 함께 웃으리로

다, 또 이르되 사라가 자식들을 젖먹이겠다고 누가 아브라함에게 말하였으리요마는 아브라함의 노경에 내가 아들을 낳았도다 하니라." 사라는 약속의 성취 앞에서 웃습니다. 그녀가 약속을 처음 들었을 때는 믿지 못하여 웃었습니다. 그러나 이제 불신의 웃음은 기쁨의 웃음으로 바뀝니다. 그 소식을 듣는 자도 다 웃습니다. 하나님의 약속을 믿으면 최후에 웃습니다. 그 웃음의 비밀을 듣는 사람도 다 함께 웃습니다.

이 사실이 오늘 우리에게 주는 의미는 무엇일까요? 성경은 '구약(Old Testament)'과 '신약(New Testament)'으로 이루어졌어요. 우리 말 '약'은 '약속', '언약'이라는 말입니다. '약속'이라는 사전적 의미는 '다른 사람과 앞으로의 일을 어떻게 할 것인가를 미리 정하여 둠'입니다. 성경은 수많은 약속과 그 성취를 담고 있습니다. 그중 어떤 것들은 이미 이루어졌고, 어떤 것들은 이루어지고 있고, 이루어질 겁니다. 따라서 우리는 약속을 주신 하나님을 믿고, 그 약속을 믿습니다. '믿음으로 산다.'라는 말은 '약속을 믿고 그 약속이 성취될 것을 믿고 산다.'라는 말입니다. 만약에 우리가 하나님을 믿는 데도, 우리가 믿는 바와 같이 그분이 약속하신 대로 이루어지지 않는다면 신앙생활을 할 이유가 없습니다. 그러나 우리가 믿는 약속은 반드시 성취됩니다.

그러면 우리가 믿는 약속, 즉 하나님께서 우리에게 주신 약속은 무엇입니까? 첫째로, 구원에 대한 약속입니다. 하나님이신 예수님께서 사람의 몸을 입고 이 땅에 오셨어요. 우리 죄를 대신해서 십자가에서 죽으시고, 죽은 자 가운데서 사흘 만에 다시 살아나셨습니다. 누구든지 이 예수님을 믿으면 죄에서 구원을 얻습니다. 심판에서 생명으로 옮겨집니다. 이 약속은 오늘도 성취되고 있습니다.

둘째로, 사명에 대한 약속입니다. 하나님께서는, 우리에게 우리를 캠퍼스의 성경선생이요 목자로 쓰신다는 약속을 주셨다고 믿습니다. 비록 우리가 연약하여 이 사명을 제대로 감당하지 못할지라도 우리를 통하여 이 약속은 성취될 것입니다. 우리를 통하여 캠퍼스에 믿음의 계승자들을 세우실 것입니다.

셋째로, 재림에 대한 약속입니다. 우리의 삶이 영원하지 않듯이 이 세상도 영원하지 않습니다. 주님께서 다시 오시고, 세상은 구원과 심판을 경험하게 됩니다. 우리가 역사적으로 예수님의 죽으심과 부활에 대한 약속과 그 성취를 경험했듯이, 재림에 대한 약속의 성취도 체험할 것입니다.

그런데 우리의 실존은 어떠합니까? 이 대통령은 "임기 내에 대운하 건설을 하지 않겠다."라고 대국민 연설을 했어요. 하지만 많은 사람은 그 사실을 믿으려고 하지 않아요. 국회에서 약속과는 달리 '비정규직 법'을 제대로 처리하지 못함으로써 직장을 잃은 많은 사람이 거리로 나왔어요. 이런 상황에서 누가 말해도 믿지 않으려는 불신 풍조만 커지고 있어요. 의심받지 말아야 할 것들이 의심받기 시작하면 신뢰가 무너집니다. 더 안타까운 것은 믿지 말아야 할 것에 대해서는 잘도 믿는다는 겁니다. 점쟁이들이 하는 말이나, 인터넷에 떠돌아다니는 3류 소설 같은 내용을 여가 없이 받아들이는 사람이 많아요.

그러면서 하나님의 약속은 믿지 않고요. 심지어 믿음으로 산다는 사람조차도 '완전' 믿질 못해요. 자기들이 보기에 적절하다고 여겨지는 것들만 믿습니다. 아니면 약속만 믿지 않고 거기에 다른 것도 더하여 믿기도 합니다. 천국과 지옥을 그대로 믿는 사람이 얼마나 될까요? 그 천국과 지옥을 결정하는 절대적 기준이 예수님께 대한 믿음이라는 사실을 그대로 믿는 사람이 얼마나 될까요? 여기에 '안티 기독교' 세력의 공격도 약속을 믿지 못하게 하는 요인 중 하나입니다. 그들은 '온라인'과 '오프라인'을 넘나들며 교회에 융단폭격을 가하고 있어요.

이런 세상에서 우리는 어떻게 약속을 믿고 살 수 있을까요? '목계(木鷄,

나무 닭)'의 교훈을 생각하자는 제안이 눈길을 끕니다. "한 싸움닭 훈련관이 사나운 닭을 골라 혹독하게 훈련하여 '짱'으로 만듭니다. 그런데 그 닭은 마당 가운데 나무처럼 멀뚱하게 서 있기만 해요. 그가 설명해요. '언뜻 나무 닭처럼 보이지요. 저 닭은 다른 닭들이 소리를 지르고 덤벼들어도 미동도 하지 않아요. 상대가 아무리 거칠게 공격 자세를 취해도 반응이 없어요. 결국 공격하던 닭들이 제풀에 지쳐 슬그머니 물러갑니다. 싸움이 되질 않아요. 싸움하지 않고도 상대를 제압하는 경지에 이른 겁니다.'"

'안티 기독교' 세력은 항상 교회의 반응을 기다립니다. 그 반응을 보고 또 새로운 공격을 만들어냅니다. 그러므로 '나무 닭'처럼 싸우지 않고 제압할 수 있는 경지에 이르러야 합니다. 그 경지란 신실한 사람이 되는 겁니다. 신실한 사람은 구원의 약속, 사명의 약속, 그리고 재림의 약속을 붙들고 사는 사람입니다. 이 약속을 붙들고 사는 사람은 가족과 양도 약속을 붙들고 살도록 기도하며 애를 씁니다. 그 약속을 붙들고 사는 사람은 사라처럼 최후에 웃습니다. 다른 사람에게도 기쁨의 웃음을 선물합니다.

단국대가 한남동에 있을 때는 지역교회들이 별로 전도하지 않았어요. 그런데 이곳으로 이전하고 나니 꽤 많은 교회가 전도해요. 어제는 학교 식당에서 저와 함께 신학 공부를 했던 목사를 만났는데, 자기도 전도하러 왔다고 해요. 제가 "단국대가 복 받은 학교가 되었다."라고 말했어요. 그만큼 죽전동에는 약속을 믿고 사는 사람들이 많다는 증거입니다. 그런 사람은 가만히 있지 못하거든요.

어떤 동역자는 어렸을 때 아버지 때문에 상처가 있었어요. 하지만 예수님을 믿고 아버지를 용서하며 깊이 사랑합니다. 그런 아버지가 암으로 고생하십니다. 전도했지만 반응이 약했어요. 하지만 최근에 예수님을 믿고 교회에 나가십니다. 그는 약속의 성취를 체험하며 감격의 웃음을 웃습니다. 듣는 우리도 다 함께 웃습니다. 한 사람이 약속을 믿고 살면 그 신실함

173

이 가까운 사람들에게도 전파됩니다. 이것이 삶의 전도입니다.

마이클 잭슨의 유언장이 공개되었는데, 아버지에게는 한 푼도 주지 않았어요. 어렸을 때 아버지로부터 받은 상처 때문이라고 하지요. 상처 준 아버지도 안타깝지만, 그 상처를 치유 받지 못한 그는 더 안타깝습니다. 부모와 자식 사이일지라도 신실함이 없다면 아무것도 아닙니다. 서로 믿고 의지하는 신실함의 관계, 오직 약속을 믿고 사는 우리만이 가질 수 있는 '브랜드'입니다. 이런 사람은 시간 약속도 잘 지킵니다.

제가 대학생 때는 약속을 하면 5분 후에 나가는 것을 멋으로 알았어요. 다방 앞에서 시계를 보며 일부러 5분 늦게 들어갑니다. 서로 그러다 보니 서로 늦어요. '한국인 시간(Korean time)'이라는 말이 있었잖아요. 하지만 약속을 믿는 사람은 사람과의 시간 약속은 물론이고 하나님과의 시간 약속도 잘 지킵니다. 5분 먼저 옵니다. 예배 시간에 5분 먼저 오는 것도 약속을 믿고 사는 사람의 아름다운 모습입니다. 시간 약속만이 아니라 신용도 잘 지킵니다. 돈 꿔가고 떼먹지 않습니다. 거짓말하지 않고 사기 치지 않습니다. 이런 삶의 모습 앞에서 어찌 '안티'들이 힘을 얻을 수 있겠어요? 이런 삶의 모습 앞에서 어찌 양들이 변화되지 않겠어요? 우리의 캠퍼스는 우리의 신실한 삶을 통해서만 변화됩니다.

그러나 우리가 약속을 믿고 살 때 시기하는 것들이 있어요. 그것이 뭡니까? 이삭이 젖을 떼는 날에 아브라함이 큰 잔치를 베풀었어요. 그런데 하갈의 아들이 이삭을 놀립니다(8-9). '이삭'은 히브리어로 '웃음'이라는 뜻이지요. 이렇게 놀렸을까요? "야, 웃음, 넌 비웃음이냐, 쓴웃음이냐? 눈웃음치지 말고 호탕하게 웃어봐!"

왜 놀릴까요? 시기심 때문입니다. 상대방의 기쁨은 나에게 슬픔이 될 수 있어요. '왕자'였던 그가 이제 '왕따'가 되었어요. 사라는 어떤 특별조치를 취합니까? 아브라함이 하갈과 그 아들을 쫓아내도록 합니다. 종의 아들은 이삭과 함께 기업을 얻지 못하기 때문입니다. 사라는 이삭의 상속권을 이스마엘과 나누기를 원하지 않습니다. 나눌 수도 없습니다. 그들은 한 아버지 밑에서 태어났지만, 존재 목적이 다르기 때문입니다. 이것은 선택받은 자와 선택받지 못한 자의 운명입니다. 그때 아브라함은 몹시 괴로웠습니다. 이스마엘도 아들이기 때문입니다(10-11).

만일 쫓아내지 않고 함께 살면 어떻게 될까요? 이스마엘은 크고 이삭은 어리기 때문에 결국 이삭이 제대로 자라지 못합니다. 하나님의 약속이 또 한 번의 위기에 처합니다. 아브라함의 고민이 커질 수밖에 없습니다.

하나님은 어떻게 돕습니까? 12절을 읽읍시다. "하나님이 아브라함에게 이르시되 네 아이나 네 여종으로 말미암아 근심하지 말고 사라가 네게 이른 말을 다 들으라 이삭에게서 나는 자라야 네 씨라 부를 것임이니라." 하나님은 사라의 손을 들어주십니다. 그것이 영적 질서이기 때문입니다. 그렇지만 하갈과 그 아들을 버리시는 것은 아닙니다. 하나님께서 그 자손도 큰 나라가 되게 하십니다(13). 아브라함이 하나님 없이 하갈과 그 아들을 버린다면 정말 나쁜 사람입니다.

하지만 아브라함은 하나님을 믿고 그들을 내보냅니다(14). 아브라함은 이삭의 탄생을 통하여 하나님의 말씀을 믿는 믿음이 강해졌습니다. 지금은 비록 아픔이 있을지라도 하나님께서 약속하셨으니 그 약속이 이루어질 것을 믿습니다. 하나님은 약속하신 대로 하갈과 그 아들을 도와주십니다. 그들의 어려움과 아픔을 들으시고 그들에게 당장 필요한 물을 주십니다(15-21).

우리에게 이스마엘은 무엇일까요? 하나님의 방법이 아닌 우리의 방법으로 가진 것을 말해요. 하나님의 약속을 지키는 데 방해하는 겁니다. 그것은 세속주의적인 가치관입니다. 왜냐하면 세속주의적인 가치관은 약속을 믿고 사는 우리를 가장 심하게 방해하기 때문입니다. 세속주의는 혼합주의가 신앙생활에 들어와서 '이것도 좋고 저것도 좋다.' '포용의 미덕'을 강조하면서 성경의 절대성을 흐려 놓는 겁니다. 세속주의는 말씀대로 사는 사람을 비웃습니다. 예수님만이 그리스도라는 구원의 절대성을 비웃습니다.

이런 비웃음이 내 마음속에 있다면 쫓아내야 합니다. 그래야 약속을 끝까지 믿고, 그 약속의 성취를 체험할 수 있습니다. 하나님은 신실하십니다. 신실하신 하나님은 약속하신 그대로 반드시 이루십니다!

제20강
시험하시고 공급하시는 하나님

◇ 본문 창세기 21:22−22:24
◇ 요절 창세기 22:14
◇ 찬송 215장, 217장

원숭이를 잡을 때, 아크릴 상자에 바나나를 넣고 손이 들어갈 만한 구멍을 뚫어요. 원숭이는 그 구멍으로 손을 넣어 바나나를 잡는데, 손이 나오질 않아요. 바나나를 쥐었기에 손이 커졌기 때문입니다. 이때 사냥꾼이 오겠지요. 원숭이는 어떻게 해야 하나요? 바나나를 놓으면 살지만, 그것을 놓지 않으면 잡힙니다. 여기서 우리의 모습을 볼 수 있나요?

하나님께서 아브라함을 시험하시려고 부르십니다(1). 시험이란 무엇입니까? 어떤 것에 대해서 객관적인 평가를 하는 겁니다. 토익(TOEIC)이 그 사람의 영어 실력을 정확하게 나타내는 것은 아니지만, 그래도 어느 정도의 객관성은 있어요. 하나님은 오늘 아브라함에 대한 객관적인 평가를 하십니다.

어떻게 하십니까? 2절입니다. "여호와께서 이르시되 네 아들 네 사랑하는 독자 이삭을 데리고 모리아 땅으로 가서 내가 네게 일러 준 한 산 거기서 그를 번제로 드리라." 하나님이 아시고, 아브라함이 알고, 그리고 우리가 아는 사실, 아브라함과 이삭의 관계입니다.

두 아들을 낳은 아빠는 그 두 아들을 정말 사랑합니다. 한 아들을 낳은 아빠는 그 아들을 얼마나 사랑할까요? 그것도 오직 주님의 은혜로 얻은 아들이라면 말할 것도 없어요. 실은 아빠와 아들 사이에서는 한 명이니 두 명이니, 어렵게 낳았느니 쉽게 낳았느니, 이런 것은 전혀 문제가 되지 않아요. 아들이기 때문에 아버지는 무조건 사랑해요. 그런데도 하나님은 아브라함의 아들을 말할 때, '네 사랑하는 외아들'이라고 하십니다. 그만큼 하나님도 이삭의 존재에 대해서 잘 아신다는 뜻입니다. 그런 이삭을 어떻게 하라고요? 번제물로 드리라는 겁니다.

이 시험 문제가 어땠습니까? 생각하면 할수록 정말 만만하지 않습니다. 아니 너무 불합리해 보입니다. 이삭은 하나님께서 주셨고, 그것도 아브라함을 계승할 후계자로 주셨습니다. 그는 일전에 그렇게 사랑했던 이스마엘을 쫓아냈습니다. 자식을 사랑하는 아버지에게 자식을 떠나보내는 것은 정말 힘겨운 요구입니다. 그런데도 순종한 것은 그가 후계자가 아니고, 이삭이 후계자였기 때문입니다. 그런데 이제 그 이삭을 바치면 어떻게 됩니까? 아브라함의 신앙생활 30년이 물거품이 됩니다. 하나님께서 그토록 원하신 구속 사역도 끝나고 맙니다.

그러나 아브라함은 어떻게 합니까? 3절을 봅시다. "아브라함이 아침에 일찍이 일어나 나귀에 안장을 지우고 두 종과 그의 아들 이삭을 데리고 번제에 쓸 나무를 쪼개어 가지고 떠나 하나님이 자기에게 일러 주신 곳으로 가더니." 아브라함은 하나님과 논쟁하지 않아요. 이 핑계 저 핑계 대며 꾸물거리지도 않고요. 그는 즉시 순종합니다. 그는 어느덧 하나님께서 가라고 하신 그곳까지 왔어요(4). 그때 자기 종들에게 말해요. "나귀와 함께 이곳에 머물러 있으라. 내 아들과 나는 저쪽으로 가서 예배를 드리고 돌아오겠다"(5).

아브라함은 왜 '아들과 함께 돌아온다.'라고 말할까요? 그냥 하는 말일까요? 아니면 뭔가 믿는 구석이 있는 것일까요? 그때 아들이 호기심 어린 눈으로 천진하게 물어요(7). "아빠, 불과 장작은 있는데, 번제로 바칠 양은 어디 있어요?" 이 말을 들을 때 아빠의 마음이 어떠했을까요?

아브라함은 어떻게 대답합니까? "하나님께서 양은 준비하실 거다"(8). '준비하신다.'라는 말은 '공급하신다.'라는 뜻입니다. 아브라함이 아들에게 거짓말을 하는 것일까요? 그는 하나님께서 공급하실 것을 믿은 겁니다. 이 믿음으로 사랑하는 아들을 주님께 드린 겁니다. 그는 이 믿음으로 자신의 길을 하나님께 맡긴 겁니다. "너의 길을 여호와께 맡기라 저를 의지하면 저가 이루시고"(시 37:5). 보통 사람들은 하나님의 말씀 앞에서 모순을 발견하면 자기 생각, 자기 방식대로 해 버립니다. 그러나 아브라함은 자기 방식이 아닌 하나님의 방식으로 전환합니다. 하나님의 방식으로의 전환은 믿음에서 나옵니다. 그 믿음은 순종으로 나타나고요.

그 나타남의 절정이 어떠합니까? 아브라함은 하나님께서 일러주신 곳에 이르자 단을 쌓고 장작을 쌓습니다. 그다음 자기 아들을 묶어 제단 장작 위에 놓습니다. 그때 이삭은 반항하거나 몸부림치지 않아요. 입도 열지 않아요. 마치 도수장으로 끌려가는 어린 양과 털 깎는 자 앞에서 잠잠한 양 같이 가만히 있어요(사 53:7). 그런 그를 향해 아버지는 칼을 들어 죽이려 합니다(9-10). 진짜 죽이려고 합니다.

그때 뭔가 일어날 것이라는 예감이 듭니다. 여호와의 사자가 하늘에서부터 그를 부릅니다. "아브라함아, 아브라함아"(11)! 왜 불렀나요? 12절을 읽읍시다. "사자가 이르시되 그 아이에게 네 손을 대지 말라 그에게 아무 일도 하지 말라 네가 네 아들 네 독자까지도 내게 아끼지 아니하였으니 내가 이제야 네가 하나님을 경외하는 줄을 아노라." 하나님은 마침내 아브라함이 당신을 경외하고 있음을 인정합니다. 왜냐면 아브라함이 그처럼 사랑하는 외아들을 아끼지 않았기 때문입니다. 이것이 바로 시험의 목적입니다.

시험의 목적은 하나님을 경외하는 데 있어요. 자기가 사랑하는 것을 하나님께 아끼지 않고 드리는 데 있습니다. 하나님은, 아브라함이 '삶의 현장에서 하나님을 경외하는지', 아니면 '입만 살아 있는지' 알고 싶었어요. 믿음은 이론이 아니라 실제입니다. 믿음은 입으로 하는 것이 아니라 삶으로 하는 것입니다. 그래서 삶이 없는 믿음은 죽은 믿음입니다. 믿음이 있으면 삶도 따릅니다. 행함으로 그 믿음이 온전하게 됩니다(약 2:20~22).

하나님께서 아브라함을 어떻게 축복하십니까? 13절입니다. "아브라함이 눈을 들어 살펴본즉 한 숫양이 뒤에 있는데 뿔이 수풀에 걸려 있는지라 아브라함이 가서 그 숫양을 가져다가 아들을 대신하여 번제로 드렸더라." 하나님께서는 아브라함의 신앙을 인정하시고, 그 표시로 숫양을 주십니다. 즉 이삭을 대신할 번제물을 주십니다. 어찌 보면 이삭은 그의 믿음대로 죽은 자 가운데서 다시 살아난 겁니다(히 11:9). 이삭은 죽지 않았으나 실은 죽은 겁니다. 그의 마음에서 이미 죽었습니다. 하나님께로부터 명령을 받은 그 순간, 집을 나서는 그 순간, 이삭을 묶어 칼을 드는 그 순간, 그를 이미 죽였습니다. 그런 이삭을 하나님께서 다시 살리셨습니다.

아브라함은 무엇을 합니까? 14절을 읽읍시다. "아브라함이 그 땅 이름을 여호와 이레라 하였으므로 오늘날까지 사람들이 이르기를 여호와의 산에서 준비되리라 하더라." '이레'라는 말은 히브리어로 '미리 본다.' '공급한다.'라는 뜻입니다. 아브라함은 이곳으로 오면서 말했지요? "여호와께서 친히 준비하실 거야"(8). 그의 믿음대로 하나님께서는 미리 공급하십니다. 하나님은 시험하시는 분이시며 동시에 공급하시는 분이십니다.

우리가 공급하시는 하나님을 어떻게 만날 수 있습니까? 시험하시는 하나님부터 만나야 합니다. 아니 시험하시는 하나님을 만나면 궁극적으로 공급하시는 하나님을 만나게 됩니다. 하나님은 우리를 어떻게 시험하십니까? 하나님께서는 우리에게 우리가 가장 소중하게 여기는 것을 드리라고 말씀하십니다. 소중히 여기지 않는 것, 더는 좋아하지 않는 것을 드리라고 는 말하지 않습니다.

그러면 우리가 가장 소중하게 여기는 것은 무엇일까요? 하나님께서 아 브라함에게 이삭을 선물로 주신 것처럼 우리의 신앙생활 중에서 선물로 주 신 겁니다. 내가 믿음으로 살고 캠퍼스 목자로 살아가는 데 있어서 힘이 되 는 바로 그것입니다. 그것은 하나님 안에서 새롭게 영근 나의 꿈일 수 있어 요. 양일 수도 있고 아들딸일 수도 있어요. 부모님일 수도 있고 사랑하는 동역자일 수도 있어요. 하나님께서 축복하여 주신 돈이기도 하고 사회적인 지위이기도 합니다. 그런데 주님께서는 바로 이것, 내 마음을 쏙 빼 가는 바로 그것을 바치라고 하십니다. 이것은 하나님만을 가장 사랑하라는 뜻입 니다. 하나님께서 주신 선물보다도 그것을 주신 하나님을 더 사랑하라는 말입니다. 이론적으로 생각하면 너무 당연한데 현실에서는 쉽지 않아요.

우리는 우리의 자식을 내가 만들었다고 생각하지 않아요. 하나님께서 주셨다고 믿어요. 특히 몇 사람은 이 문제에 대해서만은 그 확신이 남달라 요. 그러면 아들보다도 아들을 주신 하나님을 더 사랑해야 할 것 같은데, 실제 삶 속에서는 쉽지 않습니다. 이것은 마치 우리 아이들이 우리를 대하 는 모습과도 같아요. 아빠가 아들 녀석에게 장난감을 선물해요. 그러면 그 아들은 장난감보다도 그것을 준 아빠를 더 사랑해야 맞습니다.

그런데 그러나요? 장난감에 빠져서 아빠를 쳐다보지도 않아요. 물론 성 숙한 아이는 그렇지 않지요. 장난감이 아무리 좋아도 그 장난감에 빠지지 않고, 오히려 그 장난감에서 그것을 준 아빠의 모습을 잊지 않아요. 결정 적인 순간에 장난감을 버리고 아빠 편에 섭니다. 그러면 그 순간 아빠는 감격하지 않겠어요. 이 소식을 들은 옆집 엄마는 당장에 자기 아들을 붙들 고 '엄친아'를 말할 거고요. 이렇게 인정받은 아들은 아빠로부터 더 큰 선 물을 받습니다.

그렇다면 왜 드리지 못하는 겁니까? '드리면 그것으로 끝이다.'라는 잘못된 고정관념 때문입니다. 우리는 이것부터 바꿔야 합니다. 우리의 '렌즈'를 바꿔야 합니다. '렌즈'를 바꾸면 '드림의 세계'에 적응하는 것이 그렇게 어렵지 않습니다. 내가 소중히 여기는 것을 드리면 주님께서 다시 공급하십니다. 이것이야말로 선순환적 축복의 신비가 아닐까요? 이 신비를 체험하는 길은 오직 하나, 순종하여 드리는 것뿐입니다. 순종은 공급하시는 하나님을 인격적으로 만나는 통로입니다.

우리가 개척기 때는, 모두 대학을 졸업하면 선교사로 나가는 것을 당연한 일로 여겼어요. 무리해서까지 보내고 나갔습니다. 그래도 모두 감사하고 기뻤습니다. 후배들도 다른 것은 몰라도 이 점만은 잘 배워서 계속해서 나갔어요. 지금도 나가려고 하고요. 그런데 저는 얼마 전부터 누군가가 "선교사로 나간다."라고 하면 감사보다는 섭섭한 마음이 들었습니다. 저는 주님의 사역을 보는 '렌즈'를 바꾸지 않으면 안 되었습니다.

예전에 시골에서는 우물을 사용했어요. 물을 떠 가면 그 우물물은 어떻게 됩니까? 시간이 지나면 다시 채워집니다. 물을 떠 가지 않으면 어떻게 되나요? 물이 흘러서 넘칩니까? 그렇지 않아요. 그냥 그대로 있어요. 잘못되면 그 물이 썩고 맙니다. 샘 근원이 막히기 때문입니다. 우리 사역에서도 개척 조상들이 나간 만큼 하나님께서 공급하십니다. 선배들이 나가지 않고 지금까지 있었다면 터줏대감이 되었겠지요? 그러면 정작 자기 자신도 크지 못하고, 후배도 자라지 못합니다. 피가 순환하지 못하면 경화증이 오는 것처럼 굳은 모임이 될 수 있어요. 하지만 나갔기 때문에 우리가 모두 자랄 수 있는 겁니다. 그래서 지금은 선교사로 나간다고 하면 서운하기도 하지만 감사한 마음이 더 큽니다. 하나님께서 공급하실 것을 믿기 때문입니다. 우리 교회가 인재를 키워서 세계선교에 드리는 일은 공급하시는 하나님을 체험하는 길입니다.

어디 선교사를 드리는 일에서만 그렇습니까? 물질을 드리는 일은 어떨까요? 대통령이 거액을 사회에 기부했어요. 어떤 사람은 그 정도의 돈은 대통령에게는 '껌값'이라고 말합니다. 반면 어떤 사람은 가진 자의 기부에 불을 붙였다며 좋아합니다. 돈이라는 것이 많이 가진 자는 많이 가진 자대로, 적게 가진 자는 적게 가진 자대로 쓰기는 쉽지 않아요. 믿음이 있어야 하기 때문입니다. 믿음이 없으면 돈을 드리지 못합니다. 하나님께서 공급하심을 믿는 자만이 돈을 드릴 수 있습니다. 아무리 풍성한 사람도 그 마음이 좁으면 궁핍합니다. 비록 궁핍할지라도 그 마음이 넓으면 풍성합니다. 마음의 풍성함은 공급하심을 믿는 믿음에서 나옵니다.

그런데 오늘 우리의 세상은 어떤가요? 광주에서 어떤 사람이 교인들만 골라서 '묻지 말라는 식'으로 공격했어요. 교인이 괜스레 보기 싫어서 그랬다는군요. 또 '서비스 거부 공격(dDos; distributed Denial of Service, 시스템을 악의적으로 공격해 해당 시스템의 리소스를 부족하게 하는 공격)'이라는 이상한 것이 나타나 '사이버 테러'를 감행했어요. 이런 험한 세상의 악영향 때문에 교인조차도 마음이 좁아집니다. 섬김, 희생에 대해서 움츠립니다. 자기 중심적으로 살기 쉽습니다.

그러나 우리는 이런 세상에 대항하는 '대안 공동체'입니다. '대안 공동체'는 세상과는 다른 '렌즈'를 가져야 합니다. 그 '렌즈'로 세상을 보고 살아야 합니다. 그것은 '드림'을 통한 '공급하심'을 체험하며 사는 겁니다. 예전에 불렀던 노래가 생각납니다. "사랑은 참으로 버리는 것, 버리는 것, 버리는 것, 사랑은 참으로 버리는 것, 더 가지지 않는 것, 이상하다 동전 한 닢 움켜잡으면 없어지고 쓰고 빌려주면 풍성해져 땅 위에 가득하네..."

이 사실을 어디서 확인할 수 있을까요? 우리 주 예수님을 어린양으로 주신 하나님의 사랑에서 확인할 수 있습니다. 아브라함이 이삭을 드린 사건은 예수 그리스도께서 십자가에서 돌아가신 사건을 예표 합니다. 이삭이 번제 나무를 취한 것은 예수님께서 십자가를 지고 가는 것을, 그가 말없이 결박당한 것은 골고다 언덕을 말없이 오르시는 주님을 모습을 보여줍니다.

무엇보다도, '하나님께서 어린양을 친히 준비하신다.'라는 말은 '하나님께서 사랑하는 독생자 예수님을 어린양으로 준비하신다.'라는 뜻입니다. 우리는 죄로 인해 우리 몸을 십자가에서 번제물로 드리지 않으면 안 되었습니다. 그런데 하나님께서 친히 어린양 예수님을 공급하셔서 우리 대신 죽게 하셨습니다. 예수님은 하나님께서 친히 공급하시는 어린양이십니다(요 1:29). 하나님은 가장 사랑하는 자기 아들을 아끼지 아니하시고 우리를 위하여 내어주셨습니다(롬 8:32).

이 하나님께서 오늘 우리에게 무엇인들 공급하지 않으시겠습니까? 우리가 꿈을 드리면 주님께서 더 큰 꿈을 공급하시고, 돈을 드리면 돈을 공급하시고, 사랑을 드리면 더 큰 사랑을 공급하십니다. 드리면 공급하시는 이 신비한 순환의 세계를 어떻게 체험할 수 있나요? 순종을 통해서입니다.

하나님께서는 아브라함을 다시 축복하십니다. 많은 자손을 주시는데, 그 자손은 하늘의 별처럼 바닷가의 모래처럼 많게 됩니다. 무엇보다도 그 씨가 그 대적의 성문을 차지합니다. 그리하여 온 천하 만민이 복을 받습니다. 이런 복을 주신 이유는 순종했기 때문입니다(15-18). 그의 순종이 축복의 근원입니다. 믿음의 위대한 선배들의 열매는 순종에서 왔습니다.

하나님은 우리를 시험하시는 분이시면서 동시에 공급하시는 분이십니다. 내가 가진 가장 소중한 것을 하나님께 드리면 그에 합당한 것을 공급하십니다. 삶의 현장에서 드림으로써 공급하시는 하나님을 체험하기를 기도합니다!

제21강
후계자를 위한 아내

◇ 본문 창세기 23:1-24:67
◇ 요절 창세기 24:7
◇ 찬송 384장, 375장

한 시대를 풍미했던 '현대가'는 최근에 험한 꼴을 많이 당했어요. 반면 삼성은 상대적으로 고생을 덜 했고요. 여러 가지 이유가 있지만, 그중 하나로 꼽는 것이 후계자라고 말해요. 현대는 후계자를 제대로 세우지 못한, 반면 삼성은 일찍 세웠다는군요. 기업의 미래만 후계자에게 달렸나요? 믿음의 세계, 교회 공동체의 미래도 후계자에게 달렸어요. 아브라함은 그 후계자를 어떻게 세웁니까?

아브라함의 후계자 문제는 그의 아내 사라가 하나님 나라로 간 후 이슈화됩니다. 아브라함은 평생의 동역자인 사라를 보내며 많이 슬퍼합니다. 그는 슬픔을 거두고 장례 준비에 들어갑니다. 그런데 매장지가 없습니다. 그는 약속의 땅에 살고 있지만 아직은 나그네입니다. 하나님께서 아들은 주셨는데, 땅은 아직 주지 않으셨어요. 동네 사람들은 아브라함에게 받은 은혜가 크기 때문에 매장지를 공짜로 주려고 합니다.

그러나 아브라함은 극구 거절합니다. 그는 어찌하든지 정당한 대가를 지불하고 매장지를 사려고만 합니다. 그는 자기 소유권이 보장된 땅을 갖고자 합니다. 마침내 그의 소원이 이루어져서 자기 땅에 사라를 장사하였으니, 그곳 이름이 '막벨라 굴'입니다(23:1-20).

그는 왜 그토록 소유권을 확보하려고 하는 걸까요? 공짜로 받으면 안 되는 겁니까? 공짜로 받으면 하나님의 영광이 드러나지 않고, 대신 공짜로 준 사람이 '광'을 냅니다. 후에 마음이 변해서 달라고 하면 줘야 합니다. 그래서 그는 철저하게 자기 소유권을 확보하려고 한 겁니다. 그리고 소유권 확보는 일종의 거점을 확보하려는 겁니다. 이 작은 땅을 근거로 해서 장차 약속의 땅 전체를 소유할 비전을 품은 겁니다.

우리가 죽전동에 '작은 교회'를 세운 것도 이런 눈으로 볼 수 있어요. 우리는 이 '교회'를 통하여 사람이 광을 내기보다는 하나님의 영광이 드러나기를 원합니다. 동시에 이곳을 거점으로 하여 단국대는 물론이고 세계 캠퍼스 학우들이 뛰놀 '교회'가 세워질 비전을 봅니다.

사라를 먼저 보낸 아브라함은 어떻게 살고 있나요? 24:1을 봅시다. "아브라함이 나이가 많아 늙었고 여호와께서 그에게 범사에 복을 주셨더라." 며칠 전 99세 된 할머니가 TV에 나왔어요. 젊은 할머니가 말해요. "저 할머니는 아직 귀도 안 먹었어요." 그 할머니가 대꾸합니다. "이 사람아, 밥을 먹어야지 귀를 왜 먹어." 이분처럼 곱게 늙는 예도 있지만, 보통은 일정한 줏대가 없이 되는 대로 하는 노인이 많습니다. 그런데 하나님께서는 늙은 아브라함에게 복을 주셔서 하는 일마다 잘 되게 하십니다.

아브라함은 구체적으로 무슨 일을 하며, 하나님께서는 그 일에 어떻게 복을 주십니까? 아브라함은 이삭을 결혼시키려고 합니다. 보통은, 본인이 신랑이나 신부를 골라서 부모에게 인사시킵니다. 하지만 일부 명문가는 부모가 골라서 자식에게 소개하기도 해요. 왜냐하면 결혼이 단순히 당사자만의 일이 아니라 가문의 영광과 관계되기 때문입니다. 아브라함도 아들의 결혼에 직접 관여하는데, 종에게 며느리를 찾게 합니다(2).

며느리의 조건이 무엇인가요? 3-4절을 읽읍시다. "내가 너에게 하늘의 하나님, 땅의 하나님이신 여호와를 가리켜 맹세하게 하노니 너는 내가 거주하는 이 지방 가나안 족속의 딸 중에서 내 아들을 위하여 아내를 택하지 말고, 내 고향 내 족속에게로 가서 내 아들 이삭을 위하여 아내를 택하라." 보통 결혼할 때 뭘 제일 중요하게 봅니까? 인물, 직장, 학벌, 월수입, 가문이 아닐까요? 그런데 아브라함은 오직 하나, '내 고향 내 족속'만 봅니다. 가나안 사람은 여호와께 대한 믿음이 없습니다. 반면 아브라함의 고향 사람은 여호와께 대한 믿음이 있습니다. 그러므로 아브라함이 본 것은 오직 믿음입니다. 그는 믿음의 여인을 찾고 있습니다.

왜 그럴까요? 이삭이 믿음의 사람이기 때문입니다. 이삭을 믿음의 후계자로 세워야 하기 때문입니다. 이삭이 믿음의 후계자로 서려고 할 때 가장 중요한 것은 그의 아내입니다. 아내가 믿음의 여인이어야만 믿음의 후계자로서의 사명을 감당할 수 있습니다. 아브라함으로부터 시작된 믿음이 이삭을 거쳐서 그 후손에게까지 다시 이어져야 합니다. 이 사명은 이삭 혼자 감당하지 못합니다.

동역자가 절대적으로 필요합니다. 동역자는 믿음이 흔들릴 때 도와줍니다. 삶이 고달프고 피곤할 때 힘을 줍니다. 이런 동역자가 되려면 세상을 보는 '렌즈'가 같아야 합니다. '렌즈'가 다르면 함께 일할 수도, 살 수도 없습니다. 동일 '렌즈'는 동일 신앙에서 시작됩니다. 믿음이 같지 않고서는 동역할 수 없습니다. 동역할 수 없으면 계승 사역을 감당할 수 없습니다. 따라서 아브라함은 그 어떤 조건보다도 신앙을 본 겁니다.

보통 사람은 결혼의 조건으로, 혹은 인간의 조건으로 외모를 최고로 친다고 생각해요. 하지만 우리 시대의 '트렌드'가 바뀌고 있어요. 7월 10일은 종교개혁가 장 칼뱅(Jean Calvin, 1509. 7. 10-1564) 탄생 500주년을 맞는 날입니다. 그는 프랑스에서 태어나 스위스 제네바에서 종교개혁을 완성했어요. 그런데 그의 사상이 꽃핀 곳은 한 번도 간 적이 없는 네덜란드입니다.

유례없는 세계적인 경제 침체 때문에 금욕과 절제를 중시하는 '칼뱅이즘'이 주목받고 있어요. 특히 총리가 추종하는데, 경제에 더 많은 도덕성이 요구된다는 점을 강조하고 있어요. "작금의 경제 위기는 탐욕, 돈에 대한 집착, 그리고 이기적 행위가 초래한 '도덕성의 위기'이기도 하다." 그는 계속해서 "사회에는 강한 도덕적 '받침대'가 있어야 한다는 것을 칼뱅은 이미 알았다. 우리는 이 교훈을 가슴 깊이 간직해야 할 것"이라고 말했어요. 네덜란드인 중 28%가 천주교 신자이고, 개신교도는 이보다 적은 19%입니다. 하지만 최근 암스테르담 홍등가로 대표되는 매춘과 마약 복용에 대해 종전보다 더욱 엄격한 정책이 도입되는 점은 '칼뱅이즘'의 부흥을 가늠케 하는 사례로 해석합니다.

우리도 검찰청장 후보자가 도덕적 결함으로 사퇴하고 말았어요. 청와대는, "우리 국민의 도덕적 요구 수준이 높아져서 공직에 쓸 만한 사람이 없다."라고 말해요. 우리는 상대주의 세계관에 직면하면서 보편적 가치와 진리에 대한 신념이 허물어지는 것을 체험하는 해체주의 시대에 살고 있습니다. 하지만 사람의 깊은 곳에서는 허물어져 가는 진리를 사모함이 꿈틀거립니다.

드라마 '찬란한 유산'이 최고의 시청률을 기록하고 있다는군요. 이 드라마는 우리나라 대중의 심리가 어떻게 변화하고 있는가를 보여줍니다. "설렁탕을 운영하는 사장은, 자신의 전 재산을 전혀 모르는 은성이라는 아이에게 물려주려고 해요. 가족은 물론이고 회사 이사들까지 반대해요. 주위 사람 극도의 시기심은 그녀에게 위협과 공포로 다가오고요." 어떻게 이런 일이 있을 수 있을까요? 드라마이기 때문에 가능한 겁니다.

그런데 이 드라마가 왜 사람들에게 인기가 있을까요? 사람들의 정서가 바뀌고 있다는 겁니다. '능력은 없지만, 피가 섞인 가족이냐, 아니면 혈연과는 관련이 없지만 능력과 의식을 가진 존재를 선택할 것인가?' 이런 주제가 논란이 될 수 있는 것 자체가 심리가 변하고 있다는 거래요. 실제로 1세대, 2세대 경영에서 이제 3세대로 넘어가는 한국기업의 고민도 읽어낼 수 있고요. 이 드라마에는 혈연에 얽매이지 않으려 하나 그것을 외면할 수도 없는 21세기 한국인의 고민이 담겨 있어요. 양극화와 무한 경쟁이 격화되는 시점에서 한국인이 무엇을 바라는지 짐작할 수 있습니다. 분명 우리 사회는 외모를 중요하게 여깁니다. 그런데도 사상과 가치관을 소중히 여깁니다. 명문가일수록 그래요. 세상에는 나름 명문가들이 있어요. '법조 명문가', '의료 명문가', '재벌 명문가.'

우리는 어떤 명문가를 만들어야 하나요? '신앙의 명문가'를 만들어야 합니다. 그렇다고 해서 '엘리트 그룹', 특권층을 만들자는 말이 아닙니다. 신앙의 유산을 이어받고 물려주는 믿음의 명문가가 되자는 겁니다. 믿음의 가문은 믿음의 결혼과 연결됩니다. 물론 그 일은 만만하지 않습니다.

그이 일을 직접 섬겨야 하는 종에게 닥친 어려움은 무엇입니까? 신랑도 안 보고 따라나설 신부가 있겠냐는 겁니다. 그런데 아브라함은 신랑을 데리고 가지 말라는 겁니다(5-6).

어떻게 하라는 겁니까? 7절을 읽읍시다. "하늘의 하나님 여호와께서 나를 내 아버지의 집과 내 고향 땅에서 떠나게 하시고 내게 말씀하시며 내게 맹세하여 이르시기를 이 땅을 네 씨에게 주리라 하셨으니 그가 그 사자를 너보다 앞서 보내실지라 네가 거기서 내 아들을 위하여 아내를 택할지니라." 아브라함은 하나님께서 신부를 준비하시고 공급하실 것을 믿습니다. 그 믿음은 그냥 생긴 것이 아니라, 삶의 현장에서 체험한 겁니다. 그는 자신의 생애뿐만 아니라 아들의 생애까지도 하나님께 완전히 맡깁니다.

보통의 아버지들은 자기 문제는 주님께 맡기면서도 자식 문제는 자기가 해결하려고 해요. 혹은 세상 풍조를 따르기도 해요. 왜냐하면 자식만큼은 잘 키우고 싶고, 고생시키지 않고 싶기 때문입니다. 하지만 분명한 것은 여호와 하나님을 믿고 맡기는 것만큼 확실하고 안전한 것은 없다는 사실입니다. 정말 자식을 잘 키우려면 주님께 맡겨야 합니다. 그러므로 우리는 나도 믿음으로 살고, 자식도 믿음으로 키워야 합니다. 우리는 처음부터 끝까지 믿음으로 살아야 합니다.

아브라함의 믿음에 감동한 종은 신랑도 없이 혼자 신부를 구하러 갑니다. 그래도 현실은 막막합니다(8-11). 그 막막함을 어떻게 뚫습니까? 기도로 뚫습니다. "주님, 제가 한 여인에게 '물 좀 줄래요'라고 말하면, 그 여자가 '그러세요. 당신의 낙타들에게도 물을 먹일게요.'라고 대답을 하면, 주님께서 예비하신 신부로 알게요"(12-14).

그런데 놀랍게도 종이 기도를 마치기도 전에 리브가가 나타났어요. 그녀는 매우 아름다운 처녀이며, 남자와 가까이 한 적이 한 번도 없어요. 놀랍게도 그녀는 종이 기도한 그대로 합니다. 낙타에게 물을 주는 일은 보통 일이 아닙니다. 우리에게 한 컵의 물이 낙타에게는 한 양동이입니다. 엄청난 노동이 요구됩니다. 그런데 리브가는 한 마리도 아니고 열 마리(10)에게 물을 다 먹입니다. 그녀는 외모뿐만 아니라, 마음도 아름답습니다. 동시에 건강한 육체도 가졌어요. 종은 가슴이 벅차오릅니다. 여호와의 손길이 느껴지기 때문입니다. 마지막으로 신분 확인만 남았는데, 보나마나 '비디오'입니다(15-25).

종은 무엇을 합니까? 26-27절을 봅시다. "이에 그 사람이 머리를 숙여 여호와께 경배하고, 이르되 나의 주인 아브라함의 하나님 여호와를 찬송하나이다 나의 주인에게 주의 사랑과 성실을 그치지 아니하셨사오며 여호와께서 길에서 나를 인도하사 내 주인의 동생 집에 이르게 하셨나이다 하니라." 그는 하나님 여호와의 사랑과 신실하심을 깨닫고 경배하며 찬송합니다. 하나님은 당신을 믿고 기도하면 사랑과 성실로 응답하십니다. 사랑과 성실이 그치지 않습니다. 리브가의 오빠와 아빠는 종을 맞이하며 밥상부터 내옵니다. 하지만 종은 먹지 않고 간증부터 합니다.

그 핵심이 뭡니까? 사랑과 성실의 여호와 하나님께서 리브가를 이삭의 아내로 '찜'했다는 겁니다. 그러므로 리브가를 보내 든지 말든지 결단하라는 겁니다(28-49). 가족은 어떻게 반응합니까? "이 일이 여호와께로 말미암았으니 우리는 좋다 나쁘다 말할 수 없군요. 리브가가 당신 앞에 있으니 데리고 가세요. 그리고 여호와의 명령대로 당신의 주인의 아들의 아내가 되게 하세요"(50-51).

종이 그 말을 듣고 어떻게 합니까? 52절입니다. "아브라함의 종이 그들의 말을 듣고 땅에 엎드려 여호와께 절하고." 종은 미리 일하신 여호와를 알았고 감사합니다. 이제 종에게 남은 일은 정해진 신부를 신랑에게 데리고 가는 것뿐입니다. 먼 길 떠나는 신부는 혼례를 준비해야 해서 열흘은 필요합니다. 그러나 종은 여호와께서 주신 형통한 길을 주인에게 빨리 알리고자 서두릅니다. 종은, 주인이 얼마나 애타게 기다리고 있는가를 압니다. 신분은 종이지만 주인의 마음을 가졌습니다.

그런 마음을 안 리브가도 종을 따라나섭니다. 그런 리브가를 향하여 천만인의 어머니가 되도록 축복합니다(52-61). 어떻게 얼굴도 안 보고, 사진도 안 보고, 목소리도 안 들어보고 이런 결단을 할 수 있을까요? 이것이야말로 여호와께서 하신 일입니다. 여호와께서 일하면 자기를 부인하고 새 역사 창조에 쓰임 받습니다.

한편 이삭은 어떻게 지냅니까? 그는 저물 때 산책하러 들로 나갑니다. '과연 믿음의 여인이 올까? 그녀의 모습은 어떨까? 우리 엄마보다 아름다울까? 아니면 무서울까?' 그때 리브가는 이삭의 모습을 봅니다. 그리고 '베일'로 얼굴을 가립니다. '베일'에 가린 리브가를 바라보는 이삭의 마음이 어떨까요? 무엇이 가장 궁금할까요? 얼굴일까요? 믿음일까요? 이삭은 종으로부터 지금까지의 일에 대해서 다 듣습니다(62-66).

그는 무엇을 합니까? 67절입니다. "이삭이 리브가를 인도하여 그의 어머니 사라의 장막으로 들이고 그를 맞이하여 아내로 삼고 사랑하였으니 이삭이 그의 어머니를 장례한 후에 위로를 얻었더라." 이삭은 리브가의 '베일'도 벗겨보지 않고 사라의 장막으로 들이고는 사랑에 빠집니다. 리브가의 믿음에 대해서 들었기 때문입니다. 리브가도 믿음으로 왔지만, 이삭도 믿음으로 맞이합니다. 믿음의 자매와 믿음의 형제가 만나니 사랑이 꽃핍니다. 이렇게 하여 후계자의 아내를 찾는 일이 이루어졌습니다. 즉 믿음의 계승 사역이 이루어집니다. 이제 아브라함과 사라의 시대는 가고 이삭과 리브가의 시대가 왔습니다.

이 사실이 오늘 우리에게 주는 의미는 무엇입니까? 여호와께서 사랑과 성실로 후계 역사를 이루어 가신다는 겁니다. 물론 그 출발은 아브라함의 믿음입니다. 우리도 아브라함처럼 믿음의 후계자를 세우는 일에 마음을 쏟고 있습니다. 캠퍼스 양이 믿음의 후계자로 자라기를 간절히 기도하고 있습니다. 또 우리의 자녀들이 우리의 믿음과 사역의 후계자로 자라기를 바라고 있습니다.

이런 우리의 소망이 어떻게 이루어질 수 있습니까? 우리를 구원하시고 캠퍼스의 성경 선생이요 목자로 세우신 주님께서 친히 이루십니다. 그러므로 우리에게 필요한 것은 사랑과 성실로 일하시는 주님을 믿는 믿음입니다.

저는 여름 수양회를 앞두고 고민을 많이 했습니다. 왜냐하면 그냥 행사처럼 하고 싶지 않기 때문입니다. '무엇을 위해서, 누구를 위해서 해야 하는가'에 대해서 끊임없이 기도했습니다. 오늘 말씀을 통해서 '후계자를 세우기 위해서 우리의 믿음을 새롭게 하는 수양회'가 되는 방향을 잡습니다.

물론 이 방향이 완전 새로운 것은 아닙니다. 이미 우리에게 있는 방향입니다. 중요한 것은 그 방향이 다시 우리의 마음속에서 살아나야 한다는 겁니다. 그러므로 이제부터 "후계자를 세우기 위해서 우리의 믿음을 새롭게 하는 수양회가 되도록" 기도하기를 원합니다.

제22강
팥죽과 장자의 명분

◇ 본문 창세기 25:1-34
◇ 요절 창세기 25:31
◇ 찬송 323장, 516장

중국 송나라 때 원숭이를 많이 기르는 '저공(狙公)'이란 사람이 있었어요. 그는 먹이가 부족하여지자 원숭이들에게 말합니다. "너희들에게 주는 도토리를 아침에 3개, 저녁에 4개로 제한하겠다." 원숭이들은 화를 내며 "아침에 3개를 먹고는 배가 고파 못 견딘다."라고 항의했어요. 그러자 "그렇다면 아침에 4개를 주고, 저녁에 3개를 주겠다."라고 하자, 그들은 좋아했어요.

무엇을 말하려는 걸까요? 눈앞에 보이는 현실의 유익만 알고 결과가 같은 것을 모르는 어리석음을 꼬집는 겁니다. 이런 모습을 오늘 우리에게는 어떻게 적용할 수 있을까요?

사라가 죽은 후 아브라함은 다시 아내를 맞이하여 아들들을 낳았어요 (25:1-6). 하지만 약속의 자녀는 오직 이삭뿐입니다. 이삭에게 모든 것을 물려 준 아브라함은 사라가 누운 곁에 눕습니다(7-18). 아브라함으로부터 시작된 구속 사역은 이삭에게로 이어집니다.

이삭의 후계자는 누가 될까요? 안타깝게도 리브가는 결혼한 지 20년이 되었건만 아직 아이를 갖지 못합니다. 이삭과 리브가는 이 문제를 여호와께 기도합니다. 그들은 인간적인 방법보다는 오직 하나님의 은총만을 구합니다. 그것도 적당히 구하는 것이 아니라, 온 마음으로 간절하게 구합니다. 여호와께서 그들의 기도를 들으십니다(19-21). 생명의 잉태는 사람의 힘으로 되는 것이 아니라 하나님의 은총으로 됩니다. 그러므로 간절하게 기도하면 하나님께서 당신의 때에, 당신의 방법으로 응답하십니다.

리브가에게는 그 응답이 어떻게 이루어집니까? 22절을 읽읍시다. "그 아들들이 그의 태 속에서 서로 싸우는지라 그가 이르되 이럴 경우에는 내가 어찌할꼬 하고 가서 여호와께 묻자 온대." 여호와께서는 쌍둥이 아들로 응답하십니다. 하지만 그 아들들이 태 속에서 서로 싸웁니다. 처음에는 장난치는 줄 알았는데, 어린 것들이 진짜로 싸웁니다. 엄마 생각은 조금도 하지 않은 그들의 싸움 때문에 엄마 배는 성할 날이 없습니다. 배가 아프다가 나중에는 마음도 아픕니다. 리브가는 배에 손을 대고 아이들에게 조용히 속삭입니다. '사랑하는 아들들아, 엄마를 생각하여 조용히 놀면 안 되겠니?'

그들의 싸움은 더욱 심해지니, 주님께 그 이유를 묻습니다. 23절을 읽읍시다. "여호와께서 그에게 이르시되 두 국민이 네 태중에 있구나 두 민족이 네 복중에서부터 나누이리라 이 족속이 저 족속보다 강하겠고 큰 자가 어린 자를 섬기리라 하셨더라." 리브가의 배 속에 있는 아이들은 보통 아이들이 아닙니다. 그들은 장차 한 나라를 이룰 '시조'가 됩니다. 그런데 큰 자인 형이 어린 자인 동생을 섬기게 됩니다. 이것은 당시 관습에 정면으로 도전하는 겁니다. 당시 관습은 어린 자가 큰 자를 섬기는 겁니다. 동생이 형을 섬기는 것은 보편적인 가치이기도 해요.

우리나라가 가난했던 시절에는 형은 대학에 가고, 동생은 직업전선으로 갔어요. 요즘도 형은 새 옷을 사서 입지만 동생은 형이 입은 옷을 물려받아서 입어요. 형은 아빠 다음으로 권세를 부리고 동생은 그 심부름을 해요. 하지만 이런 전통에 도전하는 동생들이 등장합니다. '형만 한 동생 없다.'라는 말에 정면으로 도전장을 내민 동생들이 늘고 있어요. 그런데 하나님께서는 이미 그런 일을 시작하셨습니다. 형에게 동생을 섬기게 하십니다.

하나님께서는 왜 형이 아닌 동생을 택하십니까? 하나님께서는 왜 일종의 '서열 파괴'를 하신 걸까요? 하나님께서 당신의 주권을 보여주신 겁니다. 하나님은 세상의 가치 체계로 사람을 택하시는 것이 아니라, 당신의 뜻에 따라서 택하십니다. 지금 하나님께서 어린 자를 택하신 것도 그가 무슨 선을 행했기 때문이 아닙니다. 반대로 큰 자가 무슨 악을 행해서 택하지 않은 것도 아닙니다. 그런 일들이 일어나기 전에 택하셨습니다. 그러므로 하나님의 택하심은 사람의 행위에 있지 않고 오직 하나님의 뜻에 있습니다(롬 9:11).

그런데 이렇게 일종의 '서열 파괴'가 일어나면 사람들은 어떻게 반응할까요? 신선하게 받아들이는 쪽보다는 반발하는 쪽이 더 많아요. 막강한 인사권을 가지고 있는 대통령이 검찰총장을 임명할 때 더러 '서열 파괴'를 합니다. 그러면 조직에서 강하게 저항합니다. '조직의 서열'을 강조하는 조직의 전통을 어겼다는 거지요.

교회는 어떠합니까? 아니 우리는 어떠합니까? 우리에게도 '영적 서열'이라는 것이 있어요. 그 서열을 파괴하면 속이 시끄러울 수 있어요. '회사는 이렇게 하는데 왜 교회는 저렇게 하는가?' 하지만 세상이 교회의 기준은 아닙니다. 무엇보다도 여호와 하나님은 '서열 파괴' '가치 파괴'를 하십니다. 당신의 뜻 가운데서 당신의 계획대로 사람을 택하여 쓰십니다. 그러므로 우리는 어떻게 해야 합니까? 하나님의 주권을 인정하고, 순종해야 합니다. 하나님의 방법 때문에 갈등이 있고, 어려움이 있을지라도 우리는 선하심을 믿고 순종해야 합니다.

그러면 이런 뜻을 품고 태어난 두 아들은 어떻게 생겼나요? 25절입니다. "먼저 나온 자는 붉고 전신이 털옷 같아서 이름을 에서라 하였고," 먼저 나온 자는 털이 많았어요. 그리고 그 털은 붉었어요. 그래서 그 이름을 '에서'라고 불렀고, 별명은 '붉다'라는 뜻인 에돔입니다.

나중에 나온 아이는 어떤가요? 그는 에서의 발꿈치를 붙잡고 나왔어요. 그래서 그의 이름을 '발꿈치를 잡은 자'라는 뜻인 야곱이라고 지었습니다 (26). 엄마 뱃속에서부터 시작된 싸움은 아직 끝나지 않았어요. 그 싸움은 나와서도 계속되는데, 그들이 커가면서 싸움도 커갑니다.

그들은 어떤 사람들로 자랍니까? 27절을 봅시다. "그 아이들이 장성하매 에서는 익숙한 사냥꾼이었으므로 들 사람이 되고 야곱은 조용한 사람이었으므로 장막에 거주하니." 에서는 열린 공간을 누비는 활동적인 사람으로 자랍니다. 그는 야성미를 발산하며 소녀 팬들을 열광하게 하는 '근육남'으로 컸어요. 반면 야곱은 집에서 '쿡(cook)'하며 지내는 조용한 사람으로 큽니다. 그는 한편으로는 사려가 깊은 사람이면서도 '부엌데기'가 되었어요. 그들을 바라보는 아빠와 엄마의 눈길은 어떠합니까? 우리 부모들은 "열 손가락 깨물어 아프지 않은 손가락이 없듯이, 열 아들을 다 사랑한다."라고 말해요.

그런데 이삭과 리브가는 좀 다릅니다. 이삭은 에서를 사랑해요. 왜냐하면 그는 에서가 사냥한 고기를 좋아하기 때문입니다(28). 이삭은 에서 자체보다도 고기를 더 사랑한 것처럼 보입니다. 이런 점에서 이삭에 대한 좋은 이미지가 흐려집니다. 그 훌륭한 노아도 말년에 포도주를 좋아하다가 문제가 생겼는데(9:21), 이삭도 고기 때문에 뭔가 일을 저지를 것만 같아요.

반면 리브가는 야곱을 사랑하는데, 그 이유는 말하지 않네요. 아마도 하나님께서 주신 약속 때문이 아닐까요? 아무튼, 서로 싸우는 두 아들도 문제인데, 그 아들들을 서로 다르게 사랑하는 엄마 아빠도 문제입니다. 이 집안은 마치 유리천장을 아슬아슬하게 걸어가는 것처럼 아슬아슬해 보입니다.

그 집안에 과연 문제가 터질까요? 29절을 봅시다. "야곱이 죽을 쑤었더니 에서가 들에서 돌아와서 심히 피곤하여." 어떤 일을 망치거나 실패하면 '죽을 쒔다.'라고 하는데, 실은 '죽을 쑤는' 것처럼 지극 정성이 들어가는 일도 없어요. 죽을 쑤고 있는 야곱이 그만큼 섬세하다는 것을 보여줍니다. 바로 그때 에서가 들판에서 사냥하고 돌아옵니다. 유능한 사냥꾼인 에서도 빈손일 때가 있어요. 그는 너무 지치고 너무 배가 고팠어요. 그때 집에서 풍기는 냄새는 그의 허기진 배를 사로잡을 만합니다.

그는 부엌으로 달려가 동생에게 말합니다. "그 붉은 죽 좀 주라. 배고파 죽겠다." 에서의 별명이 에돔인 것은 바로 여기서 유래한 겁니다(30). 그는 동생이 끓이고 있는 빨간 죽을 한입에 꿀꺽꿀꺽 삼키고 싶어 합니다. 그는 음식 앞에서 헐떡거리는 강아지를 생각나게 해요. 이 상황에서 보통의 동생은 어떻게 하나요? 형에게 죽을 주면서 말해요. "형, 뜨거워, 천천히 먹어. 김치도 줄까?" 혹 가정교육이 제대로 안 된 집안이라면 "싫어, 나도 배고프단 말이야."라고 말할 겁니다.

하지만 야곱은 뭐라고 말합니까? 31절을 봅시다. "야곱이 이르되 형의 장자의 명분을 오늘 내게 팔라." '거래하자'니 너무 뜻밖의 반응입니다. 그는 이런 기회를 오랫동안 노린 것으로 보입니다. 익숙한 사냥꾼 에서가 자기보다 한 수 위인 사냥꾼의 덫에 걸려든 겁니다. "그래, 배고파 죽겠는데, 이 장자의 명분이 무슨 유익이 있겠어"(32). 야곱의 제안도 황당하지만 그에 대해 에서의 반응도 황당합니다. 배가 아무리 고파도 그렇지 한두 끼 굶어서 죽는 것도 아닌데 팔 것을 팔아야지... 철이 없어도 너무 없습니다.

하지만 그 동생은 더 가관입니다. 형에게 맹세까지 시킵니다(33). 나중에 계약을 파기할 수 없도록 도장 찍고 서명까지 한 겁니다. 형은 너무 어리석고, 동생은 무서울 만큼 영리합니다. 형은 머리는 없고 배만 있는데, 동생은 가슴은 없고 머리만 있습니다. 정이 없는 동생, 정나미가 떨어집니다. 그래도 마지막 순간에는 팥죽과 함께 빵도 줍니다. 팥죽 한 그릇에 빵 한 개를 끼워 팔기로 되어 있나 봅니다. 에서는 동생이 준 것을 마치 굶주린 강아지처럼 먹고 마신 다음에 일어나 나갑니다(34a).

야곱은 왜 이렇게까지 하면서 장자의 명분을 가지려고 할까요? 도대체 장자의 명분은 무엇입니까? 장자는 유산을 받을 때 다른 형제들에 비해서 두 배를 받습니다. 아버지로부터 가문의 전통을 이어받고, 그 가문을 대표합니다. 즉 가문의 후계자가 됩니다. 여기서는 단순히 가문의 후계자 정도가 아니라 구속 사역의 후계자가 됩니다. 아브라함으로부터 시작된 하나님의 축복을 이어받는 자가 됩니다. 그런데 이 모든 복을 받는 조건이 바로 '장자의 명분'에 있습니다. 야곱이 '장자의 명분'에 그토록 집착한 것은 바로 이런 축복을 받고 싶었기 때문입니다. 비록 태어날 때 힘이 약해서 동생으로 밀렸지만, 살면서는 밀리고 싶지 않습니다. 한 번 동생이라고 해서 일생 동생으로 살 수는 없습니다. 그는 자신의 운명을 바꾸고 싶어 합니다. 운명에 도전하여 새 인생을 창조하고자 한 겁니다.

그런데 왜 에서는 그런 장자의 명분을 팥죽과 바꿔버렸을까요? 도대체 그의 문제는 무엇입니까? 34절을 읽읍시다. "야곱이 떡과 팥죽을 에서에게 주매 에서가 먹으며 마시고 일어나 갔으니 에서가 장자의 명분을 가볍게 여김이었더라." 에서의 문제는 장자의 명분을 가볍게 여긴데 있습니다. 그는 팥죽을 무겁게 여긴 반면 장자의 명분을 가볍게 여깁니다.

팥죽과 장자의 명분, 공통점과 차이점은 무엇일까요? 공통점은 둘 다 실제 삶 속에서 필요한 것들입니다. 삶이 안정되고 풍요로워지려면 팥죽도 있어야 하고 장자의 명분도 있어야 합니다. 차이점은 뭘까요? 팥죽이 현재적이라면 장자의 명분은 미래적입니다. 팥죽은 당장 유익이 있지만 장자의 명분은 당장보다는 미래에 유익이 있습니다. 에서는 무형의 가치보다는 현실적 유익을 더 가치 있게 여긴 겁니다. 역사는 그런 그를 '망령된 자'라고 평가합니다(히 12:16).

반면 야곱은, 팥죽은 가볍게 장자의 명분은 가치 있게 여깁니다. 야곱은 당장의 유익보다는 미래적 유익을 더 가치 있게 여긴 거고요. 하지만 막상 배고플 때 명분이 주린 배를 채워주지는 못합니다. 그래서 어떤 때는 명분을 지키다가 삶의 현장에서는 고생하기도 합니다.

그러면 왜 어떤 사람은 팥죽을 택하고, 어떤 사람은 명분을 택할까요? 사물을 보는 눈, 즉 '렌즈'에서 옵니다. 어떤 '렌즈'를 끼느냐에 따라서 사물이 다르게 보입니다. 사람들이 안경을 쓰는 것은 사물을 제대로 보기 위함입니다. 우리가 성경적 '렌즈'로 세상을 보면 성경적 가치가 아주 잘 보입니다. 반면 세상적 '렌즈'로 세상을 보면 세상적 가치가 아주 잘 보입니다. 어떤 '렌즈'로 보느냐에 따라 그 가치가 결정됩니다. 그 '렌즈'를 다른 말로는 '가치관'이라고 부릅니다. 그리고 가치관은 사람의 행동에 직접적인 영향을 끼칩니다. 가치관에 따라서 삶의 스타일이 결정되고, 삶의 목적이 결정됩니다. 한 사람의 성공과 실패 또한 가치관에 의해서 결정됩니다.

에서가 팥죽에 집착할 수밖에 없는 것은, 그의 가치관이 먹는 것을 가장 가치 있게 여기기 때문입니다. 야곱이 장자의 명분에 목숨을 건 것도, 그의 가치관이 미래적인 유익을 가장 가치 있게 여기기 때문입니다. 야곱이라고 해서 배가 고프지 않을까요? 팥죽이 먹고 싶지 않을까요? 하지만 그는 참습니다. 아니 참을 수 있습니다. 그의 가치관이 그의 삶을 조정하기 때문입니다.

그러면 오늘 우리에게 장자의 명분은 무엇입니까? 하나님의 백성이라는 신분입니다. 우리에게는 캠퍼스의 성경 선생이요 목자로서의 명분이 있습니다. 그런데 우리 시대 분위기는 어떠합니까? 우리는 실용주의라는 거대 담론 속에서 살고 있어요. 이런 현상은 사람을 자기중심적이 되게 합니다. 결혼에 대한 소망도 약하게 만듭니다. 공동체에 대한 의식도 약해지면서 교회에 대한 매력도 떨어집니다. 가치가 미래적인 것보다는 현실적인 것에, 영적인 것보다는 물질적인 것에, 자기 자신의 유익에 있습니다. 이런 시대 분위기는 성경 교사의 명분을 가치 있게 여기는 우리를 유혹합니다.

이 유혹을 어떻게 이길 수 있습니까? 에서의 '렌즈'로 보면 '한 영혼의 목자'의 명분은 팥죽보다 못합니다. 하지만 야곱의 '렌즈'로 보면 정말 귀하고 가치 있는 일입니다. 목자는 오늘이 아닌 내일을, 내가 아닌 양을, 그리고 교회 공동체를 소망하며 삽니다. 내 유익보다는 하나님의 구속 사역의 유익을 바라며 삽니다.

저는 여름 수양회 제목을 생각하는 중에 "한 영혼의 목자"라는 말이 들어왔어요. 한 동역자에게 현수막을 만들라고 했더니, 몇 개의 견본을 보여 주더군요. 그때 이런 글귀가 보였어요. "내 생애에 가장 아름다운 미션(Mission)." "한 생명이라도." 저는 좀 길지만, "내 생애에 가장 아름다운 Mission" "한 영혼의 목자: 한 생명이라도"를 제목으로 삼았어요. 그리고 계속 마음에 새기고 있습니다. 왜냐하면 우리 시대에 정말 중요한 일이 '한 영혼의 목자'로 사는 것이라고 믿기 때문입니다. 이 사명이야말로 하나님께서 우리에게 주신 명분이라고 믿기 때문입니다.

우리가 이런 삶을 살려면 우리의 '렌즈'가 바뀌어야 합니다. 즉 우리의 가치관이 변해야 합니다. '한 영혼에 대한 목자'의 명분이 '내 생애에 가장 아름다운 Mission'이라는 가치가 있어야 합니다. 그 가치가 수양회를 준비하고 섬기는 중에 가슴 속 깊은 곳에서부터 싹틀 수 있기를 원합니다!

제23강
순종과 복

◇ 본문 창세기 26:1-33
◇ 요절 창세기 26:12
◇ 찬송 450장, 449장

　이런 속담이 있어요. "어른 말을 들으면 자다가도 떡이 생긴다." 먹을거리가 귀한 그 시절에 떡이 얼마나 귀합니까? 어른 말을 잘 들으면 전혀 생각지도 못한 때에 그 귀한 떡을 먹습니다. 이 말을 이렇게 해석할 수 있을까요? "하나님의 말씀을 들으면 예상치 못한 복을 받는다." 그러면 오늘 우리가 순종해야 할 내용은 무엇입니까? 주님께서 주시는 복은 무엇입니까?

　첫째, 먹고 살기 힘들어도 약속의 땅을 지켜야 합니다(1-6).

　믿음의 2세로서 야심 차게 시작한 이삭에게 첫 시련이 닥칩니다. 그 시련은 먹고 사는 문제입니다. 그 땅에 흉년이 들었기 때문입니다(1). 흉년이 들면 먹을거리가 동이 납니다. 먹을거리가 동이 나면 인심이 동이 납니다. 사람들이 까칠해지고 흉흉해집니다. 이삭은 물 좋은 애굽으로 가려고 합니다. 그렇다고 해서 애굽으로 완전 이민 가는 것은 아닙니다. "소나기는 피하라."는 말처럼, 경제가 나아질 때까지만 애굽에서 버티려고 한 겁니다. 선교지 경험도 쌓으면서요.

　하지만 여호와께서는 어떤 방향을 주십니까? 2절입니다. "여호와께서 이삭에게 나타나 이르시되 애굽으로 내려가지 말고 내가 네게 지시하는 땅에 거주하라." 여호와께서 아브라함에게는 "떠나라"고 하셨는데(12:1), 이삭에게는 "가지 말라"고 말씀하십니다. 어떤 사람에게는 '떠나는 것'이 순종이고, 어떤 사람에게는 '남는 것'이 순종입니다.

어떻게 알 수 있을까요? 일반적으로는 그 말씀에 순종하기 어려운 것이 주님께서 내게 주신 말씀입니다. 지금 이삭에게는 떠나는 것보다 남는 것이 더 힘듭니다. "남으라"는 말을 잘못 들으면 "그곳에서 굶어 죽어라"는 말로 오해할 수 있어요. 왜냐하면 그 말씀에 순종하는 일이 보통 어려운 일이 아니기 때문입니다. 그곳에 있으면 당장 끼니를 걱정해야 합니다. 믿음의 계승자라고 해서 이슬만 먹고 사는 것은 아닙니다. 먹고 살아야 사명도 감당할 수 있습니다. 사람이 살면서 끼니를 걱정하는 일처럼 비참한 것도 없습니다. 어떤 사람은 냉장고만 비어 있어도 불안감을 느낍니다.

그런데도 왜 애굽으로 가면 안 됩니까? 약속의 자녀는 약속의 땅을 지켜야 하기 때문입니다. 믿음의 계승자는 사명의 땅을 지켜야 하기 때문입니다. 하지만 여기에는 실존적 고민이 있습니다. '사명의 땅을 지키자니 배가 고프고, 배부름을 찾아서 떠나자니 명분이 사라지고.' 이 딜레마를 스스로 해결할 수 없다는 사실이 더 힘들고 슬프기까지 합니다.

그때 여호와께서 어떤 약속을 주십니까? 이삭이 어려움 속에서도 순종하면 약속의 땅을 주시고, 약속의 자녀들을 별처럼 번성하게 하신다고 약속하십니다(3-4). 이 약속은 본래 아브라함에게 주셨던 그 약속입니다. 그 약속을 왜 다시 주시는 걸까요? 아브라함이 믿음의 조상으로서 정체성을 갖고 약속의 땅을 지킨 것처럼 이삭도 그 정체성을 갖고 약속의 땅을 지키라는 겁니다. 아브라함이 약속을 믿고 순종하여 산 것처럼 이삭도 순종하여 살라는 겁니다. 그러면 아브라함의 순종을 보시고 축복하신 것처럼 이삭의 순종을 보고 축복하시겠다는 겁니다(5).

그 약속 앞에서 이삭은 어떻게 합니까? 6절을 읽읍시다. "이삭이 그랄에 거주하였더니." 사람들이 "이곳에는 더는 희망이 없다."라며 선진국 애굽으로 이민 가는 그 상황에서 이삭은 순종합니다. 그 순종은 믿음에서 나온 겁니다. 즉 하나님께서 그 흉년 중에도 먹이실 것을 믿은 겁니다. 순종은 현실에서 오지 않고, 약속을 믿는 믿음에서 나옵니다.

하나님께서 우리에게 주신 약속의 땅은 어디입니까? 하나님의 나라입니다. 하나님의 다스림과 인도하심이 있는 곳, 하나님의 뜻을 이루어가는 곳, 교회 공동체입니다. 그런데 그 약속의 땅은 아무런 문제도 없는 진공 상태가 아닙니다. 먹고 사는 현실 문제가 있는 곳이기도 합니다. 그래서 어떤 사람들은 절박한 현실 문제 앞에서 좀 더 나은 곳을 찾아서 교회 밖으로 나가기도 합니다. 어떤 이는 "현실 문제를 해결할 때까지만 잠깐만 나갔다 오겠다."라며 나갑니다. 그런데 그 '잠깐'이 '영원'이 되기도 해요. 하지만 우리는 오늘도 약속의 땅을 지키기 위해서 이렇게 모였습니다. 하나님의 약속이 당장에 현실로 나타나지 않을지라도 그 약속을 믿고 순종하고 있습니다. 이런 우리를 보고 어떤 사람은 어리석다고 핀잔을 주기도 해요. 그리고 자칭 잘 나가는 사람은 자기 살길을 찾아서 훌훌 떠납니다.

이런 말이 생각납니다. "등 굽고 못생긴 소나무가 산을 지킨다." 잘 빠진 나무는 사람들이 베어가고 별 볼 일 없는 나무들만 남습니다. 하지만 그 나무들이 그 산을 지켜서 '우리 강산 푸르게'를 만들어 갑니다. 바로 약속을 믿고 순종하는 사람들입니다. 순종하는 사람들이 하나님의 구속 사역에 쓰임 받습니다. 하지만 그 앞길을 가로막는 방해물은 또 있습니다.

둘째, 두려워도 약속의 땅을 지켜야 합니다(7-14a).

리브가도 시어머니를 닮아 나이를 먹었는데도 불구하고 아리땁습니다. 이삭도 아버지를 닮아 아내를 누이라고 말합니다. 자기를 죽이고 아내를 뺏어갈 것 같아 두렵기 때문입니다(7). 그런데 그런 거짓말은 금방 탄로가 납니다. 더 큰 두려움에 빠지게 됩니다. 그들 부부는 사람들 앞에서는 오누이로 살지만, 집에서는 부부로 삽니다. 그들은 아비멜렉 왕에게 들키고 맙니다.

그는 이삭을 불러 꾸짖습니다(8–11). 두려움 때문에 무너진 이삭은 내려갈 곳이 없을 만큼 떨어집니다. 하나님의 영광을 드러내야 할 그가 오히려 영광을 땅에 떨어뜨리고 맙니다. 두려움을 이기지 못하면 사람이 이렇게 망가질 수 있어요.

첨단과학의 산물인 항공기의 1급 조종사들도 활주로에 새들이 나타나면 비행을 포기한다는군요. 이른바 '조류충돌(Bird Strike)'로 인한 사고 우려 때문입니다. 시속 900km로 비행하는 항공기에 2kg의 새 한 마리가 충돌하면 60t 무게의 충격을 준다고 해요. 조종사들은 이 새들을 '참새 미사일'로 부른다고 하니, 가히 공포의 대상인 것은 분명합니다.

우리의 삶에도 조류충돌이 있어요. 지극히 작고 사소한 부주의 하나가 삶을 송두리째 흔들어놓을 수 있습니다. 인생이라는 이름의 거대한 항공기도 작은 실수라는 이름의 참새 한 마리 때문에 여지없이 추락할 수 있습니다. 작은 타협, 작은 불순종이 신앙의 추락으로 이어지는 경우가 많아요. 사람은 너무나 나약한 존재입니다. 이 나약함을 어떻게 이길 수 있나요? 오직 믿음으로만 이깁니다.

그런데 이삭은 두려움 때문에 실수했어요. 그런 이삭은 버림받나요? 12절을 봅시다. "이삭이 그 땅에서 농사하여 그해에 백 배나 얻었고 여호와께서 복을 주시므로." 이삭은 실수했을지라도 약속의 땅에서 살아남기 위해서 농사를 짓습니다. 그러자 '대박'이 터졌어요. 여호와께서 복을 주셨기 때문입니다. 보통 사람들은 순종보다는 실수만 물고 늘어집니다. 열 번 순종해도 한 번 실수하면 그 실수한 것 때문에 '왕따'를 하고, '토사구팽'을 합니다. 하지만 우리의 하나님은 실수보다도 순종을 더 귀하게 여깁니다.

하나님은 순종하는 자를 축복하십니다. 따라서 순종은 여호와의 복을 받는 그릇입니다.

그 복이 어떠합니까? 13-14절을 읽읍시다. "그 사람이 창대하고 왕성하여 마침내 거부가 되어, 양과 소가 떼를 이루고 종이 심히 많으므로 블레셋 사람이 그를 시기하여." 한 번 '대박'이 터지면 대개 그것으로 끝나는데, 이삭은 점점 더 큰 부자가 됩니다.

이 말씀을 오늘 우리에게는 어떻게 적용할 수 있을까요? 오늘 우리는 장소적으로 '어디를 지켰느냐'보다는 '사명을 지켰느냐'의 의미로 적용해야 합니다. 러시아의 한 선교사는 캠퍼스에서 성경 선생으로서의 정체성을 지키려다 먹고 사는 어려움을 참 많이 겪었습니다. 초창기 때는 러시아 양들을 좁은 집에서 데리고 사느라 딸들에게 한국말을 가르치지 못했어요. 큰딸은 두 동생의 엄마 노릇도 해야 했고요. 그런 모습이 너무 강하여 주위 사람들에게 부담을 주기도 했어요. 또 주변에서는 '다른 길을 가라.'고 유혹을 많이 했어요. 그래도 그는 중심을 지켰습니다. 하나님께서는 그의 순종을 받으셔서 먹고사는 문제를 축복하십니다. 그리고 세 딸들을 잘 키워주십니다. 지금은 형제 제자양성을 위해서 기도하고 있는데, 이 또한 복을 주실 줄 믿습니다.

미국의 한 선교사도 신혼 때 대덕연구단지에서 직장생활을 시작했어요. 하지만 그는 캠퍼스의 성경 선생으로 살기 위해서 천안에 집을 얻고, 고속도로에 돈을 많이 뿌렸습니다. 미국에서도 대학생의 성경 선생으로 살기 위해서 사명의 땅을 지켰습니다. 저는 먹고사는 일이 위태하여 좋은 직장을 찾아서 가라고 했는데, 그는 남았습니다. 그런 그에게 하나님께서 백배나 복을 주셨습니다.

순종을 통한 복을 체험한 사람들이 어찌 이들뿐이겠습니까? 우리는 장소적으로뿐만 아니라 영적으로 사명의 땅을 지킴으로써 복을 체험하고 있습니다. 어떤 분은 '캠퍼스의 성경 선생'으로 살기 위해서 고구마 장사를 하며 박사 학위를 마쳤어요. 그리고 소위 '보따리 장사'인 시간 강사로 뛰었습니다. 돈이 없어서 결혼도 못 하고 기다렸어요. 그런 그를 성숙한 믿음의 여인은 잘도 기다렸습니다. 이제는 회사에 취직하여 캠퍼스를 섬기고 있습니다. 그런 그에게 하나님께서 복을 주십니다.

또 다른 분의 직장은 전주에 있어요. 그는 주말부부로 생활해요. 그가 이런 생활을 하는 것은 캠퍼스 복음 사역을 지키기 위함입니다. 주님께서는 그의 순종을 받으시고 여러 모양으로 축복하십니다. 우리는 삶의 현장에서 이런 복을 경험하고 있습니다. 그래서 순종을 강조합니다. 나만 순종하기 위해서 몸부림치는 것이 아니라, 우리 양과 자녀에게도 순종을 가르치기 위해서 애를 씁니다.

이런 말이 있어요. "나이가 50살이 되면 외모가 모두 평등해지고, 60살이 되면 학벌이 모두 평등해지고, 70살이 되면 건강이 모두 평등해진다." '쉰 세대'가 되면 '얼짱'이나 '민주형'이나 다 평등해집니다. 무엇이 중요할까요? 하나님의 말씀에 순종했느냐, 못했느냐가 중요합니다. 우리는 캠퍼스 목자요 성경 선생으로 살고 있습니다. 우리의 목적과 가치는 믿음의 후계자를 세우는 데 있습니다. 그 일이 어떻게 이루어집니까? 순종을 통해서 이루어집니다. 여호와는 우리의 현실과 조건을 뛰어넘어 일하십니다. 하나님은 우리의 삶의 여정에서 순종을 원하십니다. 그 순종이 어떤 때는 불편하기도 하고, 힘이 들 때도 있어요. 하지만 주님을 믿고 순종하면 복을 주십니다.

셋째, 해코지를 당해도 약속의 땅을 지켜야 합니다(14b-33).

사람들은 이삭의 축복을 보고는 시기합니다. 자기들은 순종하여 살지 않으면서 순종의 복을 누리는 사람을 시기합니다. 그리고 그의 우물을 흙으로 막아버립니다. 그것으로 성이 차지 않자, 이삭을 쫓아냅니다. 대개 힘이 없고 가진 것이 없어서 쫓겨나는데, 이삭은 강성하여 쫓겨납니다. 이삭은 다른 곳으로 옮겨서 다시 우물을 팝니다. 그러자 사람들은 용역을 고용하여 그 우물을 다시 메웁니다. 이삭은 다투지 않고 다른 곳으로 옮겨서 다시 우물을 팝니다(14b-21).

이삭은 왜 사람들로부터 해코지를 당하는 겁니까? 사명의 땅을 지키려고 하기 때문입니다. 그에게 사명만 없다면 치사하게 그곳에 버틸 이유가 없습니다. 미련 없이 좀 더 좋은 곳을 찾아서 훌쩍 떠나면 그만입니다. 그가 사명의 땅을 지키려고 하기에 이런 해코지를 당하는 겁니다. 다시 말하면 사명의 땅을 지키는 일이 이렇게 쉽지 않다는 겁니다. 사명의 땅을 지키는 일에는 끊임없는 몸부림이 요구됩니다.

'국민 남동생' 박태환 선수는 로마 세계수영선수권대회에서 참패를 당했어요. 그에게 기대를 걸었던 사람들은 충격에 빠졌고요. 그는 "초심으로 돌아가 처음부터 다시 시작하겠다."라는 말로 위안을 삼았습니다. 한번 금메달을 땄다고 해서 계속해서 딸 수 있는 것이 아닙니다. 신앙생활도 마찬가지입니다. 끊임없이 믿음으로 살지 않으면 참패를 당할 수 있습니다. 왜냐하면 사람들의 저항이 계속되기 때문입니다. 그러나 이삭은 사람들과 싸우지 않습니다.

어떻게 이렇게 할 수 있을까요? 22절을 봅시다. "이삭이 거기서 옮겨 다른 우물을 팠더니 그들이 다투지 아니하였으므로 그 이름을 르호봇이라 하여 이르되 이제는 여호와께서 우리를 위하여 넓게 하셨으니 이 땅에서 우리가 번성하리로다 하였더라." 그는 여호와 하나님의 함께 하심을 믿습니다. 물질을 풍요롭게 하신 여호와께서 우물도 주실 줄 믿습니다. 그 믿음이 온유함으로 나타난 겁니다. 온유함으로 땅을 차지합니다(시 37:11, 마 5:5).

온유는 연약한 것 같지만 실상은 강함이요, 패배 같으나 실상은 승리입니다. 하나님은 그런 그를 격려하십니다. 이삭은 그곳에 단을 쌓고 여호와의 이름을 부릅니다(23-27). 그는 여호와 하나님과의 교제를 통하여 믿음을 계속해서 충전 받습니다. 그런 그를 세상도 하나님의 사람으로 인정합니다. "여호와께서 너와 함께 계심을 우리가 분명히 보았으므로."(28).

이삭은 먹고살기가 어려워서 약속의 땅을 떠나려고 했어요. 하지만 하나님의 말씀에 순종하여 약속의 땅을 지켰어요. 그랬을 때 먹을거리를 해결해 주셨어요. 사람들이 시기하여 그를 약속의 땅에서 쫓아내려고 했어요. 하지만 그는 약속의 땅을 지키기 위해서 계속해서 우물들을 팠어요. 그때마다 하나님께서 물을 주셨어요. 사람들은 그런 이삭을 보고 하나님의 사람으로 인정합니다. 하나님께 복을 받으면 사람에게도 인정을 받습니다. 이것이야말로 삶의 현장에서 하나님의 영광을 드러내는 일이요, 효과적인 전도입니다.

오늘 우리는 어떠합니까? 인도의 경우 제대로 교육받은 신학자들이 자국에서 가르치기보다 영국이나 서방 국가에 머물기를 원합니다. 그 때문인지 인도 기독교인 수는 여전히 변하지 않고 있어요. 한국 교회는 매년 수천 명의 선교사를 외국에 파송하고 있지만 정작 우리나라에서 그 영향력은 말이 아닙니다. 선교사로 떠나는 동기에 문제가 있다는 겁니다. 떠나야 할 사람은 떠나야 하겠지만, 떠나지 않고 약속의 땅을 지킴으로써 그 영향력을 끼치고 인정받는 일도 소중합니다.

우리가 힘들어도 약속의 땅을 지키면 하나님께서 복을 주십니다. 두려울 때도, 해코지를 당해도 지키면 복을 주십니다. 이 복을 체험하기를 기도합니다!

제24강
복과 속임수

◇ 본문 창세기 26:34-28:9
◇ 요절 창세기 27:27
◇ 찬송 549장, 469장

어떤 여자가 뭘 훔치다가 붙잡혔어요. 그런데 그녀는 '얼짱'이었어요. 그러자 누리꾼들이 "그녀를 용서하라."라고 야단을 쳤어요. '얼굴만 예쁘면 죄를 지어도 괜찮다.'라는 것처럼 말입니다. 그렇다면 이 질문에는 어떻게 답해야 하나요? "성경을 읽기 위해 촛불을 훔쳤다면, 어떻게 해야 하는가?" 삼류 만화를 보기 위해서 촛불을 훔친 것보다는 정상 참작이 되겠지만, 훔친 것 자체는 문제입니다. 목적이 정당하다고 해서 모든 수단까지 정당화할 수는 없기 때문입니다. 그러면 이것을 우리의 신앙생활에서는 어떻게 적용할 수 있습니까?

이삭의 큰아들 에서는 믿음이 없는 여인과 결혼했어요. 그것도 한꺼번에 두 아내를 얻었어요. 그런 그는 엄마 아빠의 마음에 대못을 박은 겁니다(26:34-35). 이삭은 나이가 많아 눈이 어두워 잘 보이지 않습니다. 앞으로 80년을 더 사는 것을 볼 때 치매가 온 것은 아니고 시력만 약해진 겁니다. 그래도 이삭은 후계자로 에서를 마음에 둡니다(24:1-4). 에서가 큰아들이기 때문에 당연해 보이지만 실은 문제가 있어요.

왜죠? 첫째는, 믿음이 없는 여인과 결혼했기 때문입니다. 믿음의 가문이라는 정통성을 이어가려면 아내도 믿음이 있어야 합니다. 하지만 에서는 이 점에서 심각한 결격 사유가 있어요.

둘째는, 후계자를 세우는 동기 때문입니다. 이삭은 에서에게 별미를 요구합니다. 이것은 에서가 팥죽 한 그릇을 위하여 장자의 명분을 팔아버린 일과 닮았어요. 아빠와 큰아들은 원칙보다는 먹는 것을 우선하고 있어요.

셋째로, 하나님의 뜻을 거스르기 때문입니다. 하나님은 큰아들이 아닌 작은 아들을 후계자로 삼으신다고 분명히 말씀하셨어요(25:23). 하지만 이삭은 그 뜻을 모른 척합니다. 고의성이 엿보입니다. 그렇게 순종적이던 이삭, 먹을거리가 없음에도 순종하던 이삭, 그런 이삭은 어디로 가버린 걸까요? 사람이 이렇게 변할 수 있다는 점을 공감하면서도 심히 부담스럽습니다. 동시에 이런 사람도 하나님의 구속사에 쓰임 받는 사실이 소망으로 다가옵니다.

그러면 이삭의 아내 리브가는 어떤가요? 27:5을 봅시다. "이삭이 그의 아들 에서에게 말할 때에 리브가가 들었더니 에서가 사냥하여 오려고 들로 나가매." 남편과 큰아들이 속삭이는 말을 들은 아내의 마음이 어떨까요? 자기와 의논하지 않은 남편이 밉고 화가 났을까요? 하나님의 뜻을 거스른 것 때문에 마음이 무거웠을까요?

리브가는 어떻게 대응합니까? 남편에게 과일을 깎아주며 속사정에 대해서 조곤조곤 설명을 들으려고 하나요? 아니요. 그녀도 남편과 의논하는 대신에 자기 아들 야곱을 부릅니다. 그리고 아버지와 형이 은밀하게 추진하고 있는 내용을 알립니다(6-7). 아빠의 계획을 무산시키고 야곱으로 하여금 복을 받게 하자는 겁니다. 하지만 야곱은 두려워합니다. 자기 외모가 형과는 너무 대조되기 때문입니다. 아무리 눈이 침침한 아빠라도 자기 아들인데, 금방 알아보지 않겠어요? 그러면 축복은커녕 저주를 받을 수 있습니다(11-12).

하지만 엄마는 용감합니다. "내 아들아, 너의 저주는 내게로 돌리라. 모든 책임은 이 엄마가 진다. 너는 오직 시키는 대로만 해라"(13). 엄마는 요리사가 되어 새끼 염소 두 마리로 짜지 않고 맵지 않은 상큼한 별미를 만듭니다. 또 야곱의 '코디(coordinator)'가 되어 염소의 고운 털로 수염을 만들어 붙이고, 손과 가슴에도 털을 붙여서 에서로 변장시킵니다(14-16). '성대모사'와 같은 '개인기'도 가르칩니다. 드디어 아빠를 속이는 무대로 아들을 보냅니다(17).

아빠 앞에서 야곱은 어떻게 연기합니까? 아빠가 물어요. "넌 누구니? 큰 아들, 작은아들." "맏아들 에서요. 맛있는 요리를 해 왔어요." 이삭이 믿을 수 없다는 듯이 물어요. "어떻게 그렇게 빨리 사냥감을 잡았니?" 야곱이 엉겁결에 말해요. "아버지의 하나님 여호와께서 도와주셨어요." 그는 자기도 모르게 하나님을 팔았어요. 예나 지금이나 거짓말할 때 하나님이 많이 등장합니다. 그런데 그 말은 '에서적 표현'이 아닙니다. 에서는 삶 속에서 하나님에 대해서 말하지 않거든요. 이삭이 이상하게 여겨 야곱을 만져 봅니다.

야곱의 연기가 들통날까요? "네 목소리는 야곱의 목소리 같은데, 손은 에서의 손처럼 털이 많구나." 긴장감이 흐릅니다. 하지만 담대해진 야곱은 아버지에게 확신을 심습니다. "아빠, 에서예요. 사냥하느라 감기가 들어서 그래요." 발각의 위험은 사라지고 이삭은 야곱이 준비한 저녁상을 실컷 먹습니다. 배가 부르자 야곱을 불러 축복합니다(25-27). 자신의 영혼을 다하여 축복합니다.

그 축복의 내용은 무엇입니까? 첫째로, 풍성한 곡식입니다. 28절입니다. "하나님은 하늘의 이슬과 땅의 기름짐이며 풍성한 곡식과 포도주를 네게 주시기를 원하노라." 믿음의 계승자가 가난하면 사명을 잘 감당할 수 없습니다. 삶이 풍성해야 사명도 풍성하게 감당할 수 있습니다.

둘째로, 사회적인 지위입니다. "만민이 너를 섬기고 열국이 네게 굴복하리니 네가 형제들의 주가 되고 네 어머니의 아들들이 네게 굴복하며"(29a). 야곱은 둘째 아들이 아니라, 그 가문을 잇는 후계자가 됩니다. 동시에 하나님의 구속 사역의 계승자가 됩니다.

셋째로, 복의 통로입니다. "너를 저주하는 자는 저주를 받고 너를 축복하는 자는 복을 받기를 원하노라"(29b). 이제부터 하나님께서는 야곱을 통하여 일하십니다. 구속사역을 이끌어가는 주인공이 됩니다.

그러면 에서는 어떻게 됩니까? 축복을 받은 야곱이 아버지 앞에서 나가자 곧 에서가 사냥하여 돌아왔어요. 그가 별미를 만들어 아버지에게로 가지고 가지만, 때는 이미 늦었어요. 아버지는 물론이고 에서도 충격에 빠집니다. 특히 에서는 한 번도 아니고 두 번씩이나 속은 것이 분하고 억울하여 땅을 치고 하늘을 쳤지만, 소용이 없습니다. 시간을 되돌릴 수 없습니다. 에서는 정신을 차리고 아빠에게 남은 복이라도 달라고 호소합니다 (30-36).

그러나 이삭은 무엇이라고 말합니까? 37절입니다. "이삭이 에서에게 대답하여 이르되 내가 그를 너의 주로 세우고 그의 모든 형제를 내가 그에게 종으로 주었으며 곡식과 포도주를 그에게 주었으니 내 아들아 내가 네게 무엇을 할 수 있으랴." 야곱에게 복을 다 주었기 때문에 에서에게 줄 복이 없어요. 기가 막힌 에서가 소리 높여 울면서 말해요(38). "아버지, 아버지, 빌 복이 이 하나뿐인가요?" 이 말씀에서 두 가지 생각이 듭니다.

첫째로, 복에 집착하는 에서입니다. 과거에 그는 장자의 명분을 팥죽 한 그릇과 바꿔먹었어요. 그런 그가 왜 이토록 복을 원할까요? 그도 복의 중요성을 깨달은 겁니다. 사람은 팥죽만 먹고 살 수 없어요. 사람이 맨 날 사냥만 하면 좋을 것 같지만 별것이 없어요. 믿음의 세계를 알고 감당하는 일이 힘은 들더라도 삶의 의미가 있고 열매가 있습니다.

둘째로, 복은 하나뿐입니다. 우리가 컴퓨터에 있는 내 자료를 다른 사람에게 보내면 어떻게 되나요? 아무리 많은 사람에게 보내도 없어지지 않고 그대로 있어요. 그런데 왜 복은 여러 사람에게 줄 수 없을까요? 여기서 복은 일종의 '세자 세우기'와 같은 겁니다. 세자는 한 사람만 세울 수 있지, 이 아들도 세우고 저 아들도 세울 수 없습니다. 일반적인 복은 누구에게나 줄 수 있지만 믿음의 후계자는 오직 한 사람만 세울 수 있습니다. 그런 점에서 야곱에게 주어진 복을 에서에게 줄 수 없습니다. 에서에게 줄 수 있는 복은 뭡니까? 땅의 풍성함에서 멀어지는 겁니다. 동생을 섬기며 사는 겁니다(39-40). 즉 영원한 2인자로 사는 겁니다. 이 현실을 알게 된 에서는 야곱을 죽이려고 한을 품습니다. 그는 제 2의 가인이 되려고 합니다(41).

이 사실을 안 리브가는 어떻게 합니까? 이브처럼 두 아들을 잃어버릴 수 있어요. 리브가는 야곱을 불러 외가로 피난 보냅니다. 하지만 이 일은 남편의 허락이 필요합니다. 이삭은 가문의 가장이요, 하나님께서 세우신 종이기 때문입니다. 그러므로 중요한 일은 이삭을 통하여 이루어질 수밖에 없습니다. 그런데 리브가는 다시 이삭에게 핑계를 댑니다. 리브가는 믿음 없는 두 큰며느리를 꼴도 보기 싫었어요. 그 점은 이삭도 동감입니다.

만일 작은 며느리까지 이런 며느리가 들어오면 어떻게 살겠어요? 이것을 핑계로 야곱을 외가로 보내자는 겁니다(42-46). 이삭도 반대할 이유가 없어요. 그는 아들을 불러 결혼의 중요성에 대해서 역설한 후 믿음의 결혼에 대한 사명을 주어 외가로 파송합니다(28:1-5). 그런데 이것을 본 에서도 이스마엘의 딸, 즉 외가의 딸을 얻어 새장가를 갑니다. 지금의 아내들이 엄마 아빠에게 찍힌 것을 알고 새 아내를 통해서 돌파구를 찾고자 한 겁니다(6-9).

하지만 그는 '외가의 여인'이 중요한 것이 아니라 '믿음의 여인'이 중요하다는 사실을 몰랐어요. 그가 모른 또 한 가지는, 야곱이 집을 떠난 속사정입니다. 겉으로는 믿음의 여인을 찾기 위한 것처럼 보이지만 실은 도망친 겁니다. 복을 받은 야곱은 왜 도망자가 된 겁니까? 집을 떠나려면 복을 받지 못한 에서가 떠나야 하지 않을까요? 믿음의 계승자가 된 야곱은 이제부터 집을 지키며 자기가 누릴 수 있는 권리를 행사해야 합니다. 하지만 그는 모든 권리로부터 도망칩니다. 이것은 역설입니다. 왜죠? 그가 복을 받은 방법에 문제가 있음을 보여줍니다. 이것은 리브가의 방법에 문제가 있었음을 보여줍니다.

우리는 리브가의 행동을 어떻게 평가해야 할까요? 아니 성경이 어떻게 평가하고 있나요? 그녀는 분명 하나님의 뜻을 이루기 위해서 나름대로 최선을 다했어요. 이삭이 하는 대로 내버려 두면 하나님의 뜻이 망가질 수 있어요. 그것을 막기 위해서 수단과 방법을 가리지 않았어요. 그런데도 본문의 분위기는 환한 아침 햇살로 다가오지 않아요. 야곱이 복을 받았으면 감사의 찬양이 울려 퍼져야 마땅한데, 오히려 먹구름이 밀려옵니다. 가정이 깨어지고 가족 간의 신뢰가 무너집니다. 엄마 아빠는 두 아들이 밥상 앞에서 씩씩거리는 모습을 보면서 마음이 얼마나 아플까요? 인간적인 방법으로 하나님의 뜻을 이루려는 모습의 결과가 이렇습니다. 리브가는 자기 방법만이 가장 옳다는 지나친 생각 때문에 다른 생각을 하지 못한 겁니다. 하나님의 뜻을 자신의 눈높이에서 조작한 겁니다. 남편에게 속임수를 쓴 거지요.

그러면 리브가는 남편이 하려는 일을 모른 척하고 넘어가야 했나요? 모르면 몰라도 알면서도 넘어간다면, 그 또한 심각한 일이 아닐까요? 어쩌면 지금 그들 사이는 서로 평행선을 달리고 있어요. 리브가에게 남편이란 영적이지 못하여, 먹을 것만 밝히고 무능하기 짝이 없는 사람으로만 각인이 되었을까요? 반면 이삭에게 아내는 일방적으로 자기 고집만 강요하는 전

형적인 아줌마로 고착되었을까요? 그렇다면 모범답안은 뭘까요?

이렇게 생각해 볼 수 있을까요? 리브가는 아무리 속이 상해도 남편과 의논해야 합니다. 남편을 설득해야 합니다. 무엇보다도 아무리 남편 하는 일이 마음에 들지 않아도, 남편의 권위를 인정해야 합니다. 남편을 통해서 계승 사역을 이룬다는 사실을 받아들여야 합니다. 특히 남편을 세우신 하나님을 믿어야 합니다. 남편을 세우시고 쓰시는 하나님을 믿으면 아무리 마음에 들지 않는 남편일지라도 믿을 수 있어요. 그러면 하나님의 뜻을 찾고 따를 수 있습니다. 그러므로 리브가가 일방적으로 일을 처리한 것은 믿음이 있는 것이 아니라 오히려 없는 겁니다.

이 점이 리브가의 가장 큰 약점이 아닐까요? 자기는 믿음으로 일을 화끈하게 처리했다고 생각하지만, 실은 자기중심적으로 일을 처리한 겁니다. 리브가의 이런 일 처리는 그 목적은 좋았지만, 그 방법은 아주 좋지 않았어요. 목적이 선하다고 해서 그 방법까지 무조건 선한 것은 아닙니다. "모로 가도 서울만 가면 되는 것"이 아니라 정당한 방법으로 가는 것이 중요합니다. 목적이 하나님의 뜻을 이루려는 것이라면 그 방법도 하나님의 뜻 안에서 이루어져야 한다는 겁니다.

이 사실이 오늘 우리에게는 어떻게 적용할 수 있을까요? 오늘 우리를 볼 때, '난 이삭 계열'입니까? 아님 '리브가 계열'입니까? 형제들은 이삭 계열이고, 자매들은 리브가 계열인가요? 형제고 자매고 가만히 살펴보면 많은 사람이 '이삭 계열'로 삽니다. 즉 말로는 믿음이 있다고 하지만 실제로는 자기 입맛대로 사는 사람이 많다는 말입니다. 이런 점에서 볼 때 리브가와 같은 사람들이 절대적으로 필요합니다. 리브가적인 삶이 훨씬 역동적이고, 실제로 뭔가 역사도 만들어 냅니다. 저는 과거에 이렇게 살지 못한 것에 대한 열등감이 있었어요. 지금도 이런 삶을 사는 사람을 보면 한편 부럽기도 해요. 리브가의 삶의 위대함을 말하는 것이 훨씬 감동적일 수 있어요. "우리 모두 캠퍼스 복음 사역을 섬기고, 여름 수양회를 섬기기 위해서 리브가처럼 수단 방법을 가리지 말고 일을 합시다!" 이렇게 말하면 말하는 저뿐만 아니라 듣는 여러분도 가슴이 뜨거울 수 있어요.

하지만 성경은 리브가적인 삶이 하나님을 기쁘시게 하지 못한다는 겁니다. 즉 우리의 신앙 모델이 될 수 없다는 겁니다. 실제 삶의 현장에서는 이런 삶이 세상에 영향력을 끼치지 못합니다. 일하고도 욕을 먹습니다. 지나치게 목적 중심으로만 일하기 때문입니다. 이런 점 때문에 '안티(anti)'들이 생깁니다. 믿음의 사람은 영적 성공을 얻기 위해서 누군가를 속이는 방법을 시도해서는 안 됩니다(고후 4:2). 하나님의 뜻보다 나의 뜻이 앞설 때, 하나님의 행하심보다 나의 행동이 앞설 때 속임수를 부릴 수 있어요. 우리는 하나님을 따라야지, 하나님을 끌고 가서는 안 됩니다.

그러면 어떻게 해야 합니까? 우리가 하나님보다 앞서지 않는 가장 좋은 방법은 기도입니다. 기도하면 믿음으로 참고 기다릴 수 있습니다. 기도하면 동역자와 동역할 수 있는 믿음을 주십니다. 믿음이 있으면 자기를 부인할 수 있고, 상대방을 존중할 수 있습니다. 왜냐하면 하나님께서 살아 계시고, 역사를 주관하심을 믿기 때문입니다. 내가 주님의 역사를 끌고 가는 것이 아니라, 주님께서 친히 인도해 가십니다.

그렇다면 허물과 실수가 많은 우리가 어떻게 주님의 사역에 쓰임 받을 수 있습니까? 이삭, 리브가, 그리고 야곱, 모두 다 '한 허물'씩 했어요. 그런데도 그들은 하나님의 계승 사역을 이루는 데 쓰임 받은 것만은 분명합니다. 어떻게 이런 일이 가능할까요? 그들의 허물과 실수를 정당화할 수는 없습니다. 다만 하나님께서 그들의 허물과 실수를 감당하시며 쓰셨기 때문입니다. 하나님은 그 종들에게 허물과 실수가 있을지라도 잘라버리지 않고, 감당하시며, 훈련하시며 쓰십니다.

우리는 욕심 때문에 세상 사람보다 못난 짓거리를 할 때가 많습니다. 소원은 고상한데 실제는 너무 유치찬란할 때가 많아요. 내 생각이 가장 좋고, 영적이라는 착각 때문에 동역을 하지 못할 때가 있어요. 그런데도 이 시대에서 믿음의 계승자가 되겠다는 그 꿈만은 아름답습니다. 세상에서 출세하고 성공하기를 원하는 친구들 속에서, '캠퍼스 목자가 되겠다.'라는 분들이 있다는 것만도 감사한 일입니다.

　여호와는 이런 우리의 소원을 보시고 캠퍼스 후계자로 삼으시고 쓰십니다. 여호와는 우리의 허물과 실수를 감당하시면서 그 위대한 뜻을 이루어 가십니다. 이 하나님이 우리의 소망이십니다. 이제 '휴가 모드'에서 '수양회 모드'로 바꿔서 수양회를 준비함으로써 이 여호와를 체험할 수 있기를 기도합니다!

제25강
가장 소중한 만남

◇ 본문 창세기 28:10-22
◇ 요절 창세기 28:16
◇ 찬송 523장, 490장

어떤 부부가 싸움하면서 말해요. "내 팔자가 당신을 만나서 이렇게 꼬여 부렸소." 잘못된 만남입니다. 반면 이런 부부도 있어요. "난 당신을 만나서 정말 행복하다오. 당신은 내 삶의 비타민..." 소중한 만남입니다. 내가 누구를 만나느냐에 따라 내 삶은 이렇게 다를 수 있어요. 누군가와의 만남은 어떤 모양으로든지 내 삶에 영향을 주기 때문입니다. 그렇다면 내 삶에서 가장 소중한 만남은 누구와의 만남일까요?

10절을 봅시다. "야곱이 브엘세바에서 떠나 하란으로 향하여 가더니." 야곱은 장자의 축복을 받았음에도 불구하고 외갓집을 향해 먼 길을 떠납니다. 겉으로는 아내를 얻으려고 가는 길이지만 실은 도망자의 길입니다. 복의 계승자임에도 불구하고 자기가 태어나고 자란 둥지에서 밀려난 겁니다. 그의 마음과 발걸음은 무겁기만 합니다. 어딘가에 이르자 따가운 여름 햇살도 저물어 갑니다.

집을 나선 첫날 밤, 그는 자신을 재워 줄 만한 사람을 찾지 못하고 하늘 아래서 잠을 청합니다. 그래도 베개는 있어야 하기에 돌 하나를 주어 베개로 삼았어요(11). 외로움과 무서움 때문에 잠이 오질 않아요. 엄마가 보고 싶어 눈가에는 촉촉한 이슬이 맺힙니다. 무서운 형이 금방이라도 쫓아 올 것만 같아 벌떡 일어납니다. 이러기를 몇 차례 무심한 잠이 찾아와 그를 잠들게 합니다. 그는 한 꿈을 꿉니다.

무슨 꿈입니까? 12절입니다. "꿈에 본즉 사닥다리가 땅 위에 서 있는데 그 꼭대기가 하늘에 닿았고 또 본즉 하나님의 사자들이 그 위에서 오르락 내리락 하고." '사다리'는 요즘의 사다리 모양이라기보다는 신전으로 오르는 계단 같은 것을 말해요. '오르락내리락'이라는 표현도 본래는 '내리락오르락'입니다. 왜냐하면 하나님의 사자들은 하늘에서부터 땅으로 내려오기 때문입니다. 하나님의 사자들은 하나님과 사람 사이를 오고 가기 위해서 하늘과 땅을 내리락오르락 하고 있어요. 꿈은 여기서 끝나지 않고 2부로 계속되는데, 여호와께서 그 사다리 위에 계십니다.

그곳에서 여호와께서는 무엇을 하십니까? 당신을 소개합니다. "나는 여호와니 너의 조부 아브라함의 하나님이요 이삭의 하나님이라"(13a). 야곱의 꿈속에 나타나신 하나님은 할아버지의 하나님, 아버지의 하나님 여호와이십니다. 여기에는 무슨 뜻이 있을까요? 보통의 종교는 사람이 신을 찾습니다. 그 방법으로 수많은 고행이나 수행을 요구합니다.

그러나 우리의 하나님은 먼저 우리를 찾아오십니다. 왜냐하면 죄인인 우리가 하나님을 먼저 찾을 수 없기 때문입니다. 에덴동산에서 아담이 죄를 짓고 나무 뒤에 숨었어요. 그런 그를 하나님께서 먼저 찾아오셨어요(3:9). 아담을 먼저 찾아오신 하나님께서 육신의 몸을 입고 우리에게 먼저 찾아오셨습니다(요 1:14). 그분이 곧 예수님이십니다.

야곱을 찾아오신 하나님께서 무엇을 하십니까? 우선 세 가지를 약속하십니다. 첫째로, 야곱이 누워있는 땅을 야곱과 그 후손에게 주십니다(13b). 둘째로, 그의 자손을 땅의 티끌 같이 되게 하십니다. 셋째로, 땅의 모든 족속이 야곱과 그 자손으로 말미암아 복을 받게 됩니다(14). 이 약속들은 할아버지에게 주셨고, 아버지에게 주신 겁니다.

그런 약속을 왜 다시 야곱에게 주시는 걸까요? 야곱을 할아버지와 아버지의 뒤를 잇는 약속의 계승자로 세우신다는 증거입니다. 비록 야곱이 축복을 얻는 과정에서 속임수를 썼지만, 하나님께서 장자의 명분을 인정하신다는 겁니다. 하나님은 참으로 은혜로운 분이십니다. 그런데 현재 야곱은 이런 은혜를 누릴 여유가 없습니다. 당장에 해결해야 할 문제들이 '스팸 메일'처럼 쏟아져 들어오기 때문입니다. 오늘 밤 잠자리도 불안하고, 내일 아침 먹을거리도 걱정입니다. 엄마 아빠가 있는 집으로 돌아갈 날도 막연합니다. 한 마디로 내일을 장담할 수 없습니다. 하나님께서 은혜로 주신 그 약속들이 이루어지려면 당장 코앞에 닥친 이 현실 문제부터 해결되어야 합니다.

하나님께서는 어떻게 하십니까? 15절을 읽읍시다. "내가 너와 함께 있어 네가 어디로 가든지 너를 지키며 너를 이끌어 이 땅으로 돌아오게 할지라 내가 네게 허락한 것을 다 이루기까지 너를 떠나지 아니하리라 하신지라." 하나님께서 세 가지를 또 약속합니다.

첫째로, 하나님께서 야곱과 함께하십니다. 지금, 이 순간 그에게 가장 많이 드는 생각은 뭘까요? 버림받음이 아닐까요? 그는 고향으로부터, 엄마 아빠, 그리고 형으로부터 버림받았어요. 그런데 아무도 함께하지 않은 그와 여호와께서 함께 하십니다. 자기 혼자라는 고독감에 시달리고 있는 그와 여호와께서 함께 하십니다. 이보다 더 큰 위로가 있을까요? 이렇게 함께 하시는 하나님께서 육신의 몸을 입고 이 땅에 오셨습니다. 그분이 곧 예수님이십니다. 그분을 우리는 '임마누엘'이라고 부릅니다(마 1:24). '임마누엘' 예수님은 지금도 우리와 함께 하십니다(마 28:20).

둘째로, 함께 하신 하나님은 그가 어디로 가든지 지키십니다. 하나님께서 지켜주시면 죽음의 골짜기를 다닐지라도 두렵지 않습니다. 치열한 경쟁 사회에서도 두렵지 않습니다. 시편은 말씀합니다. "만군의 여호와께서 우리와 함께하시니 야곱의 하나님은 우리의 피난처시로다 (셀라)"(시 46:7, 11).

셋째로, 지키시는 하나님은 그를 집으로 돌아오게 하십니다. 야곱이 복의 계승자가 되려면 집으로 돌아와야 합니다. 약속의 자녀로서 살려면 약속의 땅으로 돌아와야 합니다. 그러므로 그의 최종 목적지는 고향입니다. 그런데 함께하신 하나님, 지켜 주시는 하나님께서 그를 고향으로 돌아오게 하십니다. 이 얼마나 놀라운 약속입니까?

야곱은 하나님의 약속에 감동을 받고 꿈에서 깼어요. 그는 무엇을 깨달았습니까? 16절을 읽읍시다. "야곱이 잠이 깨어 이르되 여호와께서 과연 여기 계시거늘 내가 알지 못하였도다." 야곱은, '여호와는 거룩한 집에만 계신다.'라고 생각했어요. 그는 '여호와는 할아버지나 아버지하고만 함께 하신다'라고 생각했어요. 그는 할아버지의 하나님, 아버지의 하나님에 대해서 참 많이 들었습니다. 아빠의 '인생 소감', 그중에서도 결혼에 관한 에피소드를 듣고 있노라면 한 편의 드라마를 보는 듯했습니다. 그렇지만 자기 삶의 현장에서는 언제나 막연했어요. 여호와의 존재와 능력과 사랑을 부인할 수는 없지만, 그렇다고 확 붙들 수도 없어요. 왜냐하면 자기는 아직도 여호와 하나님을 인격적으로 만나지 못했기 때문입니다.

그런데 그런 여호와께서 '오늘' '여기'에 찾아오셨습니다. 그리고 자기와 함께 하십니다. 야곱은 마침내 하나님을 '나의 하나님', 즉 인격적인 분으로 만납니다. 그의 생애에서 가장 소중한 만남이 이루어진 겁니다. 이 소중한 만남은 야곱의 생애에 놀라운 전환점이 됩니다. 물론 아직은 하나님을 만났으면서도 현실에서는 다 잊어버리고 사람들과 싸우며 삽니다. 그래도 하나님은 그런 그와 함께하시며 약속을 지켜 주십니다. 그런 점에서 하나님과 소중한 만남은 대단히 중요합니다.

오늘 우리에게도 이런 만남이 있나요? 아니면 막연한 분위기 때문에 신앙생활을 하고 있지는 않은지요? 어떤 이단은 하나님과 인격적인 만남이 있느냐 없느냐의 문제를 집요하게 물고 늘어집니다. 인격적 만남이 없는 신앙은 모래 위에 지은 집처럼 의미가 없다는 겁니다. 그들의 주장은 우리에게 도전을 줍니다. 왜냐하면 꽤 많은 사람이 주님과의 인격적 만남이 없이 신앙생활을 하기 때문입니다. 일종의 분위기 때문에 교회에 나가는 경우가 있다는 말입니다.

이런 거지요. "교회에 나가면 취직도 잘 되고, 돈도 잘 벌고, 괜찮은 생활도 할 수 있다고 하더라."라는 말을 믿고 사는 겁니다. 그런데 신앙생활은 괜찮은 생활만 있는 것이 아니라 어려움도 있어요. 어려움을 만나면 어떻게 됩니까? 한 방에 무너지고 맙니다. 남이 만난 하나님, 즉 친구의 하나님, 유명 인사의 하나님, 역사 속에 등장하는 하나님은 실제 삶 속에서는 별로 힘이 없어요. 나의 하나님을 만날 때만이 '반석 위에 신앙의 집을 짓는 것'이라고 말할 수 있어요.

그러면 하나님을 어떻게 만날 수 있습니까? 주님께서 내 삶 속으로 찾아오십니다. 대학입학 시험 앞에서 찾아오기도 하시고, 취직문제 앞에서 오시기도 합니다. 결혼 앞에서 갈등할 때 찾아오십니다. 삶이 안 풀릴 때, 병으로 고생할 때, 이런저런 시련 앞에서 헤맬 때 찾아오십니다.

어떻게 찾아오십니까? 첫째로, 말씀을 통해서 찾아오십니다. 어떤 사람은 아직도 꿈속에서 하나님을 만나려고만 해요. 별로 좋은 방법이 아닙니다. 말씀을 통해서 만나는 것이 가장 안전한 방법입니다. 우리 수양회는 다른 수양회와는 달리 말씀 강사들이 우리 목자들입니다. 저명인사와 비교해서 무게가 덜 나갈 수 있어요. 하지만 중요한 점은 말씀 강사들이 주님을 인격적으로 먼저 만나는 최상의 기회라는 겁니다. 유명 인사가 만난 그의 하나님에 대해서 듣는 것도 중요하지만, 내가 인격적으로 만난 하나님은 더 중요합니다. 말씀을 섬기는 분들에게 이런 은혜가 임하기를 기도합니다!

둘째로, 신앙의 선배, 즉 목자를 통하여 찾아오십니다. 아주 능력 있는 사람이 승진하지 못하고 번번이 떨어져서 그 이유를 물었어요. 이렇게 회신이 왔어요. "당신은 직원들에게 인간적인 관심을 보이지 않으며, 경비아저씨나 청소하는 아줌마에게 한 번도 먼저 인사한 적이 없다." 능력만 있으면 회사가 붙잡는다고 믿는 것은 오산이래요. 세상에는 실력 있는 사람은 많아서 중요한 것은 좋은 인간관계와 공감 능력이라는군요. 즉 평판의 '3A'인 외모(appearance), 능력(ability), 태도(attitude), 쉽게 말하면 '꼬라지', '싹수', '싸가지'가 제대로 되어 있느냐를 본다는군요. 다른 말로는 쉽게 붙고 떨어지는 '포스트잇'보다는 상대를 끝까지 믿어주는 '딱풀' 같은 사람을 원한다는군요. 그는 이런 것을 몰랐어요. 결국 인생의 쓴맛을 본 겁니다. 그런데 그 절망의 순간에 목자를 통하여 예수님께서 찾아오십니다. 인생의 최대 위기가 오히려 최고의 기회가 됩니다.

저는 대학교 1학년 때부터 성경 공부를 했어요. 하지만 인격적인 하나님을 만나지는 못했어요. 그런데 2학년 겨울방학 때 형들의 사업이 쫄딱 망했어요. 저는 봄이 되어 캠퍼스로 돌아왔지만 제 삶은 추운 겨울이었어요. 그때 목자님이 학교로 찾아왔어요. 아니 목자님을 통해서 하나님께서 찾아오신 겁니다. 저는 그때부터 나의 하나님을 의식하기 시작했어요. 그렇다고 해서 제 인생이 통째로 변했다는 말은 아닙니다. 하지만 이 사건은 제 인생의 중요한 전환점이 되었습니다. 왜냐하면 그때부터 제가 하나님을 의식하면서 살기 시작했기 때문입니다. 무엇보다도 하나님께서 제 삶 속에 아주 적극적으로 구체적으로 개입하기 시작했기 때문입니다.

하나님을 인격적으로 만난 야곱의 고백이 무엇입니까? 17절입니다. "이

에 두려워하여 이르되 두렵도다 이곳이여 이것은 다름 아닌 하나님의 집
이요 이는 하늘의 문이로다 하고." '집'은 하나님이 사시는 곳이요, '문'은
하늘로 들어가는 곳입니다. 그런데 그곳에는 문자적인 집도, 문도 존재하
지 않습니다.

무슨 뜻일까요? 그곳은 하나님이 계시는 곳이요, 하나님을 만날 수 있
는 곳이라는 뜻입니다. 즉 하나님께 예배드릴 수 있는 곳을 말합니다. 그
래서 야곱은 하나님께 예배드립니다. 그는 아침에 일찍이 일어나 베개로
삼았던 돌을 가져다가 기둥으로 세웁니다. 그리고 그 돌 위에 기름을 붓습
니다(18). 그 자리가 하나님을 만난 신성한 자리임을 표시한 겁니다. 그는
인격적으로 만난 여호와를 잊지 않고자 기념비를 세운 겁니다. 그는 그곳
의 이름을 '벧엘', 곧 '하나님의 집'이라고 부릅니다(19). 보통 사람들에게
는 그곳이 '루스'였어요. 하지만 야곱에게는 하나님을 만난 하나님의 집입
니다.

이제 야곱은 여행 가방을 챙겨서 길을 재촉합니까? 그는 서원합니다
(20a). '서원'이란 힘들고 어려울 때 하나님께 도움을 받기 위해서 하는
맹세나 약속을 말합니다. 서원은 삶의 방향을 새롭게 하는 결심을 의미합
니다.

서원의 내용은 무엇입니까? 그의 서원은 네 가지 조건절과 세 가지 결
과절로 이루어집니다. 네 가지 조건절이란, '첫째로 하나님께서 나와 함께
하시고, 둘째로 하나님께서 나의 삶을 지켜주시고, 셋째로 나에게 양식과
입을 옷을 주시고, 넷째로 나를 집으로 다시 돌아오게 하신다면'입니다.
세 가지 결과절이란, '첫째로 나의 하나님이 되시고, 둘째로 그 돌이 하나
님의 전이 되고, 셋째로 소유의 십분의 일을 하나님께 드리는' 겁니다
(21-22).

조건은 네 가지인데, 그 조건의 결과는 세 가지입니다. 더구나 그 세 가

지 중에서도 자기가 직접 하는 것은 한 가지뿐입니다. 즉 소유의 십 분의 일을 드리는 것뿐입니다. 네 가지 조건을 잘 들어주시면 소유의 십 분의 일을 드리겠다는 겁니다. 대단히 자기중심적입니다.

그는 왜 이런 서원을 하는 걸까요? 현실이 너무나 절박하기 때문입니다. 그리고 그 현실을 해결해 주실 분은 오직 하나님뿐임을 알았기 때문입니다. 동시에 꿈속에서만이 아니라 삶의 현장에서도 하나님을 만나고 싶었기 때문입니다. 보통 사람들은 하나님은 하나님이고 삶은 삶이라고 생각해요. 절박한 현실 문제를 만나도 그냥 자기가 어떻게 해결해 보려고만 해요. 자기가 만난 하나님을 생각하지 못해요. 그래서 신앙과 삶이 따로 놀아요.

이런 점에서 야곱의 서원이 자기중심적이기는 해도 삶의 현장에서 구체적으로 결단하는 것은 중요합니다. 야곱은 이렇게 기도하고는 제대로 지키지도 못했어요. 그런데도 하나님께서는 그것을 꼬투리 삼아서 약속을 다 들어주십니다. 우리가 삶의 현장에서 아주 작은 결단을 한다면, 하나님께서는 그 조건을 다 들어주십니다. 비록 우리는 잊어버리고, 연약하여 잘 지키지 못할지라도, 하나님께서는 기도에 응답하십니다.

제가 군대에서 곧 제대할 무렵 무장공비가 침투했어요. 실제로 총싸움이 있었어요. 그때 기도했어요. "절 정상적으로 제대를 시켜만 주시면 목자를 할게요." 어떻게 되었을까요? 정상적으로 제대를 했어요. 전 학교로 돌아와서 많이 잊어버렸지만, 하나님은 기도를 잘 응답하셔서 목자가 되게 하셨어요. 어떤 사람은 "제가 취직만 되면 정말 한번 목자답게 살아볼게요."라고 기도해요. 어떻게 될까요? 취직합니다. 그런데 문제는 목자답게 사는 것은 만만하지 않아요. 그래서 기도했던 사실조차도 잊어버리고 헤맵니다. 그래도 하나님께서는 그 기도를 잊지 않으십니다. 그리고 들어주십니다.

우리는 또 이렇게 기도해요. "주님, 저도 결혼만 하면..." "아이만 잘 낳으면..." 또 양을 섬기면서는 얼마나 많은 서원을 합니까? 동시에 얼마나 많이 잊어버립니까? 아니 잊어버리려고까지 합니까? 그런데도 하나님께서는 이런 기도를 잘 들어주십니다. 그래서 구체적인 서원은 중요합니다.

우리가 삶의 현장에서 하나님 앞에서 아무것도 하지 않으면 하나님도 아무 일도 하지 않습니다. 내가 삶 속에서 하나님을 만나기 위해서 조건도 걸어보고, 물질도 드리면 하나님께서도 일하십니다. 삶의 현장에서 내 생애에서 가장 소중한 만남이 이루어집니다!

제26강
빈손에서 번성함으로

◇ 본문 창세기 29:1-31:55
◇ 요절 창세기 31:42
◇ 찬송 570장, 429장

　이탈리아가 2천억 원의 '로또 열풍'으로 몸살을 앓고 있어요. 미국에서는 1등 당첨금이 4천억 원이 넘는 로또를 발행했고요. 당첨 확률은 1억 7천 6백만 분의 1로, 한국의 로또보다 스무 배나 어렵지만, 1달러로 대박을 꿈꾸는 사람들이 난리라는군요. 경제적으로 어려운 사람들이 한 방에 인생 역전의 대박을 터트리고 싶다는 공통된 심리가 로또를 황금알로 변하게 했다는군요. 인생의 번성은 정말 이렇게 오는 걸까요?

　야곱은 벧엘에서 여호와를 만난 후 여행을 계속하여서 한 동네의 우물가에 이릅니다. 우물가에는 목자들과 양 떼들이 물을 먹기 위해 모여 있었어요. 야곱이 목자들과 말하고 있을 때, 라헬이 양 떼를 이끌고 왔어요. 그때 야곱은 우물을 덮고 있는 큰 돌을 번쩍 들어서 옮기고는 양 떼들에게 물을 먹입니다. 집에서는 '부엌데기'처럼 조용하기만 했던 그가 이렇게 역동적인 사람으로 변했어요. 벧엘에서 하나님을 만났기 때문입니다. 야곱은 라헬에게 자기를 소개한 후 감격에 겨워 큰소리로 웁니다. 마침내 야곱은 외삼촌 라반의 집에 도착한 겁니다(29:1-14). 야곱은 그곳에 머물며 밥값이라도 벌기 위해서 청소도 하고, 양들도 먹이며 성실하게 일합니다.

그런 야곱을 보고 라반은 어떻게 합니까? 29:15입니다. 라반은 야곱의 성실성을 인정하여 연봉 계약을 맺어요. 그런데 그 연봉은 돈이 아닌 아내입니다. 라반에게는 두 딸이 있으니, '암소'라는 뜻을 가진 레아와 '암양'이라는 뜻을 가진 라헬입니다. 레아는 시력에 문제가 있었고, 라헬은 곱고 아리따웠어요. 야곱은 동생인 라헬에게 마음을 이미 빼앗겼어요. 그는 라헬과 결혼하는 조건으로 외삼촌을 7년 동안 섬깁니다. 야곱은 라헬을 사랑했기에 칠 년을 칠 일처럼 여겼어요.

마침내 결혼식을 시작합니다. 하지만 라반은 라헬 대신에 레아를 신부로 보냅니다. 야곱을 속인 거지요. 밤이기도 하고, 신부가 베일로 얼굴을 가렸기 때문에 낌새조차도 몰랐어요(15-24). 아침에 일어나서야 속은 줄 알게 된 야곱은 탄식합니다. "외삼촌이 나를 속이다니요"(25)? 그동안 야곱은 형과 아버지를 속였어요. 그런 그가 라반에게 완전히 당한 겁니다. 야곱은 속임수 '9단' 라반에게 붙잡혀 다시 7년을 섬깁니다(26-30).

여기에는 어떤 뜻이 있을까요? 야곱은 장자의 명분을 얻었어요. 즉 그는 사람을 섬기는 위치가 아닌 섬김을 받아야 하는 위치가 되었어요. 하지만 그는 섬김을 받기는커녕 섬기고 있습니다. 왜냐하면 그가 장자의 명분을 속임수로 얻었기 때문입니다. 속임수는 잘못이라는 것을 깨닫게 하신 겁니다. 그뿐만 아니라, 진정한 장자란 섬김을 받는 것이 아니라 섬기는 사람임을 가르치고 있습니다. 야곱은 이런 섬김을 통하여 진정한 장자로 거듭납니다.

그러면 야곱은 두 아내들과 함께 알콩달콩 잘 사나요? 29:31을 봅시다. "여호와께서 레아가 사랑받지 못함을 보시고 그의 태를 여셨으나 라헬은 자녀가 없었더라." 야곱은 레아를 거들떠보지도 않네요. 여호와께서 레아가 사랑받지 못함을 보시고 그녀에게 아들을 주십니다. 레아는 첫째 아들 르우벤을 낳고는 말해요. "여호와께서 나의 괴로움을 돌보셨으니, 이제는 남편이 나를 사랑하리라"(32). 레아는 자식보다도 남편의 사랑을 더 갈망합니다. 하지만 야곱은 아들만 쳐다보고 레아에게는 눈빛도 주지 않아요. 기대하는 남편의 사랑은 오지 않고 자식들만 계속 낳습니다(32-35).

반면 남편의 사랑을 독차지한 라헬은 행복합니까? 그녀는 아들을 쑥쑥 낳는 언니를 시기하여 남편에게 바가지를 긁습니다. "나에게도 아이를 줘요. 그렇지 않으면 죽어버리겠어요"(30:1). 이 정도면 막가자는 거지요. 야곱이 버럭 화를 냅니다. "임신하지 못하게 하신 분은 하나님이신데, 내가 하나님을 대신하란 말이오"(2)? 남편의 사랑을 한 몸에 받은 라헬은 그것으로 만족하지 못하고 자식을 원합니다. 반면 자식을 거느리고 있는 레아도 그것으로 만족하지 못하고 남편의 사랑을 원합니다. 두 아내는 두 가지를 모두 가지려고 경쟁합니다. 경쟁심이 지나쳐 해서는 안 될 일까지 동원합니다. 라헬은 자기 여종을 대리모로 남편에게 보내고, 레아도 자기 여종을 보냅니다.

여인의 질투는 '오뉴월에도 서리를 내리게 한다.'라는 말이 있는데, 당시 임신에 특효약처럼 알려진 합환채를 놓고 두 아내는 남편의 사랑을 흥정합니다(2-16). 과거에 팥죽으로 장자의 명분을 샀던 야곱을 이제는 아내들이 합환채로 사고팝니다. 그러나 합환채가 아이를 낳게 하는 것은 아닙니다. 하나님께서 레아의 태를 다시 열어 아이를 낳게 하십니다(17-20). 그리고 하나님은 라헬도 생각하셔서 임신을 허락하십니다. 라헬은 마침내 그 유명한 아들 요셉을 낳습니다. 이로써 하나님께서 그녀의 부끄러움을 씻어 주십니다(21-24). 야곱은 네 아내 사이를 왔다 갔다 하는 중에 열한 명의 아들과 한 명의 딸을 낳습니다.

여기에는 어떤 뜻이 있을까요? 하나님은 벧엘에서 야곱에게 약속하셨습니다. "네 자손이 땅의 티끌같이 되어 네가 서쪽과 동쪽과 북쪽과 남쪽으로 퍼져 나갈 지며 땅의 모든 족속이 너와 네 자손으로 말미암아 복을 받으리라"(28:14). 하나님은 그 약속을 이루기 위해서 아들들을 낳게 하신 겁니다. 그들은 장차 이스라엘 민족의 기초가 되는 '열두 지파'의 원조들입니다. 아내들은 이런 하나님의 깊은 뜻보다는 눈앞의 유익만을 위해서 서로 싸웠어요.

그런데 하나님은 약속을 이루기 위해서 이런 싸움을 쓰십니다. 역사 속에서 우리교회는 서로 시기하며 자주 싸웠어요. 그런데 하나님은 이런 부끄러운 것들조차도 사용하십니다. 우리의 시기심을 정당화할 수는 없지만, 하나님은 그것을 통하여 생명 사역을 이루십니다. 이 하나님 때문에 우리 교회의 부끄러움이 조금이나마 감춰질 수 있어요.

그런데 라헬이 요셉을 낳자 야곱은 무엇을 합니까? 30:25를 봅시다. "라헬이 요셉을 낳았을 때에 야곱이 라반에게 이르되 나를 보내어 내 고향 나의 땅으로 가게 하시되." 야곱은 라헬만을 자기 아내로 생각했는데, 그런 아내가 아들을 낳았어요. 야곱은 자기가 이곳에 온 목적을 달성했다고 생각합니다. 그래서 고향으로 가려고 합니다. 하지만 라반은 야곱을 보내려고 하지 않지요. 그는 연봉을 인상하여 붙잡으려고 해요(26-28).

야곱은 어떻게 반응하나요? 그는 자기가 그동안 외삼촌을 어떻게 섬겼으며, 그때마다 여호와께서 어떻게 복을 주셨는가를 강조합니다. 야곱도 이제는 라반에게 밀리지 않고 정면으로 대응합니다. 야곱은 자기 양 떼를 챙기기 위해서 새로운 유전공법을 계발하여 시행합니다. 그는 버드나무 살구나무 신풍나무의 푸른 가지를 꺾어 껍질을 벗겼어요. 희면서 건강한 양이 짝짓기하면 그 막대기를 보여줍니다. 그러면 그 새끼들이 점박이로 나왔어요. 야곱의 신품종 공법은 대성공을 거두고, 그는 부자가 됩니다(29-43). 라반의 아들들은 "야곱이 꼼수를 부려 양 떼들을 **뺏어 갔다**"며 투덜거립니다(31:1). 라반도 야곱을 대하는 태도가 예전 같지 않고요(2).

하나님께서는 그런 야곱을 어떻게 도우십니까? 31:3을 봅시다. "여호와
께서 야곱에게 이르시되 네 조상의 땅 네 족속에게로 돌아가라 내가 너와
함께 있으리라 하신지라." 하나님의 방향을 확신한 야곱은 두 아내들에게
결단을 촉구합니다. 아내들의 협조가 없이는 하나님의 뜻을 이루는 일이
쉽지 않습니다. 아내들이 '아버지 편에 서느냐', '하나님 편에 서느냐', 갈
림길에 섰습니다. 그런데 그들은 자기 아버지의 부당함을 비난하며 남편
편에 섭니다(4-16). "시집가면 남이라더니", 그래서일까요? 하나님의 뜻
을 영접했기 때문입니다. 아내들을 든든한 후원자로 얻게 된 야곱은 더는
지체할 일이 없습니다.

다음 날 아침, 야곱은 온 가족과 온 양 떼들을 이끌고 '고향 앞으로' 갑
니다. 그때 라헬은 아버지 가족 신인 '드라빔'을 훔칩니다. 이것은 5-7cm
길이의 작은 입상인데, 가족을 보호하는 신상으로 통했어요. 라헬은 길 떠
나는 가족들을 지켜달라는 뜻으로 훔친 겁니다. 왜냐하면 야곱의 길이 도
망자의 길이기 때문입니다(17-21). 야곱은 고향을 떠날 때도 도망자였는
데, 돌아갈 때도 도망자 신세를 벗어나지 못합니다.

그런 야곱을 라반이 가만히 둘 리가 없습니다. 단단히 벼르고 추격하는
라반에게 하나님께서 경고하십니다. "그 입조심 하라." 라반은 야곱을 만
나 핵심은 찌르지 못하고 변방만 돕니다. 즉 자기 신을 훔친 것만 시비합
니다. 그 순간 라헬은 그 신을 엉덩이에 깔고 앉았어요. 신이라는 것이 여
인이 깔고 앉아도 찍 소리도 내지 못해요. 그런 신은 아무짝에도 쓸모가
없습니다. 그런 신은 찾을 수도 없어요. 그런 신을 찾는 라반은 야곱에게
약점만 잡히고 맙니다(22-37).

야곱은 라반에게 무엇을 강조합니까? 31:38입니다. 야곱은 라반을 위
해 20년 동안 일했어요. 그동안 낙태한 양이나 염소가 한 마리도 없었어
요. 그리고 야곱은 장인의 양 한 마리 잡아먹은 적도 없어요. 어쩌다가 양

한 마리가 늑대에게 잡아먹히기라도 하면, 자기 양으로 대신 갚았어요. 라반은 양이 없어지면 무조건 야곱에게 물어내도록 했어요. 낮에는 너무 뜨거워 견딜 수 없었고, 밤에는 너무 추워 잠을 잘 수가 없습니다.

그런데도 그는 종처럼 일했어요. 처음 14년은 두 딸을 얻기 위해서, 나중 6년은 양떼를 얻으려고 일했어요. 하지만 장인은 그의 품삯을 열 번이나 바꿨어요(39-41). 그러면 야곱은 빈손입니까? 앞에서 이미 보았듯이 야곱은 열두 아들딸을 낳았고, 대단한 양 떼들을 거느린 재벌 수준으로 번성했습니다.

어떻게 이런 수준에 이른 겁니까? 31:42를 읽읍시다. "우리 아버지의 하나님, 아브라함의 하나님 곧 이삭이 경외하는 이가 나와 함께 계시지 아니하셨더라면 외삼촌께서 이제 나를 빈손으로 돌려 보내셨으리이다 마는 하나님이 내 고난과 내 손의 수고를 보시고 어제 밤에 외삼촌을 책망하셨나이다." 빈손으로 온 야곱이 번성할 수 있었던 것은 그의 고난과 수고의 대가가 아닐까요? 그는 두 아내의 등쌀 때문에 얼마나 많은 고난을 겪었습니까? 라반 때문에는 또 얼마나 많은 갈등을 겪어야 했나요? 또 더위와 추위 앞에서 양떼를 먹이기 위해서 얼마나 수고를 했나요?

하지만 그는 이렇게 고백합니다. "하나님께서 나와 함께 계셨습니다." "하나님께서 내 고난과 내 손의 수고를 보셨습니다." 이것은 야곱의 위대한 신앙고백입니다. 다른 사람도 아닌 야곱, 성실과 열심이 특심한 야곱이 어떻게 이런 고백을 할 수 있을까요? 그는 인생이란 마음 먹기에 달린 것이 아니라는 사실을 깨달았습니다. 그는 네 명의 여인들을 통해서 '여자는 남자하기에 달렸다'는 말이 얼마나 현실성이 없는가를 알았어요. 라반을 통해서는 '열 길 물속은 알아도 한 길 사람 속은 알 수 없다.'라는 말을 실감했고요. 의지와 성실, 잔머리 굴림이 '아마추어'의 세계에서는 통해도 '프로'의 세계에서는 상대가 안 됨을 알았어요.

결국 그는 번성은 고난이나 수고의 대가가 아닌 하나님의 은총임을 체험한 겁니다. 그의 양 떼들은 그의 고난과 수고의 대가가 아닙니다. 야곱의 자식들은 네 명의 아내들이 있었기 때문이 아닙니다. 하나님께서 그의 고난과 수고를 보시고 번성의 복을 허락하셨기 때문입니다.

하나님은 야곱을 왜 이렇게 축복하신 겁니까? 하나님은 야곱의 서원을 받으시고 약속을 지키신 겁니다. 이렇게 하신 목적은 무엇인가요? 구속 사역에 쓰시기 위함입니다. 하나님께서 야곱을 번성하게 하신 것은 자기 혼자 잘 먹고 잘살라는 뜻이 아닙니다. 하나님께서는 그를 온 천하 만민이 복을 얻는 통로로 사용하시려는 겁니다.

이 사실이 오늘 우리에게 주는 의미는 무엇일까요? 오늘도 많은 사람이 '인생 대박'을 꿈꾸며 열심히 살고 있습니다. 이 세상에는 빈손으로 왔지만 그래도 번성을 이루기 위해서 고난과 수고를 감당합니다. 더위와 추위, 그리고 사람들과의 갈등을 견디고 또 견딥니다. 그리하여 꿈에도 그리던 '자수성가(自手成家)'를 이루기도 합니다.

그런데 '자수성가'를 이루어도 또 다른 문제들이 닥칩니다. 더욱 심각한 것은 이런 '자수성가'가 말처럼, 기대처럼 이루어지지 않는다는 겁니다. 나름대로 최선을 다해도 어떤 순간에 꿈이 좌절되고 망하는 경우가 참 많아요. 번성을 원하나 빈손인 경우가 참 많아요. 번성은 사람의 의지만으로 되지 않습니다. 노력만으로 되지 않아요, 사람들과 갈등하고 싸워서 이긴다고 해서 되는 것만은 아닙니다. 아니 될 수도 있어요.

하지만 진정한 번성은 하나님께서 함께하심으로 가능합니다. 고난과 수고를 하나님께서 보셔야 합니다. 그러므로 우리는 '자수성가'가 아닌 주님의 도우심으로 번성하는 '주수성가(主手成家)'를 이루어야 합니다. 한 동역자는 스스로 뭐든지 잘하여 성취하는 대표적인 '자수성가' 형이었어요. 그는 어떤 시험이든지, 고시조차도 마음먹고 보면 그냥 합격했어요. 그런데 고시도 아닌 해외연수 시험은 자주 떨어졌어요. 그의 생애에서 이런 일은 보통 충격이 아닙니다. 그런 중에 그는 인생이 '자수성가'로만 되는 것이 아님을 알았어요. 아내의 도움, '내조의 여왕'으로 일컫는 '부(婦)수성가'의 중요성을 알았어요. 특히 가장 중요한 '주수성가'를 깨달은 겁니다. 그들 부부는 해외연수가 아닌 선교사로 나갑니다.

하지만 영국으로 가는 길은 어떤 점에서는 '빈손'이라고 할 수 있어요. 그런데도 우리는 그들이 번성하여 돌아올 것을 믿어 의심하지 않습니다. 영어와 학문은 물론이고, 영적으로도 번성할 겁니다. 한 가지를 더 바란다면 자녀도 번성하는 겁니다. 우리가 이런 기대를 하는 것은 그들의 성실함 때문만은 아닙니다. 하나님께서 그들의 기도를 받으시고 축복하실 것을 믿기 때문입니다.

어떤 통일 전문가가 이런 말을 하더군요. "통일은 이미 시작되었다. 하지만 통일은 학자들의 이론대로 되지 않고 하나님의 뜻대로 될 것이다." 그 하나님의 뜻 중의 하나는 우리를 세계에 대하여 목자의 나라로 삼는 겁니다. 그러므로 경제가 좀 어렵고, 신종 '전염병이 퍼진다고 하여 절망해서는 안 됩니다. 하나님께서 빈손 같은 이 나라를 번성하게 하셨고, 앞으로도 하실 것이기 때문입니다. 경제를 회복하는 것은 물론이고 남북통일을 이루어서 번성하게 하십니다. 그래야 북한 선교는 물론이고 중국과 이슬람까지 복음을 전할 수 있습니다.

우리 중 대부분은 처음 예수님을 믿었을 때는 빈손이었습니다. 그런 우리를 하나님께서 축복하셔서 번성하게 하십니다. 물질도 번성하게 하시고, 사는 집도 번성하게 하시고, 자녀들도 번성하게 하십니다. 그러므로 양들도 번성하게 하실 줄 믿습니다. 저는 여름방학 때 창세기 교재를 새로 만들었어요. 창세기 전체에서 열두 강의만 뽑았는데, 일반교회에서도 사용할 수 있도록 하기 위한 겁니다. 저는 이 교재로 가을학기에 12명의 새 양들과 말씀 공부를 하기 바랍니다. 하나님께서 우리의 고난과 수고에 함께 하셔서 1대1 말씀 사역의 번성을 이뤄주시길 소망합니다.

그러므로 우리는 어떻게 살아야 합니까? 번성을 내가 이루려고 하기보다는 하나님께서 이루어주시도록 기도해야 합니다. 우리 앞에는 언제나 희망과 두려움, 즉 번성과 빈손이 뒤섞여 있습니다. 하지만 나와 함께하시는 하나님을 믿고 기도하면 번성을 경험할 겁니다.

제27강
존재의 변화

◇ 본문   창세기 32:1-32
◇ 요절   창세기 32:28
◇ 찬송   286장, 214장

빌 게이츠(William Henry Gates III)가 이런 말을 했군요. "나는 힘이 센 강자도 아니고 두뇌가 뛰어난 천재도 아닙니다. 나는 단지 날마다 새롭게 변했을 뿐입니다. 그것이 나의 성공의 비결입니다. '체인지(Change)'의 'g'를 'c'로 바꿔보세요. '챈스(Chance)'가 되지 않습니까? 변화 속에 반드시 기회가 숨어 있습니다." 그런데 그가 강조하는 변화는 본래 성경에서 가르치는 겁니다. 성경에서 가르치는 변화의 주체는 무엇이며, 어떻게 변화할 수 있습니까?

야곱이 고향으로 가는 길에 하나님의 사자들이 그를 만납니다(1). '하나님의 사자들'이란 벧엘에서 야곱을 만나주셨던 그 천사들입니다(28:12). 그들은 지난 20년 동안 야곱과 함께했습니다. 그리고 고향으로 돌아오는 길에도 함께 합니다. 야곱은 그들을 '하나님의 군대'라고 말하며, 그 땅 이름을 '마하나임'이라고 부릅니다(2). '마하나임'이라는 뜻이 '두 개의 캠프들'이니, 야곱은 하나님의 사자들을 두 개의 부대로 이루어진 군대로 여긴 겁니다. 하나님의 군대가 야곱과 함께하며 보호하고 인도합니다. 그런 야곱에게 두려운 것이라고는 없어 보입니다.

그런데 그는 형에게 특사를 보내고, 형을 '주'라고 부릅니다(3-4). '주'는 섬김의 대상, 즉 '주군'이라고 할 수 있어요. 야곱이 형을 이렇게까지 높이며 얻고자 하는 것은 무엇입니까? 은혜를 받는 겁니다(5). 즉 옛적에 형을 속인 일을 용서받는 겁니다. 자기의 성공을 위해서 형에게 주었던 그 상처를 용서받는 겁니다.

왜 뜬금없이 용서를 구하는 걸까요? 그는 과거에는 형에게 상처를 줄지라도 자기만 성공하면 인생 끝나는 것으로 생각했어요. 그는 빈손에서 번성이라는 인생 대박을 터뜨렸어요. 하지만 웬일인지 집이 가까워질수록 마음은 시려옵니다. 그는 해결되지 않은 문제에는 세월도 약이 되지 않는다는 사실을 뼈저리게 느낍니다.

특사들이 돌아서 무엇이라고 말합니까? "에서가 400명을 거느리고 주인님을 만나러 오고 있습니다"(6). 야곱은 그 말을 듣고 너무나 두렵고 낙심이 되었습니다. 야곱은 형이 복수하러 온 것으로 생각합니다. '20년의 세월이면 미움도 복수심도 시들기 마련인데, 형의 분노는 그 20년의 기간만큼이나 더 확대되었단 말인가?' 그는 하나님의 군대가 두 그룹인 것처럼 가족들을 두 그룹으로 나눕니다. 에서가 한쪽을 치면 한쪽이라도 살리려는 겁니다(7-8). 보통의 사람들은 두려우면 머리가 안 돌아갑니다. 하지만 그의 냉철한 두뇌 회전을 따라갈 사람이 없어요.

그뿐만 아닙니다. 그는 생애 첫 번째 기도를 시작합니다. 그는 벧엘에서 약속하셨던 그 하나님을 기억하며, 그 하나님께 도움을 청합니다(9-12). "내 형의 손에서, 에서의 손에서 나를 건져내시옵소서 내가 그를 두려워함은 그가 와서 나와 내 처자들을 칠까 봐 겁이 나기 때문이니이다"(11). 그는 자기가 아무리 잔머리를 굴릴지라도 주님께서 도와주시지 않으면 어찌할 수 없음을 고백한 겁니다. 그렇다고 기도만 하고 손을 놓는 것은 아닙니다.

자기가 할 수 있는 일을 시작합니다. 그것은 형을 위한 예물 공세입니다. 암염소 200마리, 숫염소 20마리, 암양 200마리, 숫양 20마리, 젖을 먹이는 암낙타 30마리와 그 새끼들, 암소 40마리, 황소 10마리, 암나귀 20마리, 새끼 나귀 10마리. 그런데 야곱은 이것들을 한꺼번에 보내지 않고 몇 차례 나눠서 보냅니다. 받는 사람의 마음에 예물이 많다는 사실을 부각하려는 심리효과를 이용한 겁니다(13-19).

우리는 무엇을 배웁니까? 어떤 사람은 문제가 닥치면 자기 머리만 굴립니다. 기도하지 않아요. 반면 어떤 사람은 기도만 하고 자기가 해야 할 일은 하지 않아요. 하지만 자기가 할 수 있는 일도 하고, 기도도 하는 것이 가장 모범적입니다.

어떤 선교사 부부가 영국에서 집을 얻기 위해서 며칠을 돌아다녔어요. 하지만 얻지 못했어요. 너무 지쳤어요. 하숙집에서 성경 읽으며 기도를 시작했다는군요. 즉 주님의 도우심을 절대적으로 간구하고 있어요. 우리도 그들에게 기도의 힘을 실어 주기를 원합니다. 우리가 가을 학기에 1대1 말씀 사역을 이루는 일에도 마찬가지입니다. 발품도 팔고 기도도 하면 주님께서 은혜를 베푸실 줄 믿습니다.

야곱이 예물을 통해서 얻고자 하는 바는 무엇입니까? 20절입니다. "또 너희는 말하기를 주의 종 야곱이 우리 뒤에 있다 하라 하니 이는 야곱이 말하기를 내가 내 앞에 보내는 예물로 형의 감정을 푼 후에 대면하면 형이 혹시 나를 받아 주리라 함이었더라." 여기에는 '얼굴'이라는 표현이 반복되면서 강조되고 있어요. '내 앞에'란 '내 얼굴', '형의 감정'이란 '형의 얼굴', '대면한다.'라는 말도 '얼굴과 얼굴을 본다'라는 뜻입니다. '나를 받아준다.'라는 말도 '내 얼굴을 받아준다.'라는 뜻입니다. 그러니까 야곱이 형에게 예물을 보내는 목적은 에서의 '얼굴'을 달래어 에서가 '자기의 얼굴을 들게' 하기 위함입니다.

여기서 또 한 가지 생각할 수 있는 것은 '예물'이라는 말이 단순히 선물이라는 말을 넘어선다는 겁니다. 즉 하나님께 죄를 용서해 주시도록 드리는 '속죄 제물'의 의미도 있습니다. 예물은 단순한 선물이 아닌 하나님께 용서를 구하는 속죄 제물입니다. 죄는 일차적으로는 사람에게 짓는 겁니다. 하지만 본질로는 하나님께 짓는 겁니다. 따라서 하나님으로부터 용서받을 때만이 진정한 용서가 이루어집니다. 그래서 야곱은 하나님께 용서를 구하는 겁니다. "주님, 에서에게 드리는 예물을 속죄 제물로 받으시고 용서해 주세요."

예물을 보낸 후 야곱은 잠을 잘 잡니까? 잠을 자려고 누웠는데, 잠은 오지 않고 답답함만 밀려옵니다. 그는 일어나 두 아내와 두 여종과 열한 명의 아들을 데리고 얍복 강나루를 건넙니다. 모든 양 떼와 재산도 건너편으로 보냅니다(21–23).

하지만 그는 무엇을 합니까? 24절입니다. "야곱은 홀로 남았더니 어떤 사람이 날이 새도록 야곱과 씨름하다가." 모든 이에게 마찬가지지만, 특히 야곱에게 가족과 재산은 어떤 의미일까요? 자기 자신입니다. 자신의 명예요 사랑이요 돈입니다. 그는 이것을 얻기 위해서 지난 20년 동안 목숨을 걸었습니다. 그런데 그것들을 보내고 그는 홀로 남았습니다.

어떻게 홀로 남을 수 있단 말입니까? 이런 불합리한 행동은 그의 혼란스러운 심리 상태를 말해줍니다. 달리 표현하면 자기 분신과도 같은 그것들조차도 야곱에게 의미를 주지 못한다는 겁니다. 야곱은 명예와 사랑과 돈만 있으면 인생 대박이라고 생각했어요. 하지만 '형에게 죽을 수도 있다.'라는 심각한 실존 앞에서는 명예도 사랑도 돈도 아무 소용이 없습니다. 그는 번성한 소유로도 해결할 수 없는 존재의 가벼움을 알았습니다. 그는 얍복 강의 어둠만큼이나 캄캄한 마음을 안고 홀로 있습니다. 불면의 밤을 지새우고 있습니다. 하지만 이 어둠을 스스로 해결할 수 없음이 더 어둡게 만듭니다.

누가 이 어둠을 해결해 줍니까? 24절을 다시 읽읍시다. "야곱은 홀로 남 았더니 어떤 사람이 날이 새도록 야곱과 씨름하다가." 어떤 사람이 홀로 있는 야곱에게 와서 밤새도록 씨름합니다. 여기서 중요한 점은 어떤 사람 이 야곱에게 먼저 찾아왔다는 겁니다. 야곱이 벧엘에서 잠을 잤을 때도 하 나님께서 먼저 찾아오셨습니다. 오늘도 어떤 사람이 먼저 찾아와서 그의 어둠과 두려움과 더불어 씨름합니다. 그런데 그 사람은 야곱을 이기지 못 합니다. 야곱은 지금까지 그 누구에게도 진 적이 없습니다. 그는 머리만 좋은 것이 아니라 체력도 대단해요. 무승부가 이어지고 있을 때, 그 사람 은 야곱의 허벅지 관절을 쳐서 어긋나게 합니다(25).

왜 그랬을까요? 아무리 강한 야곱일지라도 언제든지 꺾일 수 있음을 보 여주는 겁니다. 어느덧 날이 새려 하자 그 사람은 가려고 합니다. 하지만 야곱이 붙듭니다. "당신이 내게 축복하지 않으면 보내드릴 수 없어 요"(26). 그는 울면서 간절한 마음으로 간구합니다(호 12:4). 야곱은 무 슨 복을 원하는 걸까요? 에서와의 관계를 회복하는 겁니다. 마음속에 머무 는 어둠과 두려움을 몰아내는 겁니다.

그 사람은 야곱에게 무엇을 묻습니까? 27절입니다. "그 사람이 그에게 이르되 네 이름이 무엇이냐 그가 이르되 야곱이니이다." 이름은 그 사람의 전 존재, 인격을 표현합니다. 그러므로 이름을 물은 것은 그의 실존을 깨 닫도록 하는 겁니다. 다시 말하면 "넌 도대체 어떤 인간이냐? 넌 지금까지 어떤 인간으로 살았니?"라는 뜻입니다. 그는 지금까지 야곱, 즉 '붙잡고' '속이는' 인간으로 살아왔어요. 그의 사전에는 '양보' '패배'란 없습니다. 오직 '속임'과 '이김'만 있습니다. 그는 자기 이름을 말하면서 형을 속이고 외삼촌을 속였다는 사실을 인정합니다. 자신의 성공을 위해서 다른 사람에게 상처를 주었다는 사실을 고백합니다.

　그 사람은 야곱의 이름을 어떻게 바꿔줍니까? 28절을 읽읍시다. "그가 이르되 네 이름을 다시는 야곱이라 부를 것이 아니요 이스라엘이라 부를 것이니 이는 네가 하나님 및 사람들과 겨루어 이겼음이니라." '이스라엘'이란 문자적으로는 '하나님과 다툰다.'라는 뜻입니다. 여기서는 '하나님, 그리고 사람들과 겨루어 이겼다.'라는 뜻으로 사용됩니다. 야곱은 형과 겨루어 이겼고, 라반과 싸워서도 이겼습니다. 그는 어떤 사람과도 씨름하여 지지 않았습니다. 다만 그 사람이 허벅지 관절을 쳐서 졌지만, 실은 이긴 겁니다. 그 증거로 그의 이름을 바꿔줍니다.

　축복을 원하는 야곱에게 이름을 바꿔준 데는 어떤 뜻이 있을까요? '이름을 바꾼다.'라는 말은 그 존재의 변화를 의미해요. 존재의 변화란 하나님과의 관계가 변화되었음을 말합니다. 즉 새로운 피조물이 되었다는 뜻입니다. 그는 '밤의 투쟁'으로 인하여 새로운 존재로 다시 태어난 겁니다. 그동안 야곱은 인생 최고의 목적을 소유에 두었습니다. 하지만 평화가 없습니다. 그러자 이번에는 형 에서를 변화시켜 달라고 몸부림치며 간구합니다. 형만 변화되면, 즉 형이 자기를 용서만 해주면 날아갈 것만 같았습니다. 하지만 하나님은 형에 대해서는 그 어떤 일도 하지 않습니다. 오히려 야곱의 이름을 바꾸십니다. 야곱의 존재를 변화시킵니다. 야곱의 존재가 변화되면 형이 변화됩니다. 그러므로 상대방이 어떠하든, 세상이 어떠하든 내 존재가 변화되는 것이 축복의 시작입니다.

　현대인들은 어디에서 복을 찾습니까? 소유의 변화입니까? 존재의 변화입니까? 보통의 사람들은 소유의 변화를 위해서 사람들과 싸웁니다. 치열한 경쟁의 구도 속으로 파고듭니다. 일부는 그 싸움에서 이긴 자들이 되어 뭔가를 얻습니다. 그런데 그 얻음 뒤에는 알 수 없는 허무와 두려움이 파고듭니다.

신종 '바이러스'가 빠른 속도로 확산하면서 우리에게도 부담감을 줍니다. 손과 코와 입을 잘 씻는 일이 중요합니다. 더욱 중요한 일은 이것을 통해서 우리에게 주고자 하시는 주님의 메시지를 듣는 겁니다. 세상은 경제만 성장하면 인류의 꿈은 이루어진다고 말합니다. 하지만 인류의 꿈은 그런데 있지 않습니다. '바이러스'와 같은 전혀 예상하지 못한, 아니 어쩌면 예상한 부작용을 통해서 우리를 깨우칩니다. 인류의 꿈은 경제가 아닌 하나님께 있다고 말입니다.

세상은 그렇다 치고 교회는 어떠합니까? 우리는 자신의 신앙과 함께 교회가 날로 성장하기를 원합니다. 성장은 변화를 통해서 시작합니다. 그런데 그 변화는 외형이 아닌 내면, 즉 존재의 변화를 말합니다. 존재가 변화되지 않으면 외형이 변해도 의미가 없습니다. 그래서 '성장'을 외형의 변화라고 말한다면, 내면의 변화는 '성숙'이라고 구분합니다. 외형의 변화인 성장보다는 내면의 변화인 성숙을 강조하는 표현입니다.

이런 책이 출판되었다는군요. 『누가 예수를 믿으면 잘 산다고 했는가』(빅터 쿨리진, Victor Kuligin). 원 제목은 "*Ten Things I wish Jesus Never Said*(예수님이 말씀하지 않길 바랐던 열 가지)"입니다. 그 책에서는 이 점을 강조한다는군요. "'예수님을 통해 무엇을 얻을까?'보다도 '어떻게 하면 예수님처럼 살 수 있을까?'에 집중하라." 이런 말입니다. "소유 (having)'보다는 '존재(being)'에 집중하라. 그러면 '행함(doing)'으로 나타나게 된다." 우리 귀에는 익숙한 말이지만 우리 몸에는 불편한 말입니다.

지난주 유럽 수양회를 마치고 "유럽선교의 한계와 가능성, 방향"을 주제로 한 좌담회가 있었어요. 일부 선교사들은, 유럽 사회가 기독교인을 경멸하거나 기독교인이면 불이익을 줄 정도로 '안티 기독교' 사회가 된 데 초점을 맞추었어요. 하지만 하이델베르크의 한 선배 선교사는 선교사 개인의 역량에 관심을 가졌어요. "독일 선교사로 온 지 30년이 됐지만, 아직도 언어와 문화의 벽을 절감하고 있다. 독일의 인본주의와 세속주의 등 외부 환경도 문제지만 언어와 나 자신의 영성과 열정의 문제가 더 크다." 그는 세상이 변화되어야 한다고 주장하기보다는 내 존재가 먼저 변화되어야 한다는 사실을 강조한 겁니다.

사실 세상은 에덴동산 이후 언제나 '반 기독교적'입니다. 그러므로 나는 변화되지 않으면서 상대방과 환경의 변화만을 요구하면 어떤 것도 해결할 수 없습니다. 내가 먼저 변화하면 세상도 변합니다. 내가 바뀌면 상대방이 바뀌고, 양이 변하고 캠퍼스와 가정, 그리고 사회가 변합니다.

우리는 가을 학기 시작과 함께 새 양을 얻기를 원하고 있습니다. 그 사역 또한 내 존재의 변화로부터 시작합니다. 우리가 양이 아닌 주님과 씨름함으로써 존재의 변화를 체험하고, 그로 인한 축복이 임하기를 바랍니다.

어떻게 내 존재의 변화를 이룰 수 있습니까? 그것은 오직 하나님을 만남으로만 가능합니다. 하나님께서 찾아오셔서 우리와 더불어 씨름해주실 때만이 가능합니다. 하나님께서 찾아오셔서 씨름해주시면 누구든지 그 존재가 변화됩니다. 가능성이 전혀 보이지 않는 사람도 하나님을 만나면 바뀝니다. 하나님은 근본적인 변화를 가져오시는 창조적인 능력이십니다. 하나님을 만나면 소유의 세계에서 벗어나 존재의 세계로 들어가게 되고, 그 깊은 맛과 멋을 누리게 됩니다.

야곱의 이름을 바꿔준 그 사람은 누구입니까? 야곱은 묻고는 있지만 실은 이미 알고 있습니다(29). 그는 그곳을 '브니엘', 즉 '하나님의 얼굴'이라고 부릅니다. 그는 하나님의 얼굴을 보고도 죽지 않았습니다(30). 야곱이 '하나님의 얼굴'을 떠날 때 해가 떠오릅니다(31). 어둠에 싸인 야곱의 마음에 해가 돋습니다.

하지만 야곱은 허벅다리 때문에 절뚝거립니다. 야곱은 하나님을 만나고 나서 그의 걸음걸이가 바뀐 겁니다. 지금까지 그는 자기 발을 의지했지만,

이제부터는 하나님을 의지하지 않으면 안 됩니다. 그의 후손들도 이 사실을 잊지 않기 위해서 허벅지 관절에 있는 힘줄을 먹지 않습니다(33). 이제부터는 누구든지 오직 하나님만을 의지하며 살아야 합니다.

내 존재는 어디에서 변합니까? 하나님을 만나고 씨름할 때 변화는 시작합니다. 존재의 변화를 통해 하나님께서 주시는 내적 축복을 체험하기를 기도합니다!

제28강
화해

◇ 본문 창세기 33:1-34:31
◇ 요절 창세기 33:11
◇ 찬송 410장, 412장

　김대중 전 대통령은 '용서'와 '화해'라는 화두를 남기고 떠났어요. 이 말은 정치인들뿐만 아니라 모든 사회 계층에 호소력을 주었어요. 오늘 우리는 누구와 화해해야 하며, 또 어떻게 화해할 수 있을까요?

　에서는 400명의 부하와 함께 야곱을 향해 발걸음을 재촉합니다. 야곱은 레아와 라헬과 두 여종에게 각각 자기들이 낳은 자식들을 나누어 맡깁니다. 여종들과 그 자식들을 맨 앞에 세우고, 레아와 그 아이들을 그 뒤에, 라헬과 요셉은 맨 뒤에 세웁니다(33:1-2). 야곱은 혹시라도 에서가 치면 맨 앞에 있는 아내와 자식들은 잃어도 맨 뒤에 세운 라헬과 요셉만은 건지겠다는 속셈입니다. 야곱의 마음속에는 라헬과 요셉이 자리 잡고 있습니다. 그리고 그는 아직도 에서를 두려워하고 있습니다. 그의 심장은 '쿵쾅쿵쾅' 뜁니다.

　그는 다리를 절뚝거리면서 조심스럽게 다가가 일곱 번이나 땅에 엎드려 절합니다(3). 이것은 지난날의 잘못을 깊이 뉘우치며 화해를 간구하는 몸짓입니다. 에서는 이산가족을 만나듯이 야곱을 맞이합니다. 에서의 마음속 그 어디에도 복수심은 찾아볼 수 없습니다. 두 형제는 소리 내어 웁니다(4). 야곱은 형에게 가족들을 '하나님께서 은혜로 주신 선물'이라고 소개합니다(5). 그때 에서는 야곱이 앞서서 보낸 예물도 받지 않겠다고 말해요. 자기도 살 만큼 살기 때문입니다(6-9).

하지만 야곱은 얼마나 강권합니까? 33:10-11을 읽읍시다. "야곱이 이르되 그렇지 아니하니이다 내가 형님의 눈앞에서 은혜를 입었사오면 청하건대 내 손에서 이 예물을 받으소서 내가 형님의 얼굴을 뵈온즉 하나님의 얼굴을 본 것 같사오며 형님도 나를 기뻐하심이니이다. 하나님이 내게 은혜를 베푸셨고 내 소유도 족하오니 청하건대 내가 형님께 드리는 예물을 받으소서 하고 그에게 강권하매 받으니라." 야곱은 형이 자신을 용서했다면 그 표시로 예물을 받아달라는 겁니다. 야곱은 에서의 얼굴을 하나님의 얼굴로 생각하고 있습니다. '얼굴'은 '상대방에 대한 그 사람의 태도를 총체적으로 나타내주는 기관'입니다. 즉 누군가를 만났을 비호감이 들면 순간적으로 표정이 어두워집니다.

반면 누군가에 대해서 호감이 생기면 표정이 밝아집니다. 본래 야곱에게 형의 얼굴은 두려움 그 자체였어요. 하나님의 얼굴도 마찬가지였고요. 왜냐하면 형의 얼굴을 보는 순간 죽을 수 있었고, 하나님의 얼굴을 봐도 죽을 수 있기 때문입니다. 하지만 야곱은 지난밤 하나님과 씨름했는데도 죽지 않았어요. 이제는 형의 얼굴을 봐도 죽지 않고 살 수 있다는 소망이 생겼어요. 형이 변화되었음을 확신했기 때문입니다. 야곱도 변했지만 형도 변했어요. 에서는 동생에 대한 시기심과 복수심 때문에 하마터면 제2의 가인이 될 뻔했어요.

하지만 이제는 동생을 아끼고 사랑하는 형으로 거듭났습니다. 이 모든 일에는 하나님의 손길이 작용한 겁니다. 이 사실을 안 야곱은 형에게 어찌하든지 예물을 드리려고 해요. '예물'은 선물의 의미를 넘어서서 '축복'이

라는 뜻이 있어요. 이것은 야곱이 오래전에 속임수로 에서의 축복을 거머
쥐려고 했던 그 '축복'과 같은 말입니다. 야곱은 에서에게 단순하게 선물
을 드리는 것이 아니라 자신의 축복을 드리는 겁니다. 그렇다고 야곱이 에
서에게 **빼앗은** 축복 자체를 돌려준다는 말은 아닙니다. 하나님의 축복을
인간이 되돌려 줄 수는 없습니다.

그런데도 야곱은 왜 에서에게 예물을 주려는 겁니까? 에서와 화해를 하
려는 겁니다. 에서와 화해가 이루어지지 않으면 하나님의 은혜는 의미가
없다는 말입니다. 화해 없이는 어떤 물질적 풍요도 신기루 같음을 깨달았
습니다. 화해가 사람을 살리는 명약임을 안 겁니다.

에서는 어떻게 합니까? 예물을 받습니다. 에서는 야곱에게 자신의 화해
를 표현한 겁니다. 그렇다고 해서 에서가 예물을 받았기 때문에 화해를 받
아들인 것은 아닙니다. 하나님의 손길 때문에 에서의 마음이 변했고, 그래
서 화해가 이루어진 겁니다. 이 사건은 이 말씀을 예증해줍니다. "사람의
행위가 여호와를 기쁘시게 하면 그 사람의 원수라도 그와 더불어 화목하
게 하시느니라"(잠 16:7).

이 사실이 오늘 우리에게 주는 의미는 무엇일까요? 우리의 현재의 삶은
과거와 연결되어 있습니다. 즉 과거의 지난 버린 사건이 여전히 현재의 삶
속에 강하게 영향을 끼친다는 겁니다. 따라서 과거의 문제가 해결되지 않
으면 현재의 삶을 건강하게 살 수 없습니다. '용서'와 '화해'라는 말은 현재
가 아닌 지나버린 '과거의 사건'을 다룰 때 쓰는 말입니다.

지난번 'DJ'가 병원에서 투병할 때 'YS'가 찾아갔어요. 일반적으로 'YS'
가 'DJ'에게 상처를 준 것으로 알려져 있어요. 상처를 주었던 당사자가 찾
아가서 화해를 신청한 겁니다. 그러자 전두환 전 대통령도 찾아갔어요. 전
전 대통령은 'DJ'에게 사형선고를 내렸고, 후에는 'DJ'가 대통령이 되어 복
수할 수 있는 위치가 되었어요. 하지만 전 전 대통령은 이렇게 말했잖아요?

"'DJ'가 대통령이던 시절이 가장 행복했다." 그들은 서로에 대한 미움과 상처를 떨치고 서로를 용서하고 화해를 한 것이라고 언론들은 말했어요.

'화해'는 정치 사회적 이슈만은 아니고 가정에서도 중요한 이슈입니다. 어떤 집안에 두 살 터울 동생을 끔찍이 싫어하는 초등학교 4학년 형이 있어요. 이유인즉 동생이 형보다 공부를 잘하여 엄마 아빠가 동생을 편애했기 때문입니다. 형은 엄마 아빠가 없으면 동생을 '반 죽여' 놔요. 엄마는 소위 '명품자녀 만들기'의 상담사에게 도움을 청해요.

상담사는 어떤 처방을 내놓을까요? 아주 간단해요. "형제간 비교는 절대 금물이다." "자녀 각각의 개성과 능력을 존중하고 인정해라." 엄마 아빠는 둘째를 편애한 것을 반성하고 큰아들에게 용서를 구했어요. 화해의 제스처로 그가 공부를 못해도 동생과 비교하지 않고 존중하며 인정했어요. 잘못해도 꼭 껴안아 주며 격려했어요. 얼마 후 큰아들은 엄마 아빠를 용서하고, 동생과 화해했어요. 가정에 웃음꽃이 피었어요.

그런데 이것은 상담사가 일종의 사례로 밝힌 겁니다. 가정에서조차 '화해'가 말은 쉽지만 실제로는 만만하지 않아요. 마음의 상처는 육신의 상처보다 오래가고 그 후유증 또한 큽니다. 미국 교포 출신인 한 '아이돌' 가수는 과거 연습생 때 "한국이 싫다."라는 말을 했어요. 그런데 그 사실이 최근에 알려지면서 누리꾼들이 들고일어났어요. 싫다고 했던 한국에서 인기를 누리고 돈을 버는 것을 용서할 수 없다는 겁니다. 그는 즉시 사과를 하며 화해를 청했지만, 그의 화해 요청은 거절당했어요. 결국 그는 가수 활동을 접고 미국으로 돌아갔어요.

미움과 배신 같은 것들은 우리가 극복하기에는 어려운 감정 중 하나입니다. 어떤 사람은 '그까짓 것 잊으면 그만이지' 하며 잊고 산다고 해요. 하지만 감정이라는 것이, 마음이라는 것이 내 마음대로 안 됩니다. 두고두고 계속 생각이 나고, 잊을만하면 어떤 계기가 생겨서 또 생각이 납니다.

사람인 우리는 아주 넓은 마음을 가졌음에도 불구하고 아주 좁은 마음을 가졌어요. 큰일 앞에서 통 큰 사람처럼 말하지만 어떤 때는 아주 작은 일 때문에 토라집니다. 우리는 다른 사람에 대해서 아주 너그러운 마음을 가졌으면서 동시에 아주 자기중심적입니다.

제가 '책임목자' 사모 모임에서 계시록 서론을 강의했어요. 어떤 후배 사모는 제가 "아주 부드럽고 온유하게 강의를 잘하셨다."라며 "저런 목자님과 함께 사는 사모님은 참 좋겠다."라고 했다고 했어요. 제가 뭐라고 말했을까요? "인생을 잘 모르는 분이라."고 말했어요. 사람은 자기도 잘 몰라요. 여기에 심리학의 한계가 있는 거고요. 그래서 화해가 마음대로 잘 안 되는 겁니다.

어떻게 화해할 수 있습니까? 용서와 화해는 본질로 우리의 영역이 아닙니다. 즉 우리가 마음먹는다고 용서가 되고 화해가 되는 것이 아닙니다. 화해는 하나님의 영역입니다. 즉 하나님께서 도와주시고 인도해주셔야 한다는 겁니다.

예전에는 꽤 많은 아버지가 술을 드시고 어머니를 괴롭혔어요. 맨정신으로는 못하고 술기운으로 그렇게 한 겁니다. 그런데 어떤 큰아들은 그런 아버지가 미웠어요. 철이 들면서 아버지의 마음을 어느 정도 이해하면서 용서하려고 했지만 잘 안 되었습니다. 그는 매우 괴로웠어요. 그런 그가 예수님의 용서를 체험합니다. 예수님은 십자가에서 죽으시면서 자기를 못 박은 사람들을 위해서 기도하십니다. "아버지 저들을 사하여 주옵소서 자기들이 하는 것을 알지 못함이니이다"(눅 23:34). 그의 마음속에 예수님의 용서가 임하였을 때 비로소 아버지를 용서할 수 있었습니다.

용서와 화해는 예수님의 십자가를 통해서만 완성됩니다. 야곱이 에서에게 화해를 간청할 수 있는 것은 그가 하나님과 씨름하면서 그 용서를 체험했기 때문입니다. 에서가 야곱과 화해할 수 있는 것도 하나님께서 그의 마음에 화해의 영을 주셨기 때문입니다.

며칠 전 북한에서 물을 방류하여 강가에서 야영하던 몇 사람들이 졸지에 세상을 떠났어요. 어떤 여인은 남편과 아들을 동시에 잃었어요. 그 여인에게 화해를 말하면 될까요? 예수님의 용서가 임하지 않고서는 불가능합니다.

우리 동역자는 양들 섬기다가 상처를 받기도 해요. 그렇게 잘 섬겼는데, 떠날 때는 말 한마디 없이 사라집니다. 학교에서 다시 만날 때 화해가 잘 안 됩니다. 내가 좋은 목자가 아니기 때문이 아닙니다. 사람이 본래 그렇습니다. 그런데 예수님의 용서를 생각하면 웃으며 화해할 수 있어요.

우리는 또 나 자신을 용서하지 못해서 힘든 시간을 보내기도 해요. 이 또한 주님의 용서가 임하면 나를 용서할 수 있습니다. 나 자신과 화해가 이루어지면 나에게 상처를 준 사람도, 내가 상처를 준 사람도 다 화해할 수 있습니다. 다른 사람을 미워하고 복수의 칼을 가는 것처럼 괴로운 일도 없습니다. 그러므로 화해는 행복의 출발점입니다.

야곱과 화해한 에서는 무엇을 합니까? 야곱을 자기 집으로 초대합니다. 하지만 에서는 사양하네요. 그는 긴 여행으로 너무 지쳤기 때문입니다. 형은 '가사 도우미'라도 몇 사람 붙여주려 하지만 그것도 정중히 거절합니다. 에서는 '시원하게(cool)' 동생을 떠나서 자기 집으로 돌아갑니다. 야곱은 그곳에 쉴 터전을 마련하고요. 그곳 땅을 조금 사서 그곳에 제단을 쌓고 그 이름을 '엘 엘로헤 이스라엘'이라고 부릅니다(12-20). 이 말은 '하나님은 이스라엘의 하나님이다', 혹은 '전능한 하나님은 이스라엘의 하나님이다'는 뜻입니다. 야곱은 이곳까지 인도하신 하나님을 기억하고 감사한 겁니다. 에서와의 화해 또한 이 하나님의 손길임을 고백한 겁니다.

며칠 후, 딸 디나가 여자 친구를 사귀려 동네 축제에 참석해요. 그때 그곳 추장 세겜이 그녀를 보고 끌고 가서 강간합니다. 세겜은 디나에게 마음을 빼앗겨 자기 아버지에게 결혼을 허락해 달라고 조릅니다. 한편 야곱은 세겜이 디나를 더럽혔다는 소식을 들었지만 아무 말도 하지 않습니다. 아들들이 들에 있어서 혼자 세겜과 싸우기가 부담스러웠기 때문일까요? 아님 말도 잘 안 듣고 공부도 못하는 디나가 미워서였을까요?

그때 세겜의 아버지가 야곱을 찾아왔어요. 오빠들은 디나가 더럽힘을 당했다는 말을 듣고는 몹시 분노하고 있어요. 세겜이 디나에게 해서는 안 될 짓을 하여 이스라엘 사람을 부끄럽게 만들었기 때문입니다. 세겜의 아버지는 통혼을 제안합니다(34:1-9). '통혼'은 '다른 종족끼리', 혹은 '다른 종교를 가진 사람끼리' 결혼하는 것을 말해요. 성경은 통혼을 엄격히 금지하는데(신 7:3), 그 신앙을 잃어버리고 그 존재의 정체성마저 무너질 수 있기 때문입니다.

그런데도 사람들이 통혼에 마음을 빼앗기는 이유는 무엇일까요? 34:10을 봅시다. "너희가 우리와 함께 거주하되 땅이 너희 앞에 있으니 여기 머물러 매매하며 여기서 기업을 얻으라 하고." 야곱이 세겜과 통혼하면 그들과 더불어 살 수 있습니다. 거기다가 결혼 예물로 '열쇠 3개'는 기본으로 받을 수 있고요(11-12). 생각을 조금만 열면 사는 세계가 크게 열릴 수 있어요.

야곱의 아들들은 어떻게 대응합니까? 그들은 세겜에게 속여 대답합니다. 왜냐하면 세겜이 그 동생 디나를 더럽혔기 때문입니다. "우리는 할례 받지 않은 사람과는 결혼할 수 없소. 할례를 받으면 결혼을 하겠소." 세겜은 이 조건을 좋게 여기고, 지체하지 않고 자기 족장들 모두에게 할례를 행하게 합니다(13-24).

그런데 제3일에, 아직 그들이 아파할 때 야곱의 두 아들 시므온과 레위가 몰래 그 성읍을 기습하여 모든 남자를 죽이고, 디나를 데리고 옵니다. 다른 아들들은 성안에 있는 것들을 노략질합니다. 왜냐하면 그들이 여동생을 더럽혔기 때문입니다(25-29). 하지만 야곱은 시므온과 레위에게 야단을 칩니다. "저들에게 악취를 풍겼으니, 우리는 수가 적은 즉 그들이 모여 우리를 치면 멸망하지 않겠니"(30)? 아들들은 물러서지 않습니다. "동생이 창녀 취급을 받았는데 보고만 있으란 말입니까"(31)?

이 사실을 통해서 무엇을 배울 수 있습니까? 첫째로, 화해는 좋은 것이지만 신앙이 다르면 화해해서는 안 됩니다. 세겜과 통혼하여 서로 '상생(win-win)'하면 왜 안 됩니까? 안 됩니다. 왜냐하면 그들이 여호와 하나님을 믿지 않기 때문입니다.

오늘날 기독교 진영은 크게 두 계열로 나눠집니다. 교파들의 다양성을 인정하고 교류와 협력을 하자는 '교회 일치주의(Ecumenicalism)'와 종교 개혁의 정통신학을 지켜야 한다는 '복음주의(Evangelicalism)'가 그것입니다. '에큐메니컬'은 부처님 오신 날에 축하 메시지를 전해요. 그 마음이 넓습니다. 그런데 자칫 예수님만이 구원자라는 복음의 절대성을 놓쳐버릴 수 있다는 점이 부담입니다.

반면 복음주의는 편협해질 수 있는 위험이 있지만 신앙의 정체성을 지킬 수 있는 장점이 있어요. 즉 세속화의 위험에 빠질 가능성이 적다는 겁니다. 우리는 실용주의라는 거대 물결 속에서 살고 있어요. 고양이의 가치가 흰색이냐 검은색이냐에 있지 않고 쥐를 얼마나 잘 잡느냐에 있어요. 지금 당장 어떤 유익이 있느냐가 가치 기준이 된다는 겁니다. 교회조차도 이런 흐름을 따르면 자칫 세속화에 물들 수 있어요. 그런 점에서 화해는 좋은 것이지만 화해서는 안 될 일이 있음을 알아야 합니다.

둘째로, 목적이 정당하다고 해서 그 방법까지 정당화될 수는 없습니다. 야곱의 아들들은 속임수로 할례를 요구했어요. 할례는 하나님의 언약 백성이 된다는 표징입니다. 이방인이 언약 백성이 되려면 먼저 신앙을 고백하고, 그 표현으로 할례를 받아야 합니다. 하지만 그들은 세겜 사람들에게 하나님의 백성으로서의 신앙고백은 요구하지 않고 다만 할례 행위만 요구했어요. 그것도 그들을 속이기 위해서 말입니다. 그들은 목적을 성취하기 위해 잘못된 수단을 선택한 겁니다. 하나님의 사람은 하나님의 방법으로 정의를 추구하고 악을 대적해야 합니다.

우리는 삶의 현장에서 가까운 사람들에게 원치 않게 상처를 주고 상처를 받습니다. 그 상처는 내 인생을 망가트리는 바이러스가 되기도 하고요. 따라서 화해는 필수적입니다. 그런데 화해는 내 노력만으로는 불가능합니다. 예수님 용서의 사랑을 믿으면 성령님께서 내 안에 화해를 이루십니다. 오늘 우리에게 화해의 은총이 임하기를 기도합니다!

제29강

첫 믿음으로 돌아가라

◇ 본문 창세기 35:1-36:43
◇ 요절 창세기 35:3
◇ 찬송 310장, 301장

작년에 이런 책이 출판되었더군요. 『사장이라면 죽어도 잃지 말아야 할 첫 마음: 초심(Fresh Start)』. 그리고는 사회생활 초년에 신었던 낡은 구두 한 켤레를 삽화로 실었어요. 그 책의 한마디는 "어려운 땔수록 초심으로 돌아가라."라는 겁니다. 우리도 자주 듣고 사용하는 말입니다. "초심을 잃지 말자!" 믿음으로 사는 우리에게 이 말을 어떻게 적용할 수 있을까요?

35:1을 봅시다. "하나님이 야곱에게 이르시되 일어나 벧엘로 올라가서 거기 거주하며 네가 네 형 에서의 낯을 피하여 도망하던 때에 네게 나타났던 하나님께 거기서 제단을 쌓으라 하신지라." '벧엘'은, 야곱이 에서를 피하여 도망가던 중 하나님을 인격적으로 처음 만났던 곳입니다. 그때 그는 하나님께서 자기를 지켜주시고 아버지 집으로 평안히 돌아오게 하시면, 자기의 하나님으로 섬기며 소득의 십분의 일을 드리겠다고 서원했어요 (28:16-22).

야곱에게 '벧엘'은 '초심'을 상징합니다. 그러므로 '벧엘로 올라가라.'라는 말은 '하나님을 처음 만났던 장소로 가라.'라는 말이면서도 동시에 '첫 믿음으로 돌아가라.'라는 말입니다. 하나님은 왜 그에게 이런 방향을 주실까요? 벧엘에서 한 약속을 지키지 않기 때문입니다. 즉 '초심', 첫 믿음을 잃어버렸기 때문입니다.

그는 왜 첫 믿음을 잃어버렸을까요? 현실에 만족하며 안주했기 때문입니다. 만족감이라는 괴물은 안주할 때 밤안개처럼 슬며시 내려앉습니다. 야곱은 얼마 전까지만 해도 에서와의 갈등 때문에 마음 졸이며 살았어요. 하나님께 도움을 청하고 나름대로 작전을 세우느라 여유를 부릴 여유가 없었어요. 그런데 형과 극적인 화해가 이루어졌어요. 큰 산을 넘었다는 안도감과 함께 여유로움이 찾아왔어요. '아, 그동안 정말 정신없이 달려왔구나. 이제 한숨 돌리자.' 세겜에서 한 박자만 쉬려고 했는데 길게 쉬고 말았어요. 그는 '믿음의 후계자'로서보다는 평범한 한 사람으로 머물고 말았어요.

그때 딸이 세겜 사람들에게 더럽힘을 당했고, 아들들은 그들에게 피비린내 나는 복수를 했어요. 그 때문에 조용한 바다에 폭풍이 몰아치듯 삶속에 회오리바람이 몰아쳤어요. 그는 또다시 삶의 위기에 처한 겁니다. 그는 어찌할 줄 모르고 당황했는데, 하나님께서 다시 찾아오셔서 방향을 주신 겁니다. "벧엘로 올라가라!" 하나님께서 보실 때 야곱이 겪는 문제의 원인은 첫 믿음을 잃어버린 데 있습니다. 그러므로 그가 첫 믿음으로 돌아만 가면 문제도 해결할 수 있습니다.

야곱은 어떻게 반응합니까? 2절을 봅시다. "야곱이 이에 자기 집안사람과 자기와 함께 한 모든 자에게 이르되 너희 중에 있는 이방 신상들을 버리고 자신을 정결하게 하고 너희들의 의복을 바꾸어 입으라." 이방 신상을 버리는 것은 자신을 정결하게 하는 것이고, 정결하게 하는 것은 옷을 바꿔 입는 모습으로 나타납니다. 우리는 이런 모습을 신앙개혁이라고 부릅니다. 라헬은 친정을 떠날 때 가정 수호신으로 알려진 드라빔을 훔쳤습니다(31:19). 그녀는 하나님을 믿으면서도 어떤 문제 앞에서는 드라빔도 믿었어요. 이런 사람을 '혼합주의자' 내지는 '종교다원주의자'라고 말해요.

지난 금요일, 일본의 한 선교사 아버지가 돌아가셔서 통영을 다녀왔어요. 그 선교사의 작은 아버지는 돌아가신 분을 위하여 불교 의식을 행하더군요. 그 선교사는 이것을 몹시 힘들어했어요. 불교 의식이 끝나자 우리는 예배를 드렸어요. 작은아버지는 예배가 끝나자 말하더군요. "형님을 좋은 곳으로 가도록 기도해 주셔서 고맙습니다." 기독교인은 불교 의식에 대해서 거부감을 느끼지만, 보통의 불교인은 그렇지 않아요. 그들은 다원주의를 인정하기 때문입니다.

하지만 우리는 다원주의를 인정하지 않습니다. 그런데도 일부 기독교인은 두 개의 '카드'를 가지고 있어요. 기독교 의식으로 장례식을 했는데, '49재'를 드려요. 불교에서는 사람이 죽으면 49일 동안 떠돌다가 새로운 세상에 태어나기 때문에 열심히 '재', 즉 '공양'을 드리면 좋은 몸을 받거나 왕생극락하게 된다고 생각해요. 추석이면 '좋게 좋은 거'라며 제사도 지냅니다. 하지만 신앙의 길은 오직 한 가지, 여호와 하나님만을 섬기는 겁니다. 내 속에 두 개의 길이 있다면 하나는 버려야 합니다. 이것이 신앙개혁입니다. 이것이 첫 믿음으로 돌아가는 출발점입니다.

신앙을 개혁한 야곱은 무엇을 합니까? 3절을 읽읍시다. "우리가 일어나 벧엘로 올라가자 내 환난 날에 내게 응답하시며 내가 가는 길에서 나와 함께 하신 하나님께 내가 거기서 제단을 쌓으려 하노라 하매." 야곱은 벧엘에서 인격적으로 처음 만났던 그 하나님께로 다시 돌아가려고 합니다. 그 하나님은 환난 날에 응답하시고 지금까지 함께 하신 하나님이십니다. 야곱이 오늘에 이를 수 있었던 힘은 바로 이 하나님 때문입니다. 그런데 야곱은 현실에 안주하여 이 하나님을 잊어버렸어요. 그는 이제 이 하나님께로 다시 돌아갑니다. 이 하나님만을 다시 의지하며 살고자 합니다.

이 말씀이 오늘 우리에게 주는 의미는 무엇일까요? 첫째로, 여유가 있을지라도 안주하지 말고 첫 믿음으로 돌아가야 합니다. 우리가 도전해야 할 문제가 있었을 때는 어떻게 했나요? 오직 주님만을 의지하고 믿음으로 살았어요.

이곳에 건축해야 했을 때 우리는 참 열심히 기도했어요. 이곳으로 이사를 오기 위해서 집을 구하려고 했을 때는 또 얼마나 간절하게 주님을 의지했나요? 개인적으로 풀리지 않는 문제가 있을 때는 그 마음이 얼마나 절박했습니까? 우리는 그런 문제들 앞에서 주님께서 환난 날에 응답하시고 삶의 현장에서 우리와 함께하신다는 사실을 믿고 기도했어요. 그리고 그 기도의 응답을 체험했어요. 그런데 문제가 해결되다 보니 여유가 생기고, 그 여유를 많이도 말고 잠깐 누린다는 것이 좀 길어지고 있지는 않은지요?

우리의 삶도 신앙생활도 100m 달리기가 아니고 42,195km를 달리는 장기전임이 틀림없습니다. 따라서 여유를 가지며 즐기면서 달려야 하는 것은 분명해요. 문제는 그런 여유가 자칫 자만으로 빠질 수 있다는 겁니다. 그러다 보면 우리는 삶의 현장에서 예상치 못한 복병을 만날 수 있어요. 위기에 빠져서 허덕일 수 있어요. 그러므로 우리는 비록 여유가 있을지라도 안주하지 말고 첫 믿음으로 돌아가야 합니다. 그 순수하고 열정적이고 간절한 시절을 잊지 말자는 겁니다. 여기에 생명이 있고 축복이 있습니다.

둘째로, 삶의 위기를 만나면 첫 믿음으로 돌아가야 합니다. 세상을 살다 보면 자기 스스로 어떻게 해 볼 수 없는 상황을 만날 때가 있어요. 어떤 사람은 "인생의 하프 타임(half time)을 가져보라."라고 말해요. '하프 타임'이란 축구 경기에서 전반전을 뛰고 후반전으로 들어가기 전에 잠깐 쉬는 시간을 말해요. 그때 전반전에서 졌든 이겼든, 전반전을 되돌아보면서 후반전을 준비합니다. '하프 타임'을 얼마나 잘 활용하느냐에 따라 경기의 승패가 좌우되기도 해요.

따라서 삶의 현장에서 문제가 생겼을 때 인생의 '하프 타임'을 활용하라는 조언이 많아요. '하프 타임'을 갖는다는 것은 여행하거나, 봉사활동을 하거나, 책을 읽는 겁니다. 그러면서 자신을 돌아보며 새로운 삶을 계획하는 겁니다. 삶의 여유를 갖는다는 점에서는 괜찮은 방법이라고 생각해요. 그런데 그런 방법으로는 문제의 본질을 해결할 수 없습니다. 따라서 하나님은 '벧엘', 즉 첫 믿음으로 돌아가라고 말씀하시는 겁니다. 첫 믿음으로 돌아갈 때만이 문제의 본질을 해결할 수 있습니다.

한국교회는 물론이고 우리 공동체도 어려움을 겪고 있어요. 어떤 원로 목사님은 "한국교회가 물질만능주의에 빠져 주님이 걸으신 십자가의 길을 걷지 않고 향기마저 잃어 안타깝다."라는 심정을 표했어요. 어떤 분은 "100여 년 전 세상의 희망이었던 한국교회가 지금은 세상의 손가락질을 받고 있다."라고 토로했어요. 그 문제를 해결하기 위해서 다양한 방법을 동원합니다. 대표적인 것이 '세미나', '이벤트(event)'입니다. 그런데 이런 방법 역시 한계가 있어요.

어떻게 해야 합니까? '벧엘'로 올라가야 합니다. 우리가 돌아가야 할 '벧엘'은 무엇일까요? 하나님의 말씀을 절대적으로 믿고 주님을 순수하게 사랑한 그 열정과 헌신입니다. 우리의 초심은 장소적으로는 한남동입니다. 한남동에서 살림을 처음 시작했을 때의 마음, 성경 선생이요 목자를 처음 시작했을 때의 그 '초심'으로 돌아가는 겁니다. 우리가 '초심', '첫 믿음'으로 돌아가는 것은 '과거 지향적'인 삶을 살자는 말이 아닙니다. 맨 날 '왕년' '라떼'를 들먹이는 사람치고 미래를 펼치는 사람이 적습니다.

그런데도 여기서 '첫 믿음으로 돌아가자.'라고 말하는 것은 처음 만났던 그 하나님을 놓쳐서는 안 된다는 겁니다. 현재에 안주하지 말고 미래를 향하여 도전하자는 겁니다. 표현은 '첫 믿음으로 돌아가자.'라는 것이지만 내용은 '미래를 향하여 도전하자.'라는 겁니다. 우리부터 첫 믿음으로 돌아가면, '개독교'로 불리는 이 안타까운 현실도 해결할 수 있습니다. 사람들로부터 다시 사랑받는 기독교, 소망을 심어주는 기독교가 될 것입니다.

우리는 가을 학기를 시작하면서 1대1 말씀 사역에 힘을 쏟고 있어요. 이것도 실은 우리 한 사람이 첫 믿음으로 돌아가는 데서부터 시작합니다. 내가 첫 믿음으로 돌아가지 않고서는 어떤 일도 일어날 수 없습니다. 하나님께서 우리에게 가장 원하시는 것은 첫 믿음으로 사는 겁니다. 내가 처음 만났던 그 하나님, 그 말씀에 대한 사랑, 열정, 그리고 헌신으로 돌아가면 하나님께서 우리의 소원을 이루실 줄 믿습니다.

어떤 자매는 대학생 때 성경을 공부하고 예수님을 만났어요. 하지만 이런저런 사연 때문에, 일종의 '성장통'을 겪느라 '벧엘'을 잊어버렸어요. 처음에는 삶이 즐거웠지만, 대학을 졸업하고 사회생활을 하다 보니 많이 지쳤어요. 휴직도 하고, 이직도 하고, 해외여행도 했어요. 하지만 그런 방법들은 스테이크를 먹고 와인을 마신 것처럼 일시적 효과밖에는 없었어요. 그런데 감사하게도 신앙생활을 다시 시작할 기회가 왔어요. 그녀는 그 기회를 놓치지 않고 잡아서 첫 믿음으로 돌아갔어요. 그녀는 변하기 시작했어요. 마음이 밝아졌어요. 마음이 변하면 세상을 보는 '렌즈'가 변하기 때문에 현실도 변합니다. '초심'으로 돌아가면 미래가 밝게 보입니다.

방글라데시의 한 선교사는 본국에 올 때면 너무 기뻐하고 감사해요. 동역자들을 만나는 그의 모습을 보면 해맑은 소년 같아요. 그에게 있어서 본국으로 오는 길은 '벧엘'로 오는 겁니다. 본국에 도착하는 순간, 그는 '초심'을 회복합니다. 첫 믿음으로 돌아간 그는 기쁘고 감사하고 힘이 넘칩니다. 그런데 어떤 사람은 본국을 떠나면 본국과는 마음의 담을 쌓기도 해요. 심하면 '벧엘'을 지워버리기도 해요. 그런 사람은 과거를 지운 것이 아니라 현재와 미래를 지운 겁니다. 기쁨도 감사도, 소망도 없어요.

'나의 벧엘', 첫 믿음으로 돌아가는 것이 이렇게 중요합니다. 세속의 파도에 휩쓸려 방황하며 피곤할 때, 우리는 벧엘로 돌아가서 하나님과 나누었던 첫 믿음의 밀어를 나누어야 합니다. 침체의 늪에 빠진 자신을 구원해 주시도록 그분께 무릎을 꿇어야 합니다.

하나님은 벧엘로 돌아가는 야곱을 어떻게 도우십니까? 야곱의 아들들이 동네 사람들에게 엄청난 일을 저질렀기 때문에 뒤통수를 노리는 원수들이 많았어요. 하지만 하나님께서 그들에게 두려움을 심었기 때문에 그 누구도 덤비지 못합니다. 하나님의 뜻에 순종하여 살면 하나님께서 보호해주십니다. 마침내 야곱 일행은 벧엘에 도착합니다. 그곳에서 제단을 쌓고 그곳 이름을 '엘 벧엘', 즉 '벧엘의 하나님'이라고 부릅니다(5-7). 그는 신앙의 초심, 즉 첫 믿음으로 돌아왔어요.

하나님은 그런 야곱에게 어떤 복을 주십니까? 10절을 봅시다. "하나님이 그에게 이르시되 네 이름이 야곱이지마는 네 이름을 다시는 야곱이라 부르지 않겠고 이스라엘이 네 이름이 되리라 하시고 그가 그의 이름을 이스라엘이라 부르시고." '속이는 자' 야곱은 얍복 강가에서 하나님과 씨름하면서 '이스라엘'로 그 이름이 바뀌었습니다.

하지만 첫 믿음을 잃어버리자 그 정체성도 잃어버렸어요. 하나님께서 그의 정체성을 다시 회복시켜 주십니다. 그는 하나님의 사람으로서, 하나님의 구속 사역을 이루어가는 하나님의 종으로 살아야 합니다. 하나님께서 그에게 약속의 땅을 주시고, 약속의 자녀를 주십니다(11-13). 이것은 이미 아브라함에게 하셨던 약속이기도 합니다. 그러니까 아브라함으로부터 시작된 구속 사역이 이삭을 거쳐 야곱에게로 이어진다는 말입니다. 야곱이 그토록 사모했던 장자의 명분이 마침내 인정받는 순간입니다. 야곱은 그곳에 돌기둥을 세우고, 제단을 쌓고 예배를 드립니다. 그는 그곳을 '벧엘'이라고 부릅니다(14-15).

그런데 그에게 어떤 아픔이 있습니까? 가장 사랑한 아내 라헬이 아들을 낳고는 후유증으로 숨을 거두고 맙니다. 산모는 안타까운 마음에 그 아들의 이름을 '내 고통 속의 아들'이라는 뜻인 '베 노니'라고 지어요. 하지만 야곱은 '행운의 아들', 혹은 '오른손의 아들'이라는 뜻인 '벤 야민'으로 짓습니다(16-18). 첫 믿음으로 돌아간 야곱은 믿음의 눈으로 라헬의 죽음을 봅니다. 그리고 그 아들의 탄생을 봅니다. 믿음이 회복되면 세상을 보는 '렌즈'가 달라집니다.

그런데 그 슬픔이 가시기도 전에 큰아들 르우벤이 아버지의 첩과 부적절한 관계를 맺고 말았어요(19-22). 야곱은 삶의 현장에서 하루라도 하나님을 의지하지 않으면 살 수 없다는 사실을 절감합니다. 그런 중에도 그는 열두 아들을 데리고 꿈에도 그리던 아버지 집에 마침내 도착합니다(23-27).

여기에는 어떤 뜻이 있을까요? 야곱에 대한 하나님의 약속이 완전히 성취된 겁니다. 야곱의 하나님은 신실하신 하나님이십니다. 야곱은 잊어버리고 헤맬지라도, 하나님은 끝까지 그 약속을 지키십니다. 이 하나님이 오늘 우리에게도, 우리처럼 연약하고 부족한 자에게도 소망이십니다.

한편 에서는 어떻게 살고 있습니까? 그는 큰아들로 태어났음에도 불구하고 가나안 여인과 통혼하고, 약속의 땅을 떠남으로써 스스로 정통성을 포기하고 말았습니다. 그런데도 하나님께서는 그에게 복을 주셔서 자손과 재산을 풍성하게 하십니다(36:1-43). 하나님께서 그를 축복하셨기 때문입니다. 하나님은 약속의 자녀가 아닌 사람조차도 이렇게 복을 주시는데, 약속의 자녀는 어떻게 하시겠어요?

이런 말이 있어요. "타락의 종착역은 죄를 짓는 것이지만 타락의 시작은 첫 믿음을 잃어버리는 것이다." 첫 믿음을 잃어버리는 것은 아무래도 안주가 가장 큰 원인일 겁니다. 사람은 서 있으면 앉고 싶고, 앉으면 눕고 싶고, 누우면 자고 싶은 존재입니다. 이것을 이기는 길은 오직 하나, '초심'으로 돌아가는 것뿐입니다.

　한남동을 생각해 보고, 처음 믿었을 때의 순수함과 열정을 회복한다면 첫 믿음으로 돌아갈 수 있습니다. 첫 믿음으로 돌아가면 우리의 미래는 소망으로 가득 찰 줄 믿습니다. 우리의 소원인 열두 제자 양육은 물론이고, 캠퍼스에서 목자로서의 향기를 드러낼 줄 믿습니다!

제30강
택함 받음과 미움

◇ 본문 창세기 37:1-36
◇ 요절 창세기 37:5
◇ 찬송 379장, 400장

'택함 받음과 미움', 이 말은 역설입니다. 이 역설을 믿음으로 사는 우리에게는 어떻게 적용할 수 있을까요?

야곱은 마침내 아버지 이삭이 살던 가나안 땅, 즉 약속의 땅에 정착했어요. 이제부터 야곱 가족의 이야기가 펼쳐집니다(1-2). 그 이야기의 주인공은 요셉입니다. 그의 나이는 열일곱 살인데, 그는 형들과 함께 양을 치면서 형들의 잘못을 아버지에게 그대로 일러바쳤어요. 순진한 걸까요? 아니면 다른 사람을 배려할 줄 모르는 자기중심적인 사람인 걸까요? 두 가지를 다 가진 겁니다.

아버지는 그런 아들을 어떻게 대합니까? 3절입니다. "요셉은 노년에 얻은 아들이므로 이스라엘이 여러 아들들보다 그를 더 사랑하므로 그를 위하여 채색옷을 지었더니." 야곱은 요셉을 다른 아들들보다 더 사랑했어요. 요셉이 늦둥이기 때문입니다. 요셉의 엄마 라헬이 죽었는데도 불구하고 요셉은 참 바르게 자랐어요. 그는 공부도 잘하고, 말도 잘 들었어요. 어디 하나 흠잡을 데가 없었어요. 그런 아들을 다른 아들들보다 더 사랑하는 것은 어찌 보면 '당근'처럼 보입니다.

이스라엘은 요셉을 어느 정도 편애합니까? 요셉에게만 채색옷을 지어 줍니다. '채색옷'은 일종의 예복입니다. 아버지는 다른 아들들에게는 '마트'에서 '캐주얼'을 사주었다면, 요셉에게는 백화점에서 '명품'을 사준 겁니다. "양복을 입고 다닌다."라는 말은 "일하지 않아도 된다."라는 겁니다. 형들은 밖에 나가서 양을 치지만 요셉은 명품 양복을 입고 집에 있었어요. 그러다가 현장에 가서 형들이 양을 잘 치고 있는지 알아보고 아빠에게 보고했어요. 형들의 잘못을 일러바친 겁니다.

아버지의 편애는 어떤 문제를 일으킵니까? 4절입니다. "그의 형들이 아버지가 형들보다 그를 더 사랑함을 보고 그를 미워하여 그에게 편안하게 말할 수 없었더라." 아버지로부터 사랑받는 요셉은 형들로부터 미움을 받습니다. 형들은 어느 정도 미워합니까? 인사말도 건네지 않아요. 냉전의 시대에 남북관계를 보는 것 같군요.

그들의 관계는 좋아졌습니까? 5절을 봅시다. "요셉이 꿈을 꾸고 자기 형들에게 말하매 그들이 그를 더욱 미워하였더라." 형들은 요셉을 더욱 미워합니다. 그가 꿈을 꾸고 그것을 형들에게 말했기 때문입니다(6). 형들이 요셉을 미워한 것은 그가 꿈을 꿨기 때문이 아니라, 꿈을 말했기 때문입니다. 그 꿈의 내용 때문입니다.

꿈의 내용이 뭡니까? 형제들이 밭에서 곡식 단을 묶고 있는데, 요셉의 곡식 단이 일어서니까 형들의 곡식 단이 요셉의 곡식 단으로 와서 절을 했어요(7). 이것은 장차 요셉이 형들을 다스리는 통치자가 된다는 뜻입니다. 요셉은 형들에게 신나서 말하지만 형들의 반응은 어떤가요? "네가 우리의 왕이라도 될 줄 아니? 네가 정말로 우리를 다스리게 될 줄 아니?" 동생의 다스림을 받아야 하는 형들은 요셉을 더욱 미워할 수밖에 없습니다(8).

요셉은 다시 꿈을 꾸고, 말합니다. "해와 달과 열한 별이 내게 절하더이다"(9). '해와 달'은 아빠와 엄마를 말해요. 형들은 물론이고 아빠 엄마가 지도 요셉에게 절을 하게 됩니다. 아버지는 요셉을 꾸짖습니다. 요셉이 형들을 배려하지 않았기 때문일 겁니다. 하지만 아버지는 요셉의 말을 마음에 간직합니다(10-11). 야곱은 요셉의 통치권에 대해서 자기의 인생을 돌아보며 하나님의 방법이 얼마나 놀라운가를 생각했기 때문입니다.

우리는 무엇을 배울 수 있습니까? 첫째로, 하나님께서 지도자를 세우십니다. 하나님은 요셉을 지도자로 선택하셨습니다. 요셉이 스스로 지도자로서의 꿈을 꾼 것이 아닙니다. 당시 꿈은 하나님께서 사람에게 주신 계시의 한 수단이었어요. 하나님은 꿈을 통하여 요셉을 당신의 구속 사역을 이끌어가는 주인공으로 선택하신 겁니다. 여기서 우리가 주의해야 할 것이 있어요. 꿈을 꾼 사람은 요셉이지만, 그 꿈을 주신 분은 하나님이시라는 점입니다.

어떤 사람은 이렇게 주장하지요? "요셉이 꿈을 꾸었기 때문에 그 꿈이 현실로 나타났다. 그러므로 우리도 꿈을 꾸자! 젊은이여, 비전을 품어라!" 비전을 품는 것은 중요해요. 비전을 품으면 그 비전을 실현할 수 있어요. 하지만 꿈은 꾸고 싶다고 꾸어지는 것이 아닙니다. 그런 꿈은 대부분 의미 없는 '개꿈'인 경우가 많아요. 혹은 자기 욕심이나 뜻을 이루려는 포부인 경우가 많고요. 요셉이 꾼 꿈은 하나님께서 그를 주권적으로 택하셨고, 그를 믿음의 조상으로 세우셨음을 확인시켜 주는 표시입니다. 이것이 요셉이 꿈을 꾼 핵심 사상입니다.

그렇다면 하나님께서 오늘 우리는 어떻게 택하십니까? 오늘도 하나님은 꿈을 통하여 우리를 택하실 수 있습니다. 하지만 지금은 기록된 말씀을 통하여 일하십니다. 말씀을 통하여 사람을 택하시고, 그 확신을 주십니다. 우리가 성경을 공부하거나 묵상할 때, 혹은 주일 메시지를 통하여 마음에 감동으로 다가오거나 도전적으로 부딪히는 말씀이 있습니다. 하나님은 바로 그 순간 일하십니다. 말씀을 통한 확신이야말로 가장 인격적입니다. 우리를 선택하셨다는 그 뿌리가 깊어서 어떤 유혹이나 어려움 앞에서 그 확신이 흔들리지 않습니다. 그러므로 우리는 꿈을 사모하기보다는 말씀을 사모해야 합니다.

둘째로, 하나님께 선택을 받은 사람은 다른 사람으로부터 미움을 받을 수 있습니다. 왜냐하면 하나님의 선택하심은 일반적인 관습이나 전통, 혹은 사회질서와는 다르기 때문입니다. 하나님은 때로는 세상적인 방법과는 전혀 다르게 일하시기 때문입니다. 형들이 요셉을 미워하는 것은 하나님의 일하심에 대한 불만이기도 합니다. 그 불만이 미움으로 나타난 겁니다.

하나님으로부터 택함을 받은 오늘 우리, 즉 믿음의 사람도 세상으로부터 미움을 받을 수 있습니다. 예수님도 그 제자들에게 말씀하셨다. "너희가 세상에 속하였으면 세상이 자기의 것을 사랑할 것이나 너희는 세상에 속한 자가 아니요 도리어 내가 너희를 세상에서 택하였기 때문에 세상이 너희를 미워하느니라"(요 15:19). 우리가 세상으로부터 미움을 받는 것은 세상에 속하지 않았기 때문입니다. 즉 하나님께 속했기 때문입니다. 그런데 우리는 미움을 받으면 하나님께서 택하지 않은 것으로 오해하기도 합니다. 섭섭한 마음 때문에 하나님을 떠나기도 합니다. 하지만 미움을 받는 것은 오히려 우리가 하나님께 선택받았다는 사실이기도 합니다. 그러므로 미움을 받을 때 우리는 하나님의 택하심을 확신하고 그 길을 더 힘차게 걸어가야 합니다. 오히려 미워하는 세상을 사랑으로 품어야 합니다.

추석에는 가정이라는 한 울타리 안에 가족이 모입니다. 그런데 그 가족 구성원의 종교는 각각 다릅니다. 그러면서도 싸우지 않고 잘 삽니다. 한 가지 문제는 '차례' 앞에서 갈등이 생기는 겁니다. 기독교를 제외한 대부분 종교는 '차례'를 지내며 조상에 대한 예의라고 강조합니다. 그때 우리가 차례를 반대하면 조상에 대한 도리를 하지 않는 것으로 오해합니다. 그러면 요셉이 가족에게 미움을 받은 것처럼 우리도 미움을 받을 수 있습니다. 그러므로 지혜로움이 필요해요. 우리야말로 조상에 대한 예의를 갖추고 있다는 점을 전해야 합니다. 다만 그 방법이 다름을 알려야 합니다. 그리고 우리는 적극적으로 가족을 사랑으로 품어야 합니다. 그러면 우리의 진심을 알고 가정 복음화로 이어질 수 있습니다.

오늘 우리 사회에 들풀처럼 일어나고 있는 것이 점입니다. 역술이라고도 말해요. 요즘은 그림 카드로 점을 치는 '타로(taro)'가 인기라는군요. 왜 우리 사회가 그런 일에 빠지는 걸까요? 사랑의 결핍 때문입니다. 외로움 때문입니다. 남편과 아내의 사랑, 엄마 아빠의 사랑이 우선 중요해요. 하지만 그 사랑만으로는 인간의 본질적 외로움을 채울 수 없습니다. 인간은 영적인 존재이기 때문입니다. 영적인 만족을 얻지 못하면 외로울 수밖에 없습니다. 우리 시대가 무속에 빠져드는 원인도 바로 여기에 있습니다.

외로움 때문에, 사랑의 결핍 때문에 무속에 빠져드는 현대인들, 어떻게 치유 받을 수 있습니까? 교회가 희망입니다. 현대인을 사랑으로 품어야 할 곳이 교회이고, 그 일이 곧 우리의 사명입니다. 비록 세상은 교회를 미워할지라도, 우리는 그들을 향하여 구원의 손길을 내밀어야 합니다. 하나님께서 오늘 우리를 이 시대의 성경 선생으로 선택하신 목적입니다.

셋째로, 미움의 뿌리에는 시기심이 있습니다. 요셉의 형들이 요셉을 미워하는 그 뿌리에는 시기심이 있습니다. 그도 그럴 것이 요셉은 가정의 질서를 흔들었기 때문입니다. 그는 일종의 '서열 파괴'를 해도 너무 했기 때문입니다. 열두 형제 중에서 두세 번째도 아닌 열한 번째가 첫째가 되려고 하기 때문입니다. 그리고 아버지도 하나님도 그런 일을 지지하는 것처럼 보이기 때문입니다. 그러니까 형들의 시기심의 뿌리에는 하나님의 주권을 인정하고 싶지 않은 마음이 있습니다. 하나님께서 세우신 사람을 영접하는 것은 하나님의 주권을 영접하는 겁니다. 반면 하나님이 세우신 사람을 영접하지 않는 것은 하나님의 주권을 영접하지 않는 겁니다. 하나님의 주권을 영접하지 않으면 시기하고 미워할 수 있습니다.

시기심을 어떻게 이길 수 있을까요? 비교하면 안 됩니다. 어떤 공동체에서나 서열은 중요합니다. 서열이 제대로 서야 질서를 유지할 수 있습니다. 서열을 파괴하면 질서가 무너집니다. 이런 명분으로 우리는 질서를 강조하며 비교합니다. 하지만 비교하면 시기심을 이기지 못합니다. 비교하지 않으려면 어떻게 해야 하나요? 하나님 앞에서, 하나님의 주권을 인정해야 합니다. 하나님께서 나도 사랑하시고, 나도 택하셨음을 확신해야 합니다. 오늘 우리는 공동체 안에서 이 점을 점검해야 하지 않을까요?

형들에게 미움을 받은 요셉은 어떻게 삽니까? 형들이 아버지의 양 떼를 치려고 세겜으로 갔어요. 이를 안 이스라엘은 아들들이 걱정되었어요. '세겜'은 디나가 폭행을 당한 곳이고, 형들이 보복을 가했던 곳입니다(34:1-2, 25-26). 이곳은 아무래도 위험한 곳입니다. 이스라엘은 형들이 요셉을 미워하고 있음에도 불구하고 안부를 알기 위해 요셉을 보냅니다. 아버지의 사랑은 넓고도 큽니다.

요셉은 어떻게 합니까? 형들은 요셉에게 '평안을 묻는 인사'조차 하지 않았는데, 요셉은 형들의 평안을 알아보려고 파송을 받습니다. 그의 마음은 꼬이지 않고 참 순수합니다. 그는 형들을 애타고 찾고 있지만 길을 몰라 헤맵니다. 형들은 이미 도단으로 갔어요. '도단'은 '두 개의 구덩이'라는 뜻인데, 형들이 동생을 구덩이에 빠트릴 것을 암시하고 있어요. 그런데도 요셉은 그 '구덩이'를 향하여 길을 재촉합니다(12-17). 그는 사랑하는 아버지와는 점점 멀어지고 미워하는 형들과는 점점 가까워집니다. 무슨 일이 꼭 일어날 것만 같지요?

형들의 미움이 어떻게 표출됩니까? 미움이 살해로 나타납니다. 형들은 요셉이 다가오자 그를 없애려는 음모를 꾸밉니다(18-19). "악한 짐승이 그를 잡아먹었다 하자"(20a). 이렇게 말하는 그들이 곧 악한 짐승입니다.

그들이 왜 이렇게 악합니까? "그의 꿈이 어떻게 되는지를 우리가 볼 것이다"(20b). 요셉이 꾼 꿈 때문입니다. 즉 하나님께서 요셉을 지도자로 선택하셨기 때문입니다. 요셉에 대한 시기심은 미움으로, 그 미움은 살인으로 나타납니다. 형들은 요셉을 없애버리면 그 꿈도 이루어지지 않을 것으로 생각했어요.

하지만 그들의 악행은 꿈을 성취하는 원동력이 될 것이라고는 꿈에도 생각하지 못합니다. 그때 르우벤은 요셉을 구해 주려는 마음에서 말합니다. "생명은 해치지 말자. 피를 흘리지 말라. 그를 구덩이에 던지자"(21-22). 르우벤은 큰형이지만 부끄러운 죄를 지었습니다. 그 때문에 큰형다움을 잃었습니다. 그는 오늘 큰형으로서 위상을 회복하려고 그런 제안을 했습니다. 형들은 요셉을 붙잡아 민상의 상징인 채색옷을 벗기고 구덩이에 던졌어요. 그들은 동생의 겁에 질린 비명을 들으면서 악한 짐승처럼 점심을 먹습니다.

그때 애굽으로 장사하러 가는 상단을 보게 됩니다(23-25). 유다가 제안해요. "우리가 동생을 죽이고 그의 피를 덮어둔들 무엇이 유익하겠니? 차라리 저 사람들에게 팔아버리자"(26-27). 형들은 유다의 말에 찬성하여 요셉을 은 이십 세겔을 받고 팝니다(28). 형들도 살인죄의 무서움을 압니다. 그들은 차마 동생을 죽이고 싶지는 않았어요. 유다의 제안이 르우벤의 것보다 호소력은 얻은 겁니다. 큰형으로서의 르우벤의 역할은 크게 힘을 얻지 못합니다. 반면 유다가 가족 중에서 실세로 등장합니다.

르우벤이 돌아와 요셉이 없어진 것을 보고 깊은 슬픔에 빠집니다(29-30). 하지만 이 슬픔은 요셉을 잃어버렸다는 것보다는 자신의 역할이 무너진 것에 대한 슬픔이기도 합니다. 형들은 염소 한 마리를 죽여서 그 피를 요셉의 옷에 묻히고, 그 옷으로 아버지를 속입니다. 속임수의 '9

단' 야곱이 자기 아들에게 속았습니다. 어린 자 야곱이 큰 자 이삭을 속였는데, 이제 똑같은 방법으로 큰 자 야곱이 작은 자 아들들에게 속고 말았습니다.

야곱은 요셉이 죽은 줄 알고 애통하며, 그 누구에게도 위로받지 못합니다(31-35). 야곱은 아들들의 '평안'을 묻기 위해 요셉을 보냈는데, 그들은 평안을 묻는 아버지에게 가장 큰 슬픔을 보내고 있습니다. 형들은 요셉을 없애는 데 성공했지만, 가정 안에 위로할 수 없는 아픔과 상처를 남기고 맙니다.

요셉은 어떻게 됩니까? 36절을 봅시다. "그 미디안 사람들은 그를 애굽에서 바로의 신하 친위대장 보디발에게 팔았더라." 형들은 그를 죽여서 그 꿈을 없애려고 했는데, 그는 종으로 팔렸어요. 그래도 다행인 것은 왕궁 경호실장의 종이라는 점입니다. 요셉의 형편은 최악이 아닌 그나마 괜찮은 위치에서 시작합니다. 형들은 그를 죽이고 끝장내려고 했지만, 그런 시도와는 대조를 이루고 있습니다.

이 사실을 통해서 우리는 무엇을 생각할 수 있습니까? 하나님께 선택받은 사람이 최악의 상황에 빠질 수 있습니다. 그렇다고 해서 그 상황 때문에 인생이 완전히 망가지는 것은 아닙니다. 그 상황이 하나님께서 정하신 일을 성취하는 것을 방해하지는 못합니다. 하나님께서 택하신 자를 그 뜻대로 인도하시기 때문입니다. 지금부터는 하나님의 뜻이 어떻게 이루어지는지를 볼 수 있습니다.

'택함 받음과 미움', 이 말은 역설입니다. 오늘 우리에게 이 역설이 다가옵니까? 우리는 사역과 삶의 현장에서 이 역설의 갈등을 피부로 느낍니다. 우리는 그 역설의 갈등에서 어떻게 이길 수 있습니까? 하나님의 주권과 사랑을 영접해야 합니다. 하나님께서 나를 택하셔서 쓰심을 믿고, 상대도 택하여 쓰임을 믿어야 합니다. 그러면 세상이 나에게 보내는 미움도 이기고, 내 안에서 상대에 대한 시기심도 이길 수 있습니다. 그리하여 나를 통해서 이루실 하나님의 뜻을 기대하며 살기를 기도합니다.

제31강
역전의 역전

◇ 본문 창세기 38:1-39:23
◇ 요절 창세기 39:2
◇ 찬송 325장, 445장

길이 막힐 때 어떻게 운전하나요? 어떤 사람은 자기 차선을 지키며 그냥 달립니다. 어떤 사람은 이리저리 차선을 변경하며 달립니다. 누가 앞설까요? 역전의 역전을 거듭해요. 그런데 자기 차가 먼저 도착하면 기분이 좋아요. 승리감 때문입니다. 이런 역전의 역전이 우리 삶 속에서도 일어날까요?

38:1을 봅시다. "그 후에 유다가 자기 형제들로부터 떠나 내려가서 아둘람 사람 히라와 가까이 하니라." 요셉이 애굽으로 팔려간 후에 유다는 가출을 했어요. 요셉에 대한 미안함 때문일까요? 아님 '형제의 난'이 일어나 밀렸을까요? 더욱 알 수 없는 일은 그가 이방 여인과 결혼을 했다는 사실입니다. 이것은 믿음의 조상이 그토록 싫어하던 일입니다(창 28:1).

그는 세 아들을 낳았는데, 다말이라는 여인을 큰 며느리로 삼았어요. 하나님은 신혼 첫날 밤 큰아들을 데려가셨는데, 그가 악했기 때문입니다. 졸지에 다말은 과부가 되었는데, 더 슬픈 일은 후사가 없는 겁니다(2-7). 당시 이런 불행한 사태를 조금이나마 돕고자 한 법을 정했어요. "죽은 자

273

의 아내는 나가서 타인에게 시집가지 말고, 그 남편의 형제가 그녀를 아내로 삼으라"(신 25:5-6). 유다는 이 법에 따라서 둘째 아들을 형수에게 장가들게 합니다. 그러나 그는 마음에 두었던 여인이 있었는지, 아이를 일부러 갖지 않아요. 그 일이 여호와 보시기에 악하므로 여호와께서 그도 죽이십니다(8-10).

유다는 겁이 덜컹 났어요. 이러다가는 세 아들을 모두 잃을 것 같았어요. 그는 셋째는 큰며느리에게 주고 싶지 않았어요. 셋째가 아직 어리다는 핑계를 대며 시간을 끌었어요. 며느리를 친정으로 보내며 그녀가 스스로 팔자를 고치길 원합니다(11). 그렇지만 유다 가문은 후계자가 끊길 위기를 맞습니다.

이 위기가 어떻게 극복됩니까? 얼마 후 아내가 세상을 뜨자 유다는 외로움을 달래기 위해 친구를 찾습니다. 이 소식이 며느리 다말에게 전해졌어요. 그녀는 몸 파는 여인으로 변장하고 유다를 유혹합니다. 셋째 아들이 어른이 되었는데도 자기에게 장가를 보내지 않기 때문입니다. 유다는 다말을 창녀로 생각하고는 잠자리를 같이했어요. 그리고는 도장과 그 끈과 지팡이를 담보로 잡힙니다.

하지만 다음 날 아침 다말은 안개처럼 사라집니다. 그로부터 3개월 후 유다의 친구가 속삭입니다. "자네 며느리가 임신했어, 인터넷망이 후끈 달아올랐어." 유다는 놀라서 말합니다. "그녀를 끌어내어 불사르라!" 다말은 장작더미에 서서 최후진술을 합니다. "이 물건 임자로 말미암아 잉태했나이다. 이 도장과 그 끈과 지팡이가 뉘 것입니까?" 그것은 바로 유다의 것입니다(12-25).

유다는 어떻게 반응합니까? 26절을 봅시다. "유다가 그것들을 알아보고 이르되 그는 나보다 옳도다 내가 그를 내 아들 셀라에게 주지 아니하였음이로다 하고 다시는 그를 가까이하지 아니하였더라." 무엇이 옳다는 겁니까? 유다는 다말에게 한 약속을 지키지 않았어요. 약속을 지키지 않음으로써 그 자손과 가족 공동체의 미래는 위기에 처했어요. 그는 의롭지 못합니다. 그런데 다말은 약속을 지킵니다. 그녀에게는 후손을 낳아 남편의 대를 잇게 하는 의무가 있어요. 그녀는 이 의무에 충실한 겁니다. 즉 가문의 후사를 잇고 가족 공동체를 보존하는 일에 최선을 다한 겁니다. 이런 점에서 다말의 행위는 유다보다 옳습니다.

이 사건이 주는 의미는 무엇일까요? 하나님은 사람의 방법이 아닌 하나님의 방법대로 일하십니다. 그 방법은 우리의 관습이나 도덕률을 뛰어넘습니다. 다말의 행위를 일반윤리의 '렌즈'로 본다면 이해할 수 없습니다. 그러나 하나님은 그녀를 구속 사역에 쓰십니다. 다말은 '쌍태'를 낳았어요. 쌍둥이가 나오는 모습은 할아버지 야곱과 에서를 쏙 빼닮았어요. 형이 먼저 나오려고 하는 순간 동생이 선수를 쳤어요. 요셉의 형들은, "형들이 동생을 섬길 것이다."라는 하나님의 계획을 무산시키려고 했어요.

그러나 하나님께서는 유다의 자손들을 통하여 하나님의 뜻을 강력하게 보여주고 있습니다. 하나님께서 요셉에게 두신 뜻이 사람들에 의해서 취소될 수 없다는 겁니다. 그뿐만 아니라, 유다의 자손은 가나안 여인을 통해서 이어집니다. 가나안 자손은 이스라엘 자손보다 '더 큰' 이스라엘의 조상이 됩니다. 다말의 둘째 아들 베레스는 다윗의 할아버지가 됩니다 (27-30). 다말은 육신의 혈통으로는 예수님의 할머니입니다(마 1:3).

하나님은 당신의 구속 사역을 사람들의 생각과는 전혀 다른 방법으로 이루어 가십니다. 하나님은 인류의 구원자를 세상에 보낼 때 죄인의 후손으로 보내십니다. 하나님의 구속 사역은 의인이 아닌 죄인을 통해서 이루어집니다. 하나님께서 죄인의 허물과 실수, 그리고 부끄러움을 감당하시며 쓰시기 때문입니다.

오늘 우리가 캠퍼스 구속 사역에 쓰임 받는 것 또한 이 하나님의 은총 때문입니다. 사람의 관습이나 전통에 근거한다면, 우리는 택함 받을 수 없고 쓰임 받을 수 없습니다. 하지만 하나님의 일방적인 방법 때문에, 하나님의 크신 은총 때문에 택함을 받고 쓰임 받고 있습니다. 따라서 우리도 "나의 나 된 것은 오직 하나님의 은혜라."고 고백하는 겁니다.

그러면 요셉은 어떻게 되었나요? 그는 애굽 왕 경호 실장 보디발에게 팔렸습니다(39:1). 그는 소나 강아지처럼 팔린 건데, 꿈 때문입니다. 즉 하나님께서 그를 택하셨기 때문입니다.

그를 택하신 하나님은 어디에 계십니까? 39:2를 읽읍시다. "여호와께서 요셉과 함께하시므로 그가 형통한 자가 되어 그의 주인 애굽 사람의 집에 있으니." 여호와께서 요셉과 함께하십니다. 여호와께서 함께하심으로 그는 성공했어요. 그의 성공은 인간적인 노력의 결과가 아니라 하나님 축복의 열매입니다. 하나님께서 함께하심으로써 요셉은 인생 역전을 경험합니다.

어느 정도의 인생 역전입니까? 그 주인은 여호와께서 요셉과 함께 계시다는 사실을 알았습니다. 그는 여호와께서 요셉이 하는 일마다 성공하게 하심을 알았어요. 그래서 그는 요셉을 마음 놓고 믿을 수 있는 부하로 삼았어요. 그는 요셉을 집안일을 총괄하는 총지배인으로 임명합니다. 그는 초고속 승진을 한 겁니다. 여호와께서는 요셉으로 인해 그 집에 있는 모든 사람에게 복을 주십니다. 보디발은 자기가 먹는 음식 말고는 요셉이 하는 일에 참견하지 않습니다(3-6a). 애굽 사람과 유대인은 먹을거리가 다르기 때문입니다.

그런데 요셉에게 어떤 시련이 닥칩니까? 그는 '꽃보다 남자' 원조였어요(6b). 신앙 되지, 얼굴 된 그를 여성들이 가만두지 않았어요. 특히 주인의 아내가 요셉에게 눈짓하다가 동침하기를 청합니다(7). 당시 돈 많고 지체 높은 여인들은 하인들과 노는 것을 하나의 고품격 문화로 생각했어요. 애인의 숫자는 여인들의 능력의 척도였어요.

한편 요셉은 타국에서 살다 보니 무척 외롭습니다. 또 마님께 잘 보이면 출세 가도가 더 튼튼할 수 있어요. 하지만 실상은 유혹에 넘어가면 언젠가는 '토사구팽'이 될 겁니다. 즉 성공보다는 실패로 이어질 확률이 높아요. 그런데도 요셉은 위기에 처한 것이 틀림없습니다.

그는 위기 앞에서 어떻게 합니까? 8-9절을 읽읍시다. "요셉이 거절하며 자기 주인의 아내에게 이르되 내 주인이 집안의 모든 소유를 간섭하지 아니하고 다 내 손에 위탁하였으니, 이 집에는 나보다 큰 이가 없으며 주인이 아무것도 내게 금하지 아니하였어도 금한 것은 당신뿐이니 당신은 그의 아내임이라 그런즉 내가 어찌 이 큰 악을 행하여 하나님께 죄를 지으리이까." 요셉은 유혹을 단호하게 거절합니다.

왜냐하면 주인과의 관계에서 도덕적으로 용납할 수 없기 때문입니다. 그의 도덕성은 열려 있습니다. 그의 도덕성이 열린 것은 하나님 앞에서 살기 때문입니다. 주인을 배신하는 것은 하나님 앞에서 큰 악을 행하는 겁니다. 여인의 유혹을 받아들이는 것은 자기감정에 충실한 것이 아니라, 하나님께 죄를 짓는 겁니다. 요셉은 그와 함께하시는 하나님 앞에서 살고 있습니다. 그의 도덕성은 신앙의 열매입니다. 하지만 유혹은 쉽게 끝나지 않습니다. 강도는 더욱 심해집니다. 그녀는 요셉의 옷을 잡고 집요하게 물고 늘어집니다. 하지만 요셉의 거절 또한 단호합니다. 그는 자기 옷을 버려두고 밖으로 나가버립니다(10-12).

여기서 우리는 무엇을 배웁니까? 우리는 유다와 다말을 보면서 은혜를 받으면서도 한편으로는 찜찜했어요. 청문회를 보면서 믿음의 사람인데도 도덕적 흠결 때문에 질타를 받는 모습을 보면 마음 한구석이 아픕니다. 내면의 성숙함을 제대로 배우지 못했기 때문입니다. 능력 위주, 성공지상주의를 제일의 가치로 삼았기 때문입니다. 하나님은 유다와 다말 같은 사람도 그 허물을 감당하며 쓰십니다.

그렇다면 요셉은 어떻게 하실까요? 우리는 누구를 본받아야 합니까? '유다가 저렇게 살았어도 쓰임만 받았으니, 나도 저렇게 살아도 괜찮아.' 이렇게 생각한다면 좀 '거시기'해요. 이제는 '신앙 따로 도덕 따로'가 아닌, '신앙과 도덕이 함께'하는 그런 삶을 살아야 할 때입니다. 이제는 성숙함, 성품 제일주의로 나가야 할 때입니다.

그러면 성품 제일주의로 나간 요셉은 하나님께로부터 큰상을 받았나요? 자존심이 무너진 그녀는 요셉에게 성희롱 죄를 뒤집어씌웠어요. 요셉이 자신의 정당성을 호소해도 누구 하나 인정해 주지 않아요. '유전무죄 무전유죄'의 세상 이치가 요셉이라고 피해가지 않네요. 요셉은 억울한 누명을 쓰고 감옥에 갇힙니다(13-20). 승승장구하던 그가 갑자기 곤두박질을 치고 맙니다.

왜 이렇게 된 겁니까? 그가 하나님 앞에서 악을 행했기 때문인가요? 오히려 그는 하나님 앞에서 살았어요. 그 때문에 그는 고통을 당하고 맙니다. 요셉은 어떤 생각을 할 수 있을까요? 의로운 삶에 대한 회의를 할 수 있어요. 하나님께로부터 버림받았다는 극단적인 생각을 할 수도 있어요.

하지만 여호와께서는 무엇을 하십니까? 21절을 읽읍시다. "여호와께서 요셉과 함께 하시고 그에게 인자를 더하사 간수장에게 은혜를 받게 하시매." 요셉이 보디발 부인과 관계를 잘 맺고자 했다면 하나님과의 관계는 깨지고 말았을 겁니다. 하지만 요셉은 그 부인과의 관계에서는 실패했지만 하나님과의 관계에서는 성공합니다. 하나님께서는 그런 그와 함께하시고 그에게 인자를 베푸십니다. 구체적으로 간수장에게 은혜를 받게 하십니다. 간수장은 요셉을 인정합니다. 모든 일을 맡기고 살펴보지도 않습니다. 요셉의 인생은 역전의 역전을 거듭합니다. 이제는 끝났다고 생각했는데, 불운을 탓하고 환경을 탓하면서 뒷걸음 칠 것으로 생각했는데, 오뚝이처럼 다시 일어섭니다. 하나님께서 함께 하시기 때문입니다. 하나님께서 형통하게 하시기 때문입니다(22-23).

하나님께서 역전의 역전을 거듭하신 목적은 무엇일까요? 그의 성품을 연단하시는 겁니다. 요셉은 지도자로서 택함을 받았어요. 지도자는 직책보다는 성품으로 일합니다. 성품이 되지 않은 지도자는 지도자가 아닙니다. 우리가 어린아이에게는 "그것 만지지 마라." "뛰지 말라."고 가르칩니다. 하지만 대학인에게는 뭐라고 가르칩니까? "대학생답게 살라."고 말해요. 성품에 대해서 말하는 겁니다. 성품이 안 되면 대학인으로 인정받지 못해요. 소위 '성인 아이'가 되고 말잖아요.

이 사실이 오늘 우리에게 주는 의미는 무엇입니까? 하나님은 오늘도 우리의 삶 속에서 역전의 역전을 이루십니다. 그리고 그 역전을 통하여 우리의 성품을 하나님의 사람답게 키우십니다. 우리는 일시적으로 삶이 안 풀리고 꼬이는 문제 때문에 힘들 때가 있어요. 예민한 사람은 인생이 끝난 것처럼 호들갑을 떨기도 해요. 특히 나름 하나님 앞에서 살았는데도 불구하고 결과가 좋지 않을 때 더욱 그래요. 하나님께 버림받았다는 생각으로 절망합니다.

우리는 캠퍼스에서 목자로 살기 위해서 나름 애를 쓰고 있어요. 돈과 시간, 그리고 삶을 투자합니다. 그런데 우리의 기대만큼 결과가 있는 것은 아닙니다. 그럴 때면 속이 상합니다. 그런데도 우리는 실패를 통하여 예수님을 닮아가는 성숙한 사람으로 자라고 있습니다. 그뿐만 아니라 역전의 그 날을 소망하고 있습니다.

이 소망은 어디서 옵니까? 하나님은 언제 어디서나 우리와 함께하시기 때문입니다. '임마누엘'은 우리의 삶의 현장에서 가장 소망스러운 말입니다. 다윗은 이런 확신이 넘쳤어요. "여호와는 나의 목자시니 내게 부족함이 없으리로다." "내가 사망의 음침한 골짜기로 다닐지라도 해를 두려워하지 않을 것은 주께서 나와 함께 하심이라 주의 지팡이와 막대기가 나를 안위하시나이다"(시 23:1, 4).

예수님께서 세상을 떠나실 때 제자들에게 남기신 유언이 무엇입니까? "내가 너희에게 분부한 모든 것을 가르쳐 지키게 하라 볼지어다 내가 세상 끝날까지 너희와 항상 함께 있으리라 하시니라"(마 28:20). 비록 우리의 삶이 꼬일지라도, 정말 힘든 지경일지라도, 하나님은 바로 그 순간에도 함께 하십니다. 그런 과정을 통하여 우리에게 원하시는 것은 내면의 성숙함입니다. 우리에게는 하나님께서 함께하시면 어떤 어려움도 없어야 한다는 생각이 강해요. 그러나 하나님은 우리가 능력 있는 사람보다는 성품 있는 사람으로 자라기를 원하십니다. 하나님은 우리가 흠결을 찾을 수 없는 '명품 신자'로 자라기를 원하십니다.

저는 가수 이상우 씨의 삶을 통해서 은혜를 받았어요. 그의 큰아들은 발달장애아를 가졌어요. 그가 처음 그 사실을 알았을 때 석 달간 술에 빠져 살았다는군요. 하지만 지금은 그 아들을 통해서 세상을 본다는군요. "남들이 당연하게 여기는 일에도 감사하는 걸 배웠으니까요. 아들이 어쩌다 단어 하나만 제대로 발음해도 행복했어요. 가장 감동했던 순간은 아들이 거짓말을 했을 때예요. 다른 부모 같으면 아이가 거짓말을 하면 화가 났겠죠. 하지만 어느 날 양치질 안 하고서 '했다'고 말하는 아들을 보고 눈물이 나올 만큼 감격했어요. 이제 내 아들이 거짓말을 할 줄 아는구나, 이제 이만큼 나아졌구나, 싶어서요."

그의 말에는 하나님의 사람다운 성숙함이 묻어납니다. 세상을 보는 그의 '렌즈'가 변하고, 삶의 목적이 바뀐 겁니다. 우리의 아이들이 공부를 좀 못할지라도, 말을 좀 안 들을지라도, 어떻게 할 수 있나요? 훈련은 필요하지만, 기본적으로는 감사할 수 있습니다. 우리 자신의 삶에 대해서도 마찬가지입니다. 우리의 삶 속에 아무런 문제가 없었다면 어떻게 되었을까요? 우리는 크고 작은 시련을 겪으면서 예수님을 믿었습니다. 그리고 하나님의 사람답게 자라고 있습니다.

지난주에 한 동역자의 아버지를 방문했어요. 그분은 투병 중에 계셔요. 그런 과정에서 주님께 대한 믿음이 더욱 굳어졌어요. 함께 하시는 주님을 믿고 잘 감당하고 계십니다.

그러므로 우리는 어떻게 살아야 합니까? 삶의 '렌즈'부터 바꿔야 합니다. 즉 내 삶을 근시안적으로 봐서는 안 됩니다. 지금 당장 눈앞의 일만 보고 울고 웃기보다는 역전의 하나님을 믿고 멀리 바라봐야 합니다. 그리고 오늘 삶의 현장에서 하나님 앞에서 최선을 다하는 삶을 살아야 합니다. 그리하여 내 삶의 역전승을 체험할 수 있기를 기도합니다!

제32강
열방을 통치하시는 하나님

◇ 본문 창세기 40:1-41:57
◇ 요절 창세기 41:25
◇ 찬송 86장, 520장

성탄절이 되면 시청 앞 광장에 크리스마스트리를 세우잖아요? 그런데 서울시는 "트리는 세우되 꼭대기에 십자가는 달지 말아 달라"고 요청했대요. 공공장소에 기독교의 상징물을 설치하면 믿지 않는 사람에게 거부감을 주기 때문이라는군요. 반면 불교계가 설치하는 미륵사지 석탑 모형은 특정 종교가 아닌 전통문화 유산을 표현하는 것이기 때문에 허용한대요. 갈수록 기독교가 역차별을 당하고 있는 것처럼 보입니다. 하나님이 비주류로 밀린 것처럼 보입니다. 우리의 하나님은 정말로 비주류로 전락한 겁니까?

요셉은 성추행범이라는 누명을 쓰고 감옥에 갇혔습니다. 하나님께서는 그런 그와 함께하셔서 죄인들의 목자로 쓰십니다. 그때 애굽 왕에게 포도주를 바치던 신하와 빵을 바치던 신하가 죄를 지었어요. 그들은 요셉이 있는 감옥으로 왔습니다. 어느 날 밤 두 사람 모두 꿈을 꿉니다. 그들은 꿈이 자기들의 미래를 결정한다고 생각했어요. 하지만 그 뜻을 모릅니다. 그 꿈을 해석해 줄 사람도 없고요. 그들은 풀이 죽었습니다(40:1-8a).

요셉이 그들에게 무엇이라고 말합니까? 40:8b를 봅시다. "... 요셉이 그들에게 이르되 해석은 하나님께 있지 아니하니이까 청하건대 내게 이르소서." 꿈의 해석은 오직 하나님만이 하실 수 있습니다. 왜냐하면 꿈을 주신 분이 하나님이시기 때문입니다. 그리고 하나님은 택하신 종에게 그 꿈을 해석할 능력을 주십니다. 그런데 요셉은 자기에게 꿈을 말하라고 합니다. 요셉은 하나님께서 자기에게 해석의 능력을 주실 줄 믿었습니다.

요셉의 말을 듣고 '와인(wine) 장관'이 먼저 그의 꿈을 말합니다. 요셉은 '직청 직해'를 합니다. 그 사람은 사흘 후에 풀려나 복직하게 됩니다. 요셉은, 그에게 복직하면 자기의 처지를 왕에게 말해주도록 부탁합니다. 그는 감옥에 있을 만한 죄를 짓지 않았기 때문입니다. '빵 장관'은 요셉의 해몽이 좋은 것을 보고 도움을 청합니다. 하지만 그의 꿈은 '흉몽'입니다 (9-19). 그는 사흘 뒤에 처형당해요. 요셉의 해석대로 한 사람은 살고 한 사람은 죽습니다(20-22). 하나님은 요셉을 '꿈꾸는 자'에서 '꿈 해석자'로 쓰십니다.

요셉은 자기 해석대로 된 것을 보고 어떤 생각을 할까요? 그는 비록 감옥에 있지만, 하나님께서 자신을 사용하고 계심을 확신합니다. 무엇보다도 자기도 감옥에서 나갈 것에 대한 소망을 갖습니다. 하지만 그 소망이 이루어지기까지는 기다림이 좀 더 필요합니다. 복직한 그 사람이 요셉을 기억하지 못하고 잊었기 때문입니다(23).

그러면 하나님도 요셉을 기억하지 못하고 잊어버리신 걸까요? 2년이라는 세월이 흐른 뒤 바로가 꿈을 꿉니다. 꿈은 애굽의 젖줄 나일 강을 배경으로 시작됩니다. 살지고 아름다운 소 일곱 마리와 야위고 못생긴 소 일곱 마리가 보이더니, 야위고 못생긴 소가 살지고 아름다운 소를 잡아먹어요. 바로는 놀라서 잠에서 깹니다. 하지만 꿈인 줄 알고 곧 잠이 듭니다. 그런데 또 한 꿈을 꿉니다. 이번에는 밀밭을 배경으로 하는데, 야윈 이삭들이

토실토실한 이삭을 잡아먹어요. 바로는 놀라서 깼어요(41:1-7). 꿈자리
가 몹시 사나웠습니다.

그는 어떻게 합니까? 41:8을 읽읍시다. "아침에 그의 마음이 번민하여
사람을 보내어 애굽의 점술가와 현인들을 모두 불러 그들에게 그의 꿈을
말하였으나 그것을 바로에게 해석하는 자가 없었더라." 애굽은 당대 물리
적인 힘은 물론이고 지식도 세계 최고입니다. 그런데 그 애굽의 종교와 정
신세계를 이끌어 간다는 종교인이 꿈을 해석하지 못합니다. 보통 수치스
러운 일이 아닙니다. 이것은 애굽 제국의 지식의 한계를 보여준 겁니다.
동시에 바로의 권위가 무너지는 겁니다.

이 사실이 오늘 우리에게 주는 의미는 무엇일까요? 고대나 현대의 신비
주의자들은 자기들 스스로 꿈을 해석할 수 있다고 말해요. 심리학자 중에
서도 특별한 기술을 가지면 꿈을 해석할 수 있다고 봐요. 하지만 꿈의 해
석은 특별한 재능이나 기술에 의해서 되는 것이 아닙니다. 하나님의 지혜
와 능력을 부여받은 사람만이 할 수 있습니다. 꿈의 해석은 오직 하나님께
만 있기 때문입니다.

오늘날 역술인에 대해서 이런 눈이 필요합니다. 역술인은 과거의 일에
대해서는 더러 알아맞혀요. 물론 미래를 예측하기도 해요. 하지만 그들의
미래 예측이라는 것이 얼마나 엉성하고 한계가 있습니까? 미래는 하나님
께서 인도하시기 때문입니다. 하나님께서 역술인에게 미래를 말씀하지 않
기 때문입니다. 세상 지식의 한계도 마찬가집니다. 현대인의 위기가 여기
에 있습니다.

바로는 위기를 어떻게 극복합니까? 41:9입니다. 그때 비로소 '술 장관'
이 잊었던 요셉을 기억합니다. 왕에게 요셉의 실력을 말하며 그를 '강추'
합니다. 요셉은 히브리 청년에 불과합니다. 최강 애굽의 궁중 술사에 비하
면 아무것도 아닙니다. 하지만 바로는 즉시 요셉을 불러 꿈을 해석하도록

합니다(10-15).

그때 요셉은 바로에게 무엇이라고 말합니까? 41:16을 봅시다. "요셉이 바로에게 대답하여 이르되 내가 아니라 하나님께서 바로에게 편안한 대답을 하시리이다." 바로는 요셉이 뭔가를 해줄 것으로 기대하지만 그는 할 수 없습니다. 오직 하나님만이 하십니다. 당시 바로는 애굽의 신들 중 하나입니다. 요셉은 그 신에게 참되고 유일한 신 여호와를 증언합니다. 그런데 바로는 여호와 앞에 겸손하게 도움을 청합니다. 왜냐하면 자기의 꿈을 해석해 주는 사람이 없기 때문입니다(17-24). 이것은 애굽의 신인 바로가 애굽의 한계를 스스로 인정한 겁니다. 당시 제국의 군주들은 지식의 독점을 꾀했어요. 그 지식으로 신인 것처럼 행세도 했고요.

바로가 꾼 꿈에는 어떤 뜻이 있습니까? 25절을 읽읍시다. "요셉이 바로에게 아뢰되 바로의 꿈은 하나라 하나님이 그가 하실 일을 바로에게 보이심이니이다." 바로가 꾼 두 개의 꿈은 같은 겁니다. 메시지가 같다는 겁니다. 하나님께서 꿈을 통하여서 하실 일을 바로에게 보이신 겁니다.

하나님께서 하실 일은 무엇입니까? 온 애굽 땅에 7년 동안 큰 풍년이 들고, 이어서 7년 동안 가뭄이 든다는 겁니다. 백성들이 풍년이란 것이 무엇인지를 기억할 수 없을 만큼 심각한 가뭄이 듭니다. 왕이 두 번이나 꿈을 꾼 것은, 하나님께서 그 일을 정하셨고 그 일을 곧 이루실 것임을 말합니다(26-32).

이 사실이 바로에게 주는 의미는 무엇일까요? 그가 꾼 꿈은 애굽의 삶과 죽음의 순환을 하나님께서 통제하고 계심을 보여주는 상징적인 계시입니다. 나일 강은 풍요를 가져다주는 애굽 제국의 힘을 상징합니다. 왕이 그런 나일 강을 잘 다스리면 풍요로운 삶을 보증할 수 있습니다. 그런데 나일 강과 그에 기초한 삶의 체계가 무너진다는 것은 제국이 그 자체 안에 생명의 힘을 가지고 있지 않다는 것을 의미합니다.

'기근'은 제국의 자기 생산능력의 실패를 뜻합니다. 죽음 앞에 선 제국의 무기력함을 표현하고요. 나일 강과 기근을 병렬시키고 있다는 것은 풍요를 추구하는 애굽의 삶의 방식이 헛되다는 것을 드러내는 겁니다. 생명과 풍요를 상징하는 나일 강이 죽음과 빈곤을 상징하는 것으로 바뀌고 있습니다. 이것은 바로 애굽이 지상에서 제아무리 강력하고 번성해도 하나님의 통치 아래에 있을 뿐임을 보여주는 겁니다. 바로가 열방을 통치하는 것이 아니라 하나님께서 통치하신다는 겁니다. 열방의 미래, 열방의 죽고 사는 문제는 바로가 아닌 하나님의 손에 달려 있습니다. 하나님은 요셉이라는 한 개인의 삶은 물론이고, 열방의 삶도 통치하십니다.

이 사실을 오늘 우리에게도 적실하게 적용할 수 있나요? 최근 미국과 중국은 세계에 대한 패권 다툼을 하고 있습니다. 마치 그들이 세상을 이끄는 것처럼 보입니다. 여기에 미국과 북한과의 관계를 보면서 미국의 역할이 크게 보입니다. 다른 한편으로는 북한이 오히려 미국을 이끄는 것처럼 보입니다. 세상 나라, 세상의 통치자가 온 세상을 다스리는 겁니까? 아니면 하나님이 다스립니까?

우리는 '코로나19'를 겪으면서 그것은 중국이나 한국, 또는 미국이나 남미 등의 문제가 아니라 전 세계의 문제임을 알았습니다. 그것을 '대유행(pandemic)'이라고 부르는데, 그 'pandemic'이 많은 사람을 'panic(돌연한 공포)'으로 빠지게 합니다. 세계 대유행의 'COVID19'를 보면서 하나님께서 이 세상을 심판하려면 얼마든지 하실 수 있다고 생각합니다.

빌 게이츠(Bill Gates)가 최근 "코로나19가 우리에게 진짜로 가르치는 것은 무엇인가(What is the Corona-19 Virus Really Teaching us)?"라는 글을 썼는데 요약하여 소개합니다. "나는 우리에게 일어나는 일이 좋은 일이든 나쁜 일이든 그 뒤에는 '영적인 목적(a spiritual purpose)'이 있다고 강하게 믿는다. 우리는 직업, 경제 상황, 유명세와 상관없이 모두 똑같음을 깨닫는다. 바이러스는 사람을 차별하지 않기 때문이다. 우리는 모든 사람이 서로 연결되어 있음을 깨닫는다. 우리는 우리의 삶이 짧다는 것과 어떻게 사는 그것이 가장 소중한지를 깨닫는다. 우리가 진짜로 해야 할 일은 직업이 아니라 서로 돌보는 일임을 깨닫는다. 많은 사람은 '코로나19'를 대재앙으로 보는데, 나는 '큰 바로 잡음(a great corrector)'으로 본다. 왜냐하면 그것은 우리가 '잊어버린 것 같은 중요한 교훈'과 우리가 그것을 배울지 안 배울지는 우리에게 달려 있음을 깨우치기 때문이다."

저는, 그가 말하는 '큰 바로 잡음'을 인류의 교만으로, '잊어버린 것 같은 중요한 교훈'을 하나님의 살아 계심으로 이해합니다. 인간이 아무리 발버둥 쳐도 할 수 없는 일이 있습니다. 지금은 온 세상이 하나님께서 이 세상을 통치하심을 인정해야 합니다. 세상을 누가 다스립니까? 하나님께서 통치하십니다. 세상이 어떻게 말하든 우리의 하나님은 변방에 계시지 않습니다. 열방을 통치하십니다.

어떻게 통치하십니까? 요셉 시대 때는 꿈을 주시고, 그 꿈을 해석하는 종을 통하여 통치하셨습니다. 그러나 이제는 말씀을 주시고, 그 말씀을 해석하는 성경 선생을 통하여 통치하십니다. 말씀을 통하여 하나님께서 오늘 우리 시대에 하실 일을 나타내십니다. 이제는 꿈을 사모하기보다는 말씀을 사모해야 합니다. 꿈을 해석하는 일에 매달리기보다는 말씀을 해석하는 일에 매달려야 합니다. 말씀은 하나님께서 우리 가운데 하실 일을 전달하는 메시지입니다.

그러므로 우리가 캠퍼스에서 하는 1대1 말씀 사역의 중요성을 아무리 강조해도 지나치지 않습니다. 그 말씀을 통하여 한 개인과 우리 캠퍼스, 그리고 이 세상에 두신 하나님의 뜻을 전할 수 있기 때문입니다.

하나님의 뜻을 전달받은 바로가 해야 할 일은 무엇입니까? 명철하고 지혜 있는 사람을 택하여 애굽을 다스리게 해야 합니다. 또 7년 풍년에 애굽 땅의 오분의 일을 거두고, 각 성읍에 쌓아 두어야 합니다. 그렇게 하면 7년 동안 가뭄이 들어도 백성은 죽지 않을 겁니다(33-36). 요셉은 꿈을 해석할 뿐만 아니라 대안까지 제시합니다. 요셉은 '반 하나님'적인 나라에서 하나님의 영에 감동된 지혜로운 사람으로 인정받습니다(37-39).

바로는 요셉을 애굽의 실세 총리로 임명합니다. 바로는 인장 반지를 빼서 요셉의 손에 끼워주고, 세마포 옷을 입히고, 금 사슬을 목에 걸어 줍니다. 이것은 일종의 임명장입니다. 그는 총리 전용 수레를 타고 애굽 전국을 다스리게 됩니다(40-44). 바로는 요셉에게 '사브낫 바네아'라는 이름을 주고, 결혼까지 시킵니다. 그때 그의 나이는 서른 살입니다. 요셉이 애굽으로 팔린 지 13년 만에 수치는 영광으로 바뀌었습니다. 요셉이 자기 가족의 품에서 영광을 꿈꾸었던 그 꿈이 이루어지고 있습니다.

요셉은 바로 앞에서 물러나 총리직을 수행합니다. 자기가 왕에게 대안으로 제시했던 그대로 풍년이 들자 곡식을 저장합니다. 쌓아 둔 곡식이 바다의 모래와 같이 많아서 다 셀 수가 없을 정도였습니다(45-49). 꿈 때문에 망가졌던 인생이 꿈 때문에 완전히 뜹니다.

이제 요셉은 애굽 사람이 되고 말았나요? 50절을 봅시다. "흉년이 들기 전에 요셉에게 두 아들이 나되 곧 온의 제사장 보디베라의 딸 아스낫이 그에게서 낳은지라." 요셉은 두 아들을 낳는데, 첫째의 이름을 므낫세라고 짓습니다. 하나님께서 요셉의 모든 고통과 고향 생각을 잊게 해 주셨기 때문입니다. 그는 아들의 이름을 통해서 자신의 성공을 하나님께서 주도적으로 인도하셨음을 고백합니다. 둘째 아들의 이름을 에브라임이라고 짓는데, 하나님께서 고통받던 이 땅에서 자녀를 주셨기 때문입니다(51-52).

요셉의 삶의 주어는 하나님입니다. 그는 성공과 높은 지위에도 불구하고 신앙유산을 저버리지 않습니다. 어떤 점에서 지금 요셉은 정체성의 위기에 있다고 할 수 있어요. 그는 애굽 옷을 입고, 애굽식 이름을 가졌고,

애굽 여인과 결혼까지 했어요. 하지만 그는 아이들 이름을 통하여 자신의 정체성을 분명하게 합니다. 그는 고난의 때에도 하나님을 기억했고, 축복의 때에도 하나님을 잊지 않습니다. 사람은, 고난이 있으면 고난이 있어서 하나님을 기억하기가 쉽지 않고 복이 있으면 복에 묻혀서 하나님을 잊어버리기 쉽습니다. 그런데도 그는 고난의 때에는 고난이 있기에 하나님을 기억했고, 복을 받을 때는 복을 받았기에 하나님을 잊지 않습니다.

하나님께서는 그런 그를 어떻게 쓰십니까? 요셉의 말과 같이 7년 풍년이 그치고 7년 흉년이 시작됩니다(53-54). 지금까지 애굽은 바로의 말에 의해서 움직였어요. 하지만 이제부터는 요셉이 말한 대로 됩니다. 주도권이 바로에게서 요셉으로 넘어갔습니다. 바로는 메시지를 만드는 사람이 아니라 받는 사람이 되었어요. 그것은 하나님께서 요셉을 세워서 쓰시기 때문입니다. 가뭄은 단지 애굽뿐만 아니라 온 세상으로 확대됩니다. 온 세상은 먹을거리 때문에 비상이 걸렸어요.

모든 땅의 사람들이 곡식을 사기 위해 애굽의 요셉에게로 옵니다(55-57). 온 세상이 요셉에게 머리를 숙입니다. 열일곱 소년 시절에 가졌던 "해와 달과 별들이 다 절하리라"(37:9)라는 그 꿈을 구체화하고 있습니다. 이것은 여호와께서 그와 함께하시기 때문입니다. 꿈을 주신 여호와께서 그 꿈을 친히 이루어가시기 때문입니다. 가나안에서 사는 요셉의 가족들은 어떻게 될까요?

세상을 얼핏 보면 하나님과 믿음의 사람은 변두리로 밀린 것처럼 보입니다. 돈이나 세상 권력이 온 세상을 다스린 것처럼 보입니다. 하지만 하나님께서 열방을 통치하십니다. 하나님께서 말씀의 종을 쓰셔서 통치하십니다. 그러므로 1대1 말씀 사역은 하나님의 통치가 한 개인과 캠퍼스, 그리고 열방에 미치도록 하는 사역입니다. 그 일에 자부심과 사명감을 품고 힘쓰는 한 주간이기를 기도합니다.

제33강
자기희생의 사랑

◇ 본문 창세기 42:1−44:34
◇ 요절 창세기 44:33
◇ 찬송 289장, 294장

영화 '타이타닉(Titanic)'을 생각하면 어떤 장면이 인상에 남습니까? 많은 사람이 남녀 주인공이 배 갑판에서 손을 벌리고 서 있는 장면을 기억해요. 하지만 그 영화의 절정은 두 주인공이 물에 빠져서 죽음의 위기에 처했을 때, 남자가 여자를 살리고 죽어가는 장면에 있습니다. 자기를 희생하여 여인을 살린 희생적인 사랑이 여인은 물론이고 남성의 마음을 사로잡았어요. 이런 모습을 하나님의 아들딸에게는 어떻게 적용할 수 있을까요?

첫째, 하나님은 죄인의 양심을 깨어나게 하십니다(42:1−28).

온 세상을 휩쓸고 있는 흉년은 야곱이라고 비껴가지 않습니다. 야곱의 다 큰 아들들은 손가락만 빨면서 서로의 얼굴만 쳐다보고 있습니다. 야곱은 애굽에 양식이 있다는 소식을 듣고 아들들을 보냅니다. 하지만 요셉의 동생 베냐민은 보내지 않아요. 베냐민에게 무슨 일이라도 생길 것 같기 때문입니다. 굶어 죽지 않기 위해서 가는 길에 베냐민만 잘못될 수 있다는 말은 형들에게 과거의 요셉을 떠올리게 합니다(42:1−5). 형들은 그 요셉 앞에 엎드립니다. 요셉은 형들을 알아보지만, 그들은 요셉을 알아보지 못합니다(6-8).

형들을 알아 본 요셉은 무엇을 합니까? 42:9를 봅시다. "요셉이 그들에게 대하여 꾼 꿈을 생각하고 그들에게 이르되 너희는 정탐꾼들이라 이 나라의 틈을 엿보려고 왔느니라." 요셉은 형들을 본 순간 어렸을 때 꾸었던 그 꿈(37:7, 9)을 생각하고, 형들을 첩자로 몰아붙입니다.

형들에게 자기가 당한 고통을 안겨주려는 걸까요? 하나님께서 주신 그 꿈이 어떻게 이루어질 것인가에 대한 기대 때문입니다. 형들은 어떻게 반응합니까? 그들은 팔짝 뜁니다. 평생을 목자로만 살았기 때문입니다. 하지만 칼자루를 쥐고 있는 요셉은 "네 죄는 네가 알렸다."라는 식입니다. 요셉은 그들에게 한 가지 조건을 제시하는데, 한 사람만 남고 돌아가서 막내동생을 데려오라는 겁니다(10-20).

그때 형들은 무엇을 깨닫습니까? 42:21을 봅시다. "그들이 서로 말하되 우리가 아우의 일로 말미암아 범죄하였도다 그가 우리에게 애걸할 때에 그 마음의 괴로움을 보고도 듣지 아니하였으므로 이 괴로움이 우리에게 임하도다." 그들은 요셉을 판 것이 죄라는 사실을 인정합니다. 그들은 동생이 고통을 당하면서 살려 달라고 애원하는 것을 듣지 않았습니다. 그 고통이 지금 고스란히 돌아온 겁니다.

하나님께서 요셉의 핏값을 요구한 겁니다(21-22). 하나님께서 형들을 변화시키고 있습니다. 그 변화의 시작은 죄에 대한 의식입니다. 즉 죄인이라는 자기 고백입니다. 우리가 살면서 죄를 짓지 않는 것은 중요합니다. 하지만 더욱 중요한 일은 죄를 짓고 그 죄에 관한 의식과 고백입니다.

사람들이 왜 벌을 받을까요? 죄를 지었기 때문이 아니라, 죄에 대한 의식과 고백이 없기 때문입니다. 예수님은 죄인을 위해서 오셨어요. 예수님은 죄인인 우리에게 죄의식을 깨우치고, 그 죄를 고백하도록 돕기 위해서 오셨습니다. 죄를 의식하고 고백하는 자가 하나님의 자녀로 택함을 받고,

구속 사역에 쓰임 받습니다.

죄를 해결 받지 않으면 어떻게 됩니까? 요셉은 시므온 형을 끌어내어 그들 앞에서 결박합니다(23-24). 형들은 양식을 가득 얻었음에도 그 발걸음이 무겁기만 합니다. 모텔에서 나귀에게 먹이를 주려고 자루를 열었는데, 거기에 돈이 있어요. 형들은 가슴이 철렁 내려앉아요. 돈을 보면 기뻐야 하는데, 오히려 두렵습니다.

그들은 하나님께서 자기들의 죄에 대한 양심을 깨우고 계심을 알았기 때문입니다(25-28). 죄가 해결되지 않으면 먹을 것이 많아도, 돈을 봐도 기쁘지 않습니다. 기쁨은 돈이나 먹을거리로 주어지지 않습니다. 하나님은 참 기쁨을 주기 위해서 죄인의 양심을 깨어나게 하십니다.

둘째, 하나님은 자기 몫에 대한 감사를 갖게 하십니다(42:29-43:34).

형들은 집으로 돌아와 아버지에게 상황을 심각하게 설명합니다. 결론은 베냐민을 데리고 가야 한다는 겁니다(42:29-35). 하지만 야곱은 이 사건 뒤에 있는 어두운 그림자를 보고 베냐민을 보내려 하지 않습니다. 베냐민에 대한 야곱의 편애는 다른 아들들에게 질투심을 일으킬 수 있어요. 다른 아들들은 목숨 걸고 양식을 구하는데, 아버지는 베냐민만 붙들고 있기 때문입니다.

이를 보다 못한 큰형 르우벤이 단호하게 나섭니다. 마치 베냐민이 자기 친아들이라도 되듯이, 자기 두 아들을 희생시켜서라도 베냐민을 지킬 터이니 보내라는 겁니다. 하지만 야곱이 아무리 베냐민을 편애할지라도 어떻게 두 손자를 담보로 잡을 수 있겠어요. 결국 르우벤의 소영웅주의적인 계획은 실패하고 맙니다(36-38). 그런데 그 땅에 기근은 심하고, 배는 점점 더 고픕니다. 이 위기를 극복하는 길은 오직 하나 베냐민을 데리고 가는 것뿐입니다. 베냐민을 데리고 가려면 야곱이 변해야 합니다. 그때 유다가 나서서 아버지를 설득합니다(43:1-8).

어떻게 설득합니까? 43:9를 봅시다. "내가 그를 위하여 담보가 되오리니 아버지께서 내 손에서 그를 찾으소서 내가 만일 그를 아버지께 데려다가 아버지 앞에 두지 아니하면 내가 영원히 죄를 지리이다." 유다는 자기가 베냐민의 안전을 위한 담보가 되겠다고 합니다. 과거에 요셉을 팔자고 제안했던 모습(37:26-27)과는 전혀 다릅니다. 또 아들을 잃을 수 있다는 두려움 때문에 며느리에게 셋째 아들을 주지 않으려고 했던(38:11) 때와 비교하면 놀라울 정도로 변했습니다.

한 사람이 진실하게 변하면 그 변화는 반드시 주위 사람에게 영향을 끼칩니다. 유다의 변화는 야곱을 변화시킵니다. 야곱은 베냐민을 보내기로 결단합니다. 야곱은 하나님께 아들들을 맡기고 그 가는 길을 위해서 기도합니다. 마침내 형들은 요셉 앞에 다시 섭니다(43:10-15).

형들을 다시 만난 요셉은 무엇을 합니까? 요셉은 베냐민이 그들과 함께 있음을 보고 자기 집으로 초대하여 점심 파티를 엽니다. 형들은 한 시라도 빨리 집으로 돌아가고 싶은데, 요셉은 놔주질 않아요(43:16-28). 오찬장에서 요셉의 관심은 베냐민에게로 향합니다. "하나님이 네게 은혜 베푸시기를 원하노라"(29). 그를 축복한 요셉은 솟구치는 감정을 주체하지 못합니다. 그런 중에도 요셉은 이성을 잃지 않고 형들을 나이 순서대로 앉힙니다. 형들의 심장소리는 점점 더 커질 수밖에 없습니다(29-33).

요셉은 자기 음식을 베냐민에게는 다른 형들보다 다섯 배나 더 줍니다. 베냐민에 대한 요셉의 편애는 형들의 마음을 심히 불편하게 할 수 있어요. 과거에 형들은 시기심 때문에 요셉에게 해서는 안 될 일을 하고 말았어요. 따라서 요셉은 형들에게 옛날에 갖고 있던 질투심을 다시 불러일으킬 기회를 의도적으로 제공한 겁니다.

형들의 반응이 어떠합니까? 43:34를 봅시다. "요셉이 자기 음식을 그들에게 주되 베냐민에게는 다른 사람보다 다섯 배나 주매 그들이 마시며 요셉과 함께 즐거워하였더라." 형들은 예전의 형들이 아닙니다. 질투에 눈이 멀어 이성을 잃어버리는 그런 사람들이 아닙니다. 이제는 그와 함께 즐깁니다. 이 일은 아주 사소한 일처럼 보이지만, 사실은 큰일입니다. 왜냐하면 형들의 내면이 그만큼 성숙해졌다는 증거이기 때문입니다.

자기 몫을 감사함으로 받아들이고 질투하지 않는 것이 얼마나 중요합니까? 어떤 사람이 포도밭에서 일할 일꾼을 찾으려고 아침 일찍 나가서 일당 10만 원에 일을 시켜요. 오전 9시에 시장엘 갔는데, '백수'가 있어서 그 사람에게도 일하도록 해요. 12시와 오후 3시에도 놀고 있는 사람이 있어 일하도록 해요. 심지어 오후 5시까지도 '알바'를 구하지 못한 사람이 있어 그 사람도 일하도록 해요. 저녁이 되자 주인은 오후 5시에 온 사람부터 품삯을 계산하는데, 10만 원을 줍니다. 이를 보고 맨 처음에 온 일꾼은 더 많은 품삯을 받을 것으로 기대해요. 하지만 그에게도 10만 원만 주자 불평해요. "한 시간 일한 사람과 온 종일 뙤약볕 아래서 일한 우리와 똑같이 취급할 수 있는 건가요?" 주인이 뭐라고 말합니까? "난 잘 못한 것이 없소. 약속대로 줄 뿐이오"(마 20:1-14).

주인에게 문제가 있는 것이 아니라, 일꾼에게 문제가 있어요. 즉 자기 몫을 감사함으로 받지 못하고 상대적 비교의식으로 인한 질투심이 문제입니다. 우리가 이렇게 살기 쉬워요. 나름대로 일을 열심히 한 사람일수록 이런 함정에 빠지기 쉬워요.

우리 중에 어떤 분은 거의 매일, 그것도 아침부터 오후 늦게까지 주님의 사역을 섬깁니다. 반면 어떤 분은 주일 예배 시간만 얼굴을 볼 수 있어요. 그런데 사람들의 관심은 어디로 쏠릴까요? 매일 보는 사람보다는 어쩌다 만난 사람에게 관심이 더 쏠립니다. 이때 자칫 질투심에 빠질 수 있어요. 하지만 자기 몫에 감사하면, 매일 주님의 사역에 쓰임 받을 수 있는 것이 은혜중의 은혜라고 고백할 수 있습니다.

셋째, 하나님은 자기희생의 사랑을 행하게 하십니다(44:1-34).

요셉은 형들과 오찬을 마친 후에 베냐민의 곡식 자루에 은잔을 몰래 넣습니다. 아무것도 모른 형들은 모든 일이 잘된 줄 알고 가벼운 마음으로 집으로 돌아갑니다. 하지만 청지기가 쫓아와 평지풍파를 일으킵니다. 누군가가 총리의 은잔을 훔쳤다는 겁니다. 그리고 그것을 훔쳐 간 사람은 총리의 종이 되어야 한다는 겁니다. 결국 요셉의 각본대로 베냐민이 걸려듭니다(44:1-15).

요셉은 왜 베냐민의 자루에 잔을 넣었을까요? 형들이 예전에 자기에게 그랬던 것처럼 베냐민을 희생시킬 것인지, 아니면 살릴 것인지를 확인하려는 겁니다. 베냐민은 야곱이 사랑하는 아들입니다. 엄마도 없어요. 편들어 줄 친형도 없습니다. 이런 동생을 위해서 누군가가 나선다면, 그 사람은 정말로 동생을 사랑하는 형입니다. 요셉은 자기를 희생하는 형제의 사랑을 시험하고 있습니다.

이 시험에 누가 나섭니까? 유다가 나섭니다. 그는 베냐민 편에 섭니다. 그가 이렇게 할 수 있는 것은 하나님의 '렌즈'로 이 문제를 보기 때문입니다. "하나님이 종들의 죄악을 찾아내셨으니"(16). 그는 이 문제를 인간적인 '렌즈'로 보지 않습니다. 주위에서 이런 말을 들은 적이 있지 않나요? "내가 실패한 것은 시대를 잘 못 만났기 때문이지만, 저 사람이 실패한 것은 게을렀기 때문이다."

유다는 하나님께서 자신들을 훈련하신 것으로 받아들입니다. 하나님께서 자기들을 훈련하신 것은 예전에 동생을 버렸기 때문입니다. 그러므로 이제는 동생을 버릴 수 없습니다. 동생을 버리는 것은 또 아버지를 버리는 일입니다. 아버지의 생명과 동생의 생명은 서로 하나로 묶여 있습니다. 이 사실을 이미 알고 있는 유다는 아버지에게 자기가 모든 책임을 지겠다고 약속했어요. 그는 이 약속에 대한 책임을 집니다(17-32).

이를 위해서 그는 구체적으로 어떤 결단을 합니까? 44:33을 읽읍시다. "이제 주의 종으로 그 아이를 대신하여 머물러 있어 내 주의 종이 되게 하시고 그 아이는 그의 형제들과 함께 올려 보내소서." 유다는 자기가 베냐민을 대신하여 남겠다고 결단합니다. 베냐민의 생명 대신에 자기의 생명을 내놓겠다는 겁니다. 동생을 살리고 아버지를 살리는 길은 오직 하나 자기를 희생하는 것뿐임을 알기 때문입니다(34). 생명은 인간이 뛰어넘을 수 없는 마지막 영역이요, 양보할 수 없는 존재의 바탕입니다. 모든 인간이 생명에 집착합니다.

신앙이 좋은 부부가 함께 하나님 나라에 갔어요. 부부는 손을 꼭 잡고 이곳저곳을 구경하는데, 보는 것마다 좋아서 관리하는 사람에게 물어요. "이것은 얼마예요?" "모든 것이 다 공짜입니다." 남편이 아내에게 말해요. "이렇게 좋은 곳을 이제야 오다니, 당신이 나에게 현미밥을 20년만 덜 해 줬어도 20년은 빨리 왔을 터인데..." 천국이 좋은지 다 알면서도 이 세상에서 생명을 좀 더 유지하기 위해서 얼마나 애를 씁니까?

그런데 유다는 자신의 생명을 희생하면서까지 동생을 구하고자 합니다. 과거에는 자기만 생각했는데, 이제는 아버지를 생각하고 동생을 생각합니다. 이것이 사랑인데, 그 사랑은 희생을 통해서 나타납니다. 희생 없는 사랑은 사랑이 아닙니다. 희생의 사랑을 통해서 생명이 삽니다. 희생은 생명 사역의 중요한 원천입니다.

자기희생의 사랑을 오늘 우리에게는 어떻게 적용할 수 있을까요? 우리는 먼저 유다의 자기희생의 사랑을 통해서 하나님 자기희생의 사랑을 엿볼 수 있습니다. 하나님은 우리를 사랑하시고, 그 사랑의 표현으로 독생자를 희생시키십니다. 예수님께서 어린양이 되셔서 십자가에서 피를 흘리시고 대신 죽으셨습니다. 그 희생의 사랑을 통하여 오늘 우리의 생명이 살아났습니다.

그런데 오늘 우리는 어떻게 살고 있나요? 잔혹한 아동 성범죄로 세상을 떠들썩하게 한 이른바 '조두순 사건'의 가해자를 일부 언론이 목사로 발표했어요. 하지만 즉시 잘못을 시인했는데, 이에 대한 누리꾼들의 반응이 더 심각합니다. "조두순이 왜 목사가 아닌지 모르겠다." 당연히 목사여야 한다는 논리입니다. 그렇게 되면 우리 교회를 집어삼킬 수 있기 때문입니다. 오늘 우리의 교회가 이렇게까지 욕을 보고 있어요.

하지만 그런 세상을 조금만 깊이 들어가 보면 전혀 다른 모습을 볼 수 있어요. '내 사랑 내 곁에'라는 영화가 사람들의 심금을 울리고 있어요. 근육이 조금씩 마비되다 결국 죽음에 이르는 불치병 루게릭병에 걸린 한 남자와 그를 헌신적으로 돌보는 여자의 이야기를 담은 통속극입니다. 사람들은 이 영화에서 진하게 감동합니다. 그런 사랑을 간절히 찾고 있기 때문입니다. 비록 자기는 그렇게 살지 못할지라도 누군가가 그렇게 살아주기를 원하고 있습니다. 그래서 이 삭막한 세상에 사랑이 가득 차고, 생명이 살아나기를 원하는 겁니다.

누가 이런 삶을 살아야 합니까? 바로 교회입니다. 우리 자신들입니다. 우리는 희생이 없으면 생명이 없고, 희생이 있으면 생명이 살아난다는 사실을 잘 알고 있습니다. 나 한 사람의 희생을 통해서 양들이 살고, 교회가 살고, 캠퍼스와 나라가 산다는 사실을 잘 알고 있습니다. 그래서 우리는 캠퍼스 양들을 어떻게 섬기고 있습니까? 나름 희생적으로 섬기고 있습니다. 돈도 희생하고, 시간도 희생하고, 삶도 희생합니다. 어떤 때는 우리의 2세를 희생하기도 합니다. 우리가 이런 희생을 감당하는 것은 생명 사역이 일어날 줄 믿기 때문입니다.

우리는 좋은 동아리 방을 사용하는 대가로 매 학기 동아리 등록을 해야 합니다. 깨어서 양들을 잘 관리하도록 하시는 하나님의 방향인 줄 믿고, 희생적으로 섬기고 있습니다. 목자들은 평소에는 자기 몸을 사리다가도 결정적인 순간에는 모두 다 하나같이 희생적으로 주님의 사역을 섬깁니다. 이런 삶을 통하여 하나님께서 생명 사역을 이루고 계신 줄 믿습니다.

　이번 주도 하나님 앞에서 자기 죄를 깨닫게 하시고, 자기 몫에 감사하게 하시며, 자기를 희생하는 사랑을 실천할 수 있기를 원합니다. 그리하여 캠퍼스에서 생명 사역이 더욱 힘 있게 일어나기를 기도합니다!

제34강
하나님의 섭리

◇ 본문 창세기 45:1-28
◇ 요절 창세기 45:8
◇ 찬송 510장, 515장

　이런 생각을 해 본 적이 있는지요? '나는 지금 왜 이곳에 있는가?' '나는 왜 그 많은 대학 중에서 단국대의 학적을 가지고 있는가?' '나는 왜 지금 이 일을 하는 걸까?' 어쩌다 보니까 여기까지 온 걸까요? 아니면 누군가의 손길에 의한 걸까요? 그 누군가의 손길에 의한 거라면 그 목적은 뭘까요?

　유다는 베냐민 동생을 위해서 자기를 희생하겠다고 말했어요. 그의 모습은 감동적이었어요. 요셉은 얼마나 감동을 합니까? 그는 북받치는 감정을 억누르지 못하여 큰 소리로 울고 맙니다. 애굽 사람들은 물론이고 왕궁 신하들까지도 그 소리를 들어요. 그는 울음을 멈추고 말해요. "저 요셉이에요. 아버지께서 아직 살아 계시지요?" 형들은 너무 놀라서 아무런 대답도 하지 못합니다. 형들은 반가움보다는 두려움이 앞섭니다. 지은 죄 때문입니다. 요셉은 그런 형들에게 다가가며 말해요. "가까이 오세요. 형들이 판 그 요셉이에요." 요셉은 형들의 아픈 상처를 들춰내면서까지 자기를 밝힙니다(1-4).

　왜죠? 5절을 읽읍시다. "당신들이 나를 이곳에 팔았다고 해서 근심하지 마소서 한탄하지 마소서 하나님이 생명을 구원하시려고 나를 당신들보다 먼저 보내셨나이다." 형들은 죽었다고 생각한 동생을 만나는 순간 기쁨보다는 근심에 휩싸입니다. 지난날 형으로서는 도저히 해서는 안 될 일을 했기 때문입니다. 그뿐만 아니라, 지금 눈앞에 있는 요셉이 보통 사람입니까? 목숨을 부지하기 위해서 먹을거리를 사러 왔다가 오히려 죽게 될 판입니다.

이 현실에서 형들이 뭘 기대할 수 있겠어요? 요셉의 복수의 칼을 잠잠히 기다리는 것뿐입니다. 그런데 요셉은 오히려 형들을 위로합니다. 어떻게 이런 일이 가능할까요? 형들이 변했기 때문일까요? 뭐 그런 점도 있어요. 하지만 형들이 자기를 이곳에 보낸 것이 아니라, '하나님께서' 보내셨음을 알았기 때문입니다. 왜 보내셨어요? '하나님께서' 흉년으로부터 생명을 구원하기 위해서 이곳으로 먼저 보내셨습니다(6-7).

그러므로 그가 강조하는 바가 무엇입니까? 8절을 읽읍시다. "그런즉 나를 이리로 보낸 이는 당신들이 아니요 하나님이시라 하나님이 나를 바로에게 아버지로 삼으시고 그 온 집의 주로 삼으시며 애굽 온 땅의 통치자로 삼으셨나이다." 요셉은 계속해서 '하나님께서' 자기를 이곳에 보내셨음을 강조합니다. 겉으로 보면 분명 형들이 요셉을 이곳으로 보냈습니다. 요셉이 애굽의 총리가 된 것도 바로가 그렇게 한 겁니다. 그런데도 그는 형들이나 바로가 아닌 "하나님께서 그렇게 하셨다."라고 강조합니다.

어떻게 이렇게 말할 수 있을까요? 자기 삶을 보는 '렌즈' 때문입니다. 어떤 사건과 삶을 해석하는 데는 두 가지 렌즈가 있어요. '인간적인 렌즈'와 '하나님의 렌즈'입니다. '하나님의 렌즈'를 '신학적 해석', 혹은 '하나님의 섭리'(세상과 우주 만물을 다스리시는 하나님의 뜻)라고 말해요.

만일 요셉의 삶을 인간적인 렌즈로 보면 어떻게 보입니까? 한 마디로 '짠한 인생'입니다. 비록 애굽의 총리가 되었다고는 하나 '참을 수 없는 존재의 가벼움'을 느끼지 않을 수 없어요. '성골', '진골'로 이어지는 '대 귀족' 사회에서 노예 출신이라는 '딱지' 때문에 또 다른 쓴맛을 볼 겁니다. 그러다 보면 자기 의지와는 상관없이 '꼬인 삶'을 살 수 있습니다. 하지만 요셉은 '하나님의 섭리'로 자기 삶을 해석합니다.

'인간적 렌즈'와 '하나님의 렌즈'의 가장 큰 차이가 뭘까요? 주어가 다릅니다. '인간적 렌즈'에서는 언제나 주어가 자기 자신이거나 다른 사람입니다. "형들이 날 팔았다." "보디발 아줌마가 내 인생을 망쳤다." "바로가 날 살렸다." "내가 잘 나서 여기까지 왔다." 하지만 '하나님의 렌즈'는 언제나 하나님이 주어입니다. "하나님이 날 보내셨다." "하나님이 나 같은 사람을 키우시고, 쓰신다."

그런데 오늘 사회는 어떠합니까? 우리 사회는 학연, 지연이 강한 영향을 끼칩니다. 한국 교회도 특정 신학대학원 출신이 이끌고 가는 것처럼 보여요. 대한민국 국민의 상당수는 학교 문제만 나오면 열을 올립니다. 그리고 학교 내지는 학력에 대한 열등감에 시달립니다. 이것을 '학교 지상주의' 내지는 '학벌 지상주의'라고 불러요. 그런데 그런 '학벌 지상주의'는 '외모 지상주의'와 친구입니다. 얼굴이 예쁘면 교통법을 위반해도 교통경찰이 봐준다는 설이 있어요. "미녀는 괴로워"라는 영화는 오늘의 현실을 풍자했어요. 가창력은 뛰어나지만 얼굴과 몸이 받쳐주지 못한 여자가 무대 뒤에서 노래를 불러요. 그러면 얼굴만 되고 가창력은 안 된 여자가 무대 앞에서 '립싱크(lip synchronization)'를 합니다. 이처럼 일그러진 현실에서 상처받은 사람이 얼마나 많습니까?

이 상처를 어떻게 치료받을 수 있나요? 어떤 사람은 '운명(초인의 힘으로 이미 정해져 있는 목숨이나 처지)'이나 '팔자'로 받아들입니다. 그런데 "넌 내 운명"이라고 말하는 사람의 속에는 해결되지 않은 응어리가 그대로 있어요. 대부분 운명이라는 말은 상황이 좋지 않을 때 사용합니다. 부부 사이가 안 좋은데도 헤어지지는 못하고 억지로 살 때 "당신은 내 운명이야."라고 한스럽게 말해요. 학교에 만족하지는 못하면서 어쩔 수 없이 다닐 때도 말해요. "단국대는 내 운명이야."

야구 한국 시리즈에서 '호랑이 팀'이 '비룡 팀'을 꺾고 우승했어요. 9회 말에 '결승 홈런(Goodbye Homerun)'을 쳐서 이겼습니다. 홈런을 친 선수도 울고 맞은 선수도 울었어요. 이것을 '운명'이라는 '렌즈'로 보면 어떻게 될까요? 홈런을 친 선수는 '칠 운명'이고 맞은 선수는 '맞을 운명'이기 때문일까요? '칠 운명'은 그래도 괜찮지만, '맞을 운명'의 선수는 평생 운명의 굴레를 벗어나지 못합니다. 그래서 운동선수들이 표현을 바꿨어요. "신의 손이었다." "그분이 오셨다." 자기 책임이 아니라는 겁니다. 상처를 받지 말라는 겁니다.

학생들도 중간시험을 생각보다 잘 보면 "그분이 왔다."라고 말해요. 반면 잘못 보면 "그분이 오지 않았다."라고 말해요. 이렇게 표현은 하지만 그 속에는 '운이 따랐다거나 따르지 않았다.'라는 운명론이 감춰져 있어요. 그러므로 그런 표현은 바른 것이 아닙니다. 우리는 언제나, 어떤 상황에서나 "하나님께서 그렇게 하셨다."라고 말해야 합니다. 설사 지금의 결과가 감당하기에 어렵고 힘들더라도, 아픔이 있을지라도 하나님을 주어로 생각하고 말해야 합니다. 그러면 하나님께서 그런 아픔들을 쓰셔서 생명 사역을 이루어가십니다. 내 삶 속에서 하나님이 주어라는 영적 사건을 체험하게 됩니다.

우리 교회에는 몽골에서 온 몇몇 형제들이 있습니다. 그중에는 이곳에서 신학대학원을 다닌 형제도 있습니다. 그런데 그들은 이곳에서 '알바'를 하느라 고생을 많이 합니다. 저는 그들을 보면서 이런 생각을 한 적이 있습니다. '왜 한국에서 저 고생을 하고 있을까?' 그렇다고 몽골에서는 호강하며 산다는 말은 아닙니다. 어쨌든 보통의 렌즈로 보면 그들은 대학원 공

부를 하기 위해서 자기들이 왔어요. 하지만 하나님의 렌즈로 보면 하나님
께서 보내셨습니다. 하나님께서 몽골 영혼을 살리는 일에 쓰시기 위해서
먼저 보내셨습니다. 하나님은 성경 선생이 절대적으로 부족한 몽골 영혼
을 위해서 그들을 먼저 성경 선생으로 키우십니다.

저는 대학생 때 학교에 대한 열등감이 있었습니다. 또 그때는 전라도 청
년은 서울 처녀와 결혼하기도 쉽지 않았어요. 우리 큰형은 본적을 서울 중
구 충무로로 바꿨어요. 저도 덕분에 겉으로는 서울 사람이 되었어요. 군대
에 갔는데, 훈련소에서는 '서울 빼질이'들이 왔다며 훈련을 독하게 시켰어
요. 저는 이런 삶의 여정 속에서 UBF에 왔고, 예수님을 믿었습니다. 하나
님의 렌즈로 인생과 세상을 보는 눈이 열렸습니다. '내가 왜 단국대에 왔
는가?' '내가 왜 UBF에서 목자가 되었는가?' 예전에는 '우리 집이 가난해
서' '날 이끌어 줄 만한 인재가 없어서'라는 생각을 했어요. 이런 점이 없는
것은 아닙니다. 그런데도 분명한 사실은 '하나님께서' 단국대로 보내셨고,
'하나님께서' 목자가 되게 하셨다는 겁니다. 그리고 그 목적은 캠퍼스 학
우에게 성경을 가르치고 구속 사역을 섬기는 겁니다.

물론 이런 '렌즈'가 어느 날 갑자기 열린 것은 아닙니다. 이렇게 되는 과
정 속에는 아픔도 컸습니다. 그 아픔 속에서 하나님의 렌즈가 열린 겁니
다. 렌즈가 열리니 열등감도 운명도 치료됩니다. '너는 내 운명'이라는 말
대신에 '하나님의 섭리'를 말하고, 원망과 불평 대신에 감사하며 도전하게
됩니다.

누군가가 이런 말을 했어요. "어깨를 펴라. 앉아있지 말고, 낙심하지 말
고, 포기하지 말고, 가라! 하나님 말씀의 능력은 결국 승리한다." 이 사상
은 루터(Martin Luther)의 아내로부터 출발했다고 해요. 루터가 종교개혁
을 시작했지만, 기득권으로부터 도전이 너무 심하여 포기하려고 했어요.
그때 그의 아내가 상복을 입고 나타나 말해요. "당신을 보니 하나님이 죽

으신 게 분명하다(God must die)." 아내의 말에 루터는 다시 힘을 얻어 도전했어요. 그는 '하나님이 죽으신 것이 분명한 것이 아니라 하나님이 결국 승리하신다(It's not clear that God is dead, but God wins in the end).'라는 사실을 삶 속에서 보여준 겁니다.

우리 교회 공동체는 주변의 거대교회(Mega Church)에 비하면 소수에 불과합니다. 그들과 산술적으로 비교하면 열등의식, 패배의식을 느낄 수 있습니다. 그래서 소극적으로 살 수 있습니다. 기가 꺾인 삶을 살 수 있습니다. 하지만 우리가 '하나님께서' 우리를 왜 이곳에 보내셨는가를 확신한다면, 우리 같은 소수를 사용하신다고 믿습니다. 우리 같은 소수를 통해서 우리 가족은 물론이고, 우리 캠퍼스 학우들, 그리고 이 나라와 세계영혼을 살리는 성경 선생으로 쓰실 줄 믿습니다.

하나님께서는 요셉의 가족들을 어떻게 살리십니까? 애굽으로 내려오게 하십니다. 가나안에 계속 있어서는 소망이 없습니다. 흉년이 아직 5년이나 남았기 때문입니다. 형들이 직접 봐서 알지만 애굽은 풍요합니다. 반면 가나안은 흉년입니다. 그러므로 가족들이 요셉에게로 오면 흉년으로부터 구원을 얻습니다(10-13).

이것을 오늘 어떻게 적용할 수 있을까요? 하나님은 우리를 통해서 우리 주위에 있는 생명을 구원하고자 하십니다. 그런데 그들이 사는 현실은 흉년과도 같습니다. 그들이 흉년으로부터 구원을 얻으려면 풍요한 곳으로 와야 합니다. 그 풍요한 곳이 어딜까요? 교회라고 할 수 있어요. 생명이 교회 밖에 그대로 있어서는 구원받을 수 없습니다. 그들을 교회 안으로 데리고 와야 합니다.

어떻게 데리고 올 수 있나요? 15절을 봅시다. "요셉이 또 형들과 입 맞추며 안고 우니 형들이 그제서야 요셉과 말하니라." 형들이 요셉에게 먼저 다가갈 수는 없습니다. 자의식 때문입니다. 요셉이 그들을 용서합니다. 그들에게 적극적으로 다가갑니다. 요셉이 이렇게 할 수 있는 것은 하나님의 섭리로 자기 삶을 해석했기 때문입니다. 섭리 안에서 모든 응어리가 다 녹아버렸기 때문입니다. 이로써 형들도 자의식을 이기고 요셉의 품에 안깁니다. 마침내 요셉과 말을 합니다. 지난 20여 년 동안 서먹했던 관계가 풀어졌습니다. 이것이 용서의 힘입니다.

요셉은 용서를 어떻게 표현합니까? 형들에게 먹을 것을 풍성하게 줍니다. 그리고 백화점에 가서 최신 '애굽제' 명품 양복 한 벌씩을 사서 선물합니다. 예전에 형들이 옷 때문에 속이 상했던 그 마음을 치료해 줍니다. 형들도 명품 양복을 선물 받고는 마음이 다 풀렸습니다. 옷 자체보다도 그 사랑을 느꼈기 때문입니다.

베냐민 동생에게는 다섯 벌이나 선물합니다. 그래도 형들은 시기하지 않습니다. 아버지에게는 최고급 승용차를 보냅니다. 야곱은 승용차를 보고서 생기가 돕니다(16-28). 차 때문이 아니라 차를 보낸 요셉 때문입니다. 아니 요셉의 삶 속에서 섭리하시는 하나님 때문입니다. 누구든지 하나님의 섭리를 발견하면 이렇게 생명이 살아납니다.

나는 왜 이곳에 있습니까? 못나서입니까? 잘나서입니까? 오갈 데가 없어서입니까? '하나님께서' 나를 오늘 이곳에 보내셨습니다. '하나님께서' 캠퍼스 학우들의 생명을 구원하려고 나를 먼저 보내셨습니다. 내 앞에 있는 모든 것들은 '운명'이 아닌 '섭리'입니다. 생명을 살리는 그 위대한 일에 쓰임 받는 기회입니다. 그러므로 우리는 불평과 원망보다는 감사함으로 도전할 수 있습니다!

제35강
기근 중에도 번성

◇ 본문 창세기 46:1-47:31
◇ 요절 창세기 47:27
◇ 찬송 588장, 570장

오늘 우리 사회는 '저출산 고령화'라는 심각한 문제를 안고 있어요. 이런 세미나도 있었어요. "저출산 고령화 사회에서 대한민국이 살아남는 법." 그런데 이런 모습은 단지 사회문제만이 아니라 교회 문제이기도 합니다. 즉 우리 교회도 '저출산 고령화' 현상이 나타나고 있다는 겁니다. 생육과 번성이 절대적으로 필요합니다. 어떻게 생육하고 번성할 수 있을까요?

46:1을 봅시다. "이스라엘이 모든 소유를 이끌고 떠나 브엘세바에 이르러 그의 아버지 이삭의 하나님께 희생제사를 드리니." 이스라엘은 가나안을 떠나 애굽으로 오라는 요셉의 초청을 받았습니다. 그는 그 초청이 하나님의 뜻이라고 믿었어요. 하지만 하나님께로부터 직접 방향을 듣고 싶었습니다. 그래서 그는 하나님께 희생제사를 지냅니다.

그런데 왜 '나의 하나님'이 아닌 '아버지 이삭의 하나님'이라고 할까요? 과거에 아버지 이삭도 흉년을 만났어요. 그도 배고픔을 해결하기 위해서 애굽으로 가려고 했어요. 하지만 하나님께서 가지 말라고 하셨어요 (26:1-2). 가나안은 약속의 땅이기 때문입니다. 약속의 자녀가 삶이 힘들다고 약속의 땅을 떠나는 것은 믿음이 없는 겁니다. 믿음으로 약속의 땅을 지키면 하나님께서 먹는 문제를 해결해 주십니다. 그래서 이삭은 떠나지 않고 약속의 땅을 지켰습니다. 이런 상황에서 약속의 땅을 떠나야 하는 이스라엘은 하나님으로부터 분명한 방향을 받고 싶었습니다. 아버지에게는 떠나지 말라고 하셨던 그 하나님께서 자기에게는 어떻게 말씀하시는지 듣고 싶었습니다.

하나님께서 무엇이라고 말씀하십니까? 3절을 봅시다. "하나님이 이르시되 나는 하나님이라 네 아버지의 하나님이니 애굽으로 내려가기를 두려워하지 말라 내가 거기서 너로 큰 민족을 이루게 하리라." 아버지에게는 "떠나지 말라"고 하셨던 그 하나님께서 아들에게는 "떠나라"고 말씀하십니다.

왜 그럴까요? 하나님께서 두신 뜻이 다르기 때문입니다. 겉으로 볼 때는 똑같은 상황일지라도 하나님께서 두신 뜻은 사람에 따라서 다를 수 있습니다. 하나님은 그 사람에게 두신 뜻에 따라서, 어떤 사람에게는 "떠나라."라고 하시고 어떤 사람에게는 "떠나지 말라."라고 말씀하십니다. 그러므로 우리는 겉으로 드러난 현실이 같다고 해서 방향도 같다고 생각해서는 안 됩니다. 주님께서 나에게 두신 뜻이 무엇인가를 좀 더 섬세하게 생각해야 합니다.

이스라엘에 두신 뜻은 무엇입니까? "내가 거기서 너로 큰 민족을 이루게 하리라." 하나님께서 이스라엘에 애굽으로 가라고 하신 것은 단지 먹고 사는 일 때문만은 아닙니다. 먹고 사는 문제라면 가나안에서도 얼마든지 해결할 수 있습니다. 이스라엘에 애굽으로 가라고 하신 뜻은 큰 민족을 이루려는 겁니다. 하나님께서는 애굽에서 이스라엘을 큰 나라로 만들고자 하십니다.

왜 가나안이 아닌 애굽일까요? 당시 가나안은 작은 동네였어요. 반면 애굽은 세계의 대표였어요. 하나님께서 작은 동네에서만 일하시면 '지역 신'으로 머물 수 있어요. 그러나 하나님은 온 세상을 창조하시고 통치하시는 만민의 하나님이십니다. 하나님은 애굽에서 이 모습을 드러내기를 원하십니다. 그렇다고 해서 가나안을 버리고 애굽으로 완전 이전하는 것은 아닙니다. 이스라엘이 나라로 자랄 때까지 애굽을 모판으로 삼으십니다. 때가 되면 다시 가나안으로 돌아옵니다(4). 하나님의 구속 사역은 가나안을 중심으로 이루어집니다. 가나안이 약속의 땅이기 때문입니다.

하나님은 초대교회 때는 로마를 모판으로 쓰셨습니다. 아직 어리고 초라한 교회를 로마로 옮기셔서 큰 나라로 키우셨습니다. 또 유럽으로 나가게 하셨습니다. 그 후에는 당시 유럽의 반대편인 미국으로 나가게 하셔서 모판으로 삼으셨습니다. 하나님은 다시 한국을 모판으로 삼으십니다. 여기에는 어떤 뜻이 있을까요? 복음이 미국에만 머물러 있으면 서양 종교로 전락할 수 있어요. 실제로 많은 사람이 그렇게 알고 있어요. 이스라엘은 지리적으로는 서양이 아닌 동양인데도 말입니다.

하지만 복음이 우리나라에 들어와서 꽃을 피움으로써 세계종교로 인정받습니다. 하나님께서 이제는 중국을 모판으로 삼으신다고 할 수 있어요. 중국에서 기독교는 놀라운 속도로 자라고 있습니다. 우리는 1천만 명의 신자를 말하지만, 그들은 1억 명의 신자를 말해요. 우리는 성경 한두 번 읽었다고 말하지만, 그들은 열 번 스무 번을 말해요. 하나님께서 동방의 나라 한국과 중국을 이슬람 선교를 위한 모판으로 쓰실 줄 믿습니다.

우리는 대학생 선교라는 특수 사명을 감당하고 있어요. 그렇다고 우리가 대학생만을 선교한다는 말은 아닙니다. 캠퍼스를 모판으로 삼아서 우리가 할 수 있는 사람들을 구원하는 것이 궁극적 목적입니다. 이것이 오늘 우리에게 두신 하나님의 뜻입니다. 이 뜻을 이루려고 한다면, 우리는 선교지로 나갈 수도 있고 약속의 땅인 이곳을 지킬 수도 있습니다.

야곱은 하나님의 방향에 어떻게 순종합니까? 그는 모든 가족과 양 떼들, 그리고 재산을 싣고 애굽으로 떠납니다(5-7). 아브라함 할아버지가 갈대아 우르를 떠나서 가나안으로 왔듯이 그는 가나안을 떠나 애굽으로 출발합니다. 그 가족은 어머니를 중심으로 네 '요회'로 나누었는데, 애굽에 도착한 사람은 모두 70명입니다(8-27). 이 '70'은 가족의 숫자이면서 동시에 상징성이 있습니다. 즉 하나님의 민족을 이룰 기초가 되는 충만한 수입니다. 그리고 열국의 목록(10장)에 나오는 70민족과 일치합니다. 하나의 가족 공동체가 열국이 될 것임을 보여주고 있습니다.

그 가족 공동체를 만난 요셉은 얼마나 기쁩니까? 그는 눈물바다를 이룹니다. 야곱도 지금 죽어도 족할 만큼 기쁘고 감사합니다. 그는 요셉이 죽었을 것이라고 생각했을 때는 안식할 수 없었습니다. 하지만 요셉이 살아 있어서 평안히 죽을 수 있습니다(46:28-30). 그들은 기쁨 속에서 바로를 만납니다.

하지만 이 기쁨을 지속하려면 바로로부터 좋은 방향이 있어야 합니다. 요셉은 지혜롭게 대처합니다. 가족들을 목자로 소개하는데, 애굽 사람들은 목자들과 함께 있는 것을 싫어했기 때문입니다(47:1-6). 요셉은 가족들을 애굽과 구별된 생활을 하도록 한 겁니다. 이스라엘은 애굽에서 살지만 애굽 사람으로 동화되어서는 안 됩니다. 애굽에서 살지만 하나님의 백성으로서 정체성을 지키면서 공동체를 형성해야 합니다.

이런 일이 가능할까요? 47:7을 봅시다. "요셉이 자기 아버지 야곱을 인도하여 바로 앞에 서게 하니 야곱이 바로에게 축복하매." 손님으로 온 야곱, 아니 도움을 받기 위해서 온 야곱이 그곳의 주인인 바로를 축복합니다. 야곱은 자신을 하나님의 종으로 인식했기 때문입니다. 야곱은 지금까지 나그네처럼 살았습니다. 험악한 세월을 보냈습니다.

그럴지라도 그는 하나님의 종입니다. 그래서 바로를 축복한 겁니다

(8-10). 그의 정체성은 분명합니다. 사도 베드로는 흩어진 나그네처럼 사는 양 떼들을 향하여 "너희는 왕 같은 제사장"이라고 선포했습니다(벧전 2:9). 자신의 사회적 신분에 매이지 말고 언제 어디서나 목자로서의 자기 정체성을 잃지 말라는 겁니다.

우리는 어떠합니까? 우리의 사회적 신분이 어떠하든지 캠퍼스 양 떼들의 목자임을 잊지 말아야 합니다. 그리고 그들을 만났을 때 축복할 수 있어야 합니다. 축복은 내가 하는 것이 아니라, 하나님께서 나를 통해서 합니다. 자기 정체성에 대한 분명한 인식은 세상에서 구별된 삶을 살게 하는 힘입니다.

애굽 사람들은 어떻게 살고 있나요? 가뭄이 더 심해져서 온 땅 어느 곳에도 먹을 것이 없습니다. 살기가 더욱 힘들어졌습니다. 요셉은 온 세상의 돈이란 돈은 다 모아들였습니다. 사람들이 곡식을 사기 위해 요셉에게 돈을 치렀기 때문입니다. 온 세상의 돈은 다 떨어졌습니다. 돈이 떨어지자 가축을 가져왔지만, 가축도 바닥이 났어요. 이제 남은 것은 사람 몸과 땅뿐입니다. 사람들은 먹고 살아야 해서 땅을 팔고 노예가 되었습니다. 하지만 그들은 목숨을 구했기 때문에 노예가 된 것도 감사했습니다(9-26). 애굽의 노예로 온 요셉이 애굽을 노예로 삼아버립니다. 하나님의 오묘하신 섭리의 손길을 느끼지 않을 수 없습니다.

그런 중에 이스라엘은 어떻게 되었나요? 47:27을 읽읍시다. "이스라엘 족속이 애굽 고센 땅에 거주하며 거기서 생업을 얻어 생육하고 번성하였더라." 애굽은 기근 때문에 삶이 메말랐어요. 하지만 이스라엘은 많은 열매를 맺고 숫자가 많이 늘어났습니다. 그들은 하나님께서 아담에게 주셨던 "생육하고 번성하여 땅에 충만하라."(1:28)라는 말씀을 성취하고 있습니다. 가까이는 야곱에게 "큰 민족을 이루겠다."(46:3)라고 하신 그 약속을 성취하고 있습니다.

하나님께서 이스라엘에 먹을 것을 주시고 보호하시기 때문입니다. 하나님께서 이스라엘에 그렇게 약속하셨기 때문입니다. 하나님은 어떤 상황에서도 당신께서 하신 약속을 반드시 지키십니다. 하나님은 그 약속대로 약 400년 후에 형제 장정만 약 60만 명이 되게 하십니다. 전체 인구는 약 200만 명, 말 그대로 큰 나라를 만드십니다.

지금 이 메시지를 듣고 있는 이스라엘 백성이 바로 그 열매입니다. 그들은 지금 애굽에서 나와서 약속의 땅 가나안으로 돌아가고 있습니다. 이 또한 하나님 약속의 성취입니다. 그런 그들에게 하나님께서 좀 더 구체적인 약속을 하십니다. "세계가 다 내게 속하였나니 너희가 내 말을 잘 듣고 내 언약을 지키면 너희는 모든 민족 중에서 내 소유가 되겠고, 너희가 내게 대하여 제사장 나라가 되며 거룩한 백성이 되리라"(출 19:5-6).

이스라엘이 가나안으로 다시 돌아가는 것은 고향에서 여생을 보내기 위함이 아닙니다. 세상 사람처럼 한 세상 적당히 즐기며 살기 위함이 아닙니다. 제사장 나라, 즉 목자로 살기 위함입니다. 그들의 조상들이 애굽으로 간 것도 목자로 살기 위함이었고, 그들이 약속의 땅으로 돌아오는 것도 목자로 살기 위함입니다. 그들 존재 의미와 목적이 목자이기 때문입니다. 이 소망을 생각하면 가슴이 뜁니다.

하지만 그들 마음속에는 두려움도 있습니다. 목자로 사는 일이 만만하지 않기 때문입니다. 세상이 그렇게 호락호락하지 않기 때문입니다. 하지만 흉년 중에도 번성하게 하신 하나님께 대한 믿음이 있으면 가나안에서도 번성할 소망을 가질 수 있습니다. 중요한 것은 환경이 아니라 믿음입니다. 하나님께서 바로 이 믿음을 심고 계십니다.

오늘 우리가 이 세상에서 목자로 살고자 할 때 정말 필요한 것이 무엇입니까? 믿음입니다. 우리의 세상은 결코 만만하지 않습니다. 지난여름 '신종 플루'가 멕시코와 브라질을 강타했을 때만 해도 우리는 '그 나라의 의료 수준이 낙후되었기 때문이다.'라고 생각했어요. 의료 선진국인 우리는 괜찮을 거라고 믿었어요. 그런데 한 사람 두 사람 하더니, 35명이 생명을 잃었어요. 정부는 국가 전염병 재난단계 격상과 이에 따른 학교 휴교령을 신중하게 검토하고 있어요. 전철 안에서나 도서관에서 재채기나 기침하면 서로 찜찜해요. 계속하면 죄인으로 몰립니다.

언론들은 "사람들이 많이 모이는 곳에는 가지 말라."고 말해요. 한 기독교 대학에서 어떤 목사가 "예배실에서 예배하는 대신에 화상으로 예배하자."라고 했어요. 어떻게 되었을까요? 어른 목사로부터 "믿음 없는 목사"라고 야단맞았어요. 손과 입을 잘 씻고 개인위생을 잘 관리하면서 예배하며 주님께 도움을 청해야 한다는 겁니다.

그러나 최근에는 '코로나19'가 생기면서 '비대면' 예배가 생겼습니다. 많은 교회가 화상 예배를 하고 있습니다. 이제는 전통적 예배만을 고집할 수 없는 상황에 이르렀습니다. 주님께서 의술과 더불어 은총을 주시도록 간구해야 할 시점입니다.

얼마 전 서울시가 광화문 광장을 새로 단장하면서 '해치(해태)상'을 세웠어요. '해치'는 중국 문헌 '이물지(異物紙)'에 나오는 상상의 이미지로 선과 악을 간파해 정의를 지키며 화재나 재앙을 물리치는 동물로 알려져 있어요. 서울시는 "해치상은 서울을 지켜주는 수호적인 존재로서 단지 화마뿐만 아니라 온갖 나쁜 기운을 막아줌과 동시에 행운과 기쁨을 가져다주는 존재"로 표기했어요. 해치를 문화적 상징물이 아닌 복을 가져다주는 신앙의 대상으로 만들어버렸어요. 역사와 문화를 빌미로 구시대적 토테미즘을 재현한 겁니다. 서울시 고위직에 기독교 신자가 꽤 많은 것으로 알고 있는데, 실제 현장에서는 그런 모습이 잘 보이지 않아요.

영국 성공회의 캔터베리 대성당에서 수녀, 승려, 그리고 원불교 교무들이 함께 예배했습니다. 수녀가 주관했기에 기도문을 각각 나눠주어 읽게

했는데, 승려가 읽습니다. "하느님이 창조하신 세계의 기쁨을 위하여 기도합시다." 또 다른 승려가 기도문을 읽어요. "만물을 지으신 하느님의 아들 우리 주 예수 그리스도를 통하여 기도하나이다. 아멘!" 기도 소리는 조금씩 떨렸어요. 기도 후 분위기가 썰렁해졌어요. 원불교 교무가 들고일어났어요. "지금까지 그리스도교의 지나친 배타성 때문에 타종교인이 입은 상처가 얼마나 깊은 줄 아십니까?" 이 문제의 원인은 세 종교가 함께 예배드린 데 있어요. 성공회는 함께 예배드리면 배타성이 사라질 것으로 생각했어요. 타종교를 배려하다 보면 타협하고 맙니다. 타협하다 보면 '종교'는 남을지 몰라도 기독교는 사라질 수 있어요.

이런 세상에서 기독교는 과연 번성할 수 있을까요? 세상적인 '렌즈'로 보면 소망을 가질 수 없습니다. 우리가 캠퍼스 현장에서 양들을 섬기면서 기대만큼 잘 안 되는 것 때문에 속이 상합니다. 낙심이 들 때도 있고, 체념할 때도 있어요. 교회에 대해서 메말라 가는 학생들의 마음을 대할 때면 우리도 메마르기 쉽습니다. 하지만 약속을 지키시는 신실하신 하나님의 '렌즈'로 보면 소망이 생깁니다.

교회는 하나님께서 키우십니다. 교회는 하나님께서 번성하게 하십니다. 그러므로 우리에게 중요한 것은 믿음과 소망입니다. 하나님의 약속을 믿고 그 약속이 이루어질 소망을 간직하며 최선을 다하는 겁니다. 지금은 비록 소수일지라도 하나님께서 복을 주시면 큰 수가 될 수 있습니다. 나 한 사람은 비록 적은 존재일지라도 하나님께서 복을 주시면 큰 존재가 됩니다. 하나님은 지금을 보시기도 하지만 먼 미래를 보십니다. 나라를 이루기 위해서 한 사람부터 키우십니다. 나라는 한 사람으로부터 시작합니다.

그러므로 우리는 눈에 보이는 수에 눌리지 말아야 합니다. 큰 수를 생각하되 한 사람을 생각해야 합니다. 한 사람을 나라로 약속하시고 그 약속을 성취하시는 하나님의 손길을 봐야 합니다. 그러면 우리는 한 사람에 대한 가치와 소중함을 마음에 새길 수 있습니다. 자 자신에 대해서 자긍심을 가질 수 있고, 내 양에 대해서 감사와 소망을 가질 수 있습니다.

야곱의 믿음과 소망이 어떠합니까? 야곱이 애굽에서 17년을 살았는데, 죽을 날이 가까웠어요. 그는 애굽에 뿌리를 내리지 않습니다. 그는 가나안으로 돌아갈 소망을 잃지 않습니다(28-31). 왜냐하면 그는 하나님의 약속을 믿기 때문입니다. 소망은 믿음에서 나옵니다.

우리가 '저출산 고령화'라는 현실만 보면 교회의 번성에 대한 소망을 갖지 못합니다. 하지만 하나님의 약속에 대한 믿음을 잃지 않으면 번성에 대한 소망을 간직할 수 있습니다. 무엇보다도 오늘 우리가 하는 주님의 사역에 대해서 자신감을 품고 기쁨으로 감당할 수 있습니다.

제36강
다음 세대를 위한 축복

◇ 본문 창세기 48:1-22
◇ 요절 창세기 48:16
◇ 찬송 406장, 405장

"사라지면 되돌릴 수 없습니다. 북극이 녹고 있습니다. 북극이 눈물을 흘리고 있습니다." 우리는 빠른 속도로 빙하가 녹고 있어서 해수면이 해가 갈수록 높아진다는 말을 오래전부터 듣고 있어요. 하지만 우리의 삶에 직접적인 영향을 주지 않아서 위기감으로 다가오지는 않아요. 그런데 다음 세대를 생각하면 환경학자들이 왜 저렇게 목소리를 높이는지 이해할 수 있어요. 그렇다면 오늘 우리 교회는 다음 세대를 위해서 무엇을 해야 합니까?

첫째, 후손들이 어릴지라도 다음 세대의 주역들로 세워야 합니다(1-7).

요셉은 아버지가 편찮으시다는 말을 듣고 두 아들과 함께 갑니다(1). 왜 두 아들을 데리고 갈까요? 할아버지에게 손자는 어떤 약보다도 활기를 주기 때문일까요? 요셉은 아버지로부터 두 아들의 정통성을 인정받고자 한 겁니다. 두 아들은 애굽에서 태어났어요. 엄마도 애굽 여인입니다. 그들의 겉만 보면 야곱의 가족이 되기에 적합하지 않아요.

야곱은 어떻게 합니까? 그는 있는 힘을 다해 일어납니다(2). 손자들의 정통성을 세우는 일을 어찌하든지 감당하고자 합니다. 자신의 마지막 사명으로 받아들입니다.

야곱은 먼저 무엇을 합니까? 3절을 보세요. "요셉에게 이르되 이전에 가나안 땅 루스에서 전능하신 하나님이 내게 나타나사 복을 주시며." 전능하신 하나님께서 루스, 곧 벧엘에서 야곱에게 나타나셨습니다. 야곱은 그때 처음으로 하나님을 인격적으로 만났어요. 그 하나님께서 야곱을 생육하고 번성하게 하셨고요. 그 하나님께서 야곱을 믿음의 조상 반열에 세우셨습니다(4). 이제 그가 마지막으로 감당해야 할 사명은 다음 세대의 후계자를 세우는 일입니다.

그 물줄기가 누구에게로 이어집니까? 5절입니다. "내가 애굽으로 와서 네게 이르기 전에 애굽에서 네가 낳은 두 아들 에브라임과 므낫세는 내 것이라 르우벤과 시므온처럼 내 것이 될 것이요." 야곱은 요셉의 두 아들 에브라임과 므낫세를 계승자로 택합니다. 그들을 야곱의 큰아들인 르우벤과 둘째 아들인 시므온처럼 아들로 삼습니다. 서열로는 2세대인 손자, 아직은 어림에도 불구하고 1세대인 아들의 위치로 격상시킵니다(6). 야곱은 그들이 해외에서 태어나서 언어와 문화와 가치관이 애굽적일지라도 정통성을 인정한 겁니다. 그들이 비록 여러 면에서 어릴지라도 다음 세대의 주역들로 삼은 거지요.

야곱이 이렇게 한 것은 그들이 라헬의 피를 이어받았기 때문입니다(7). 야곱에게 라헬은 가장 사랑하는 아내이면서 동시에 정통성이 가장 뚜렷한 아내입니다. 그러므로 요셉의 아들들 또한 정통성에 문제가 없습니다.

이 사실이 오늘 우리에게 주는 의미는 무엇일까요? 지금 우리의 사명 중 하나도 후배들이 비록 어릴지라도 다음 세대의 주역들로 세우는 일입니다. 요즘 세대들은 '쿨(cool)'은 한데, '왕자' '공주'로 컸어요. '헬리콥터 엄마' 때문입니다. 그들은 자식의 철저한 교육 관리는 물론이고 대학 신입생 설명회에도 참석하고, 직장생활, 결혼생활도 관여합니다. 자녀가 성인이 된 이후에도 혼자 두면 왠지 불안하여 과보호합니다. 헬리콥터 엄마들은 '요람에서 무덤까지' 자녀를 보호하고 간섭해요. 헬리콥터 부모들이 확산하는 것은 저출산과 우리 사회의 지나친 경쟁심리 때문이래요.

하지만 자녀에 대한 지나친 간섭은 자녀를 되레 사회 부적응자로 만들 수 있고, 정신질환을 일으킬 수 있어요. 캠퍼스에서 이런 사람을 흔하게 만납니다. 하지만 그들은 분명 다음 세대를 이어갈 주역들입니다. 문제는 그들이 아니라 바로 우리입니다. 우리가 그들을 축복하여 세워야 합니다.

그뿐만 아니라, 우리는 육신의 자녀인 2세도 다음 세대의 주역들로 세워야 합니다. 2세대는 1세대인 우리와는 크게 다릅니다. 1세대는 스스로 결단해서 목자나 선교사가 되었어요. 하지만 2세들은 자기의 의지와는 상관없이 엄마 태에서부터 목자나 선교사의 자녀로 태어났어요. '내가 왜 목자나 선교사로 살아야 하는지'에 대해서 생각할 겨를도 없이 그냥 된 경우가 많아요. 그러다 보니 1세대의 눈에 차지 않아요. 그럴지라도 그들은 다음 세대의 주인공들입니다.

상트페테르부르크의 한 선교사의 딸은 비록 러시아에서 태어났고, 러시아 학생처럼 생각하며 살고 있지만, 그 속에 흐르는 피는 약속의 자녀입니다. 우리와 함께 다음 세대를 이끌어갈 캠퍼스 구속 사역의 주인공입니다. 그녀는 지금도 "이곳이 그립다."라며 다시 올 날을 손꼽아 기다리고 있어요. 그러면 그들을 어떤 사람들로 세워야 합니까?

둘째, 하나님의 이름을 드러내는 사람들로 세워야 합니다(8-16).

요셉은 야곱 앞에서 작은아들 에브라임을 자기 오른쪽에 두고, 큰아들 므낫세는 왼쪽에 두었습니다. 에브라임은 야곱의 왼손 쪽에, 므낫세는 오른손 쪽에 있었습니다. 그런데 야곱은 팔을 엇갈리게 해서 오른손을 작은아들의 머리 위에 얹고, 왼손은 맏아들의 머리 위에 얹었습니다(8-14).

그리고 축복합니다. 15-16절을 읽읍시다. "그가 요셉을 위하여 축복하여 이르되 내 조부 아브라함과 아버지 이삭이 섬기던 하나님, 나의 출생으로부터 지금까지 나를 기르신 하나님, 나를 모든 환난에서 건지신 여호와의 사자께서 이 아이들에게 복을 주시오며 이들로 내 이름과 내 조상 아브라함과 이삭의 이름으로 칭하게 하시오며 이들이 세상에서 번식되게 하시기를 원하나이다." 야곱은 자기 조상들이 섬기던 그 하나님의 이름으로 축복합니다. 그 하나님은 야곱의 출생으로부터 지금까지 기르시고, 모든 환난에서 건지신 목자이십니다.

야곱은 목자이신 하나님께서 후손들을 어떤 사람으로 축복하기를 원합니까? 복 받는 자들이 되기를 원합니다. 이것은 잘 먹고 잘산다는 말이 아니라, 하나님의 구속 사역을 섬기는 다음 세대의 주역들이 된다는 겁니다. 그들을 통하여 아브라함과 이삭과 야곱의 이름이 알려지는 겁니다. 이것은 곧 하나님의 이름이 알려지는 겁니다.

어떤 사람은 아들을 낳으면 그 이름을 '아브라함'이라고 지어요. 아브라함을 축복하신 그 하나님께서 지금도 살아 계셔서 자기 아들을 축복해 주실 것을 믿기 때문입니다. 어떤 사람은 식당 이름을 '이삭'이라고 지어요. 흉년 중에도 이삭을 백배나 축복하신 하나님께서 어떤 불경기에서도 백배나 축복해 주시기를 원하기 때문입니다. 반면 어떤 사람은 아브라함의 하나님은 그때 그 시절로 끝났다고 생각해요. 지금은 주무시든지 아니면 피곤하여 쉬든지, 심하면 죽었다고 말해요. 하지만 야곱의 하나님은 지금도 살아 계십니다. 그리고 지금도 일하십니다.

누가 이 사실을 알려야 합니까? 하나님께 복을 받은 자들입니다. 어떤 개그맨은 '행복 전도사'라는 이름으로 등장해서 떴어요. 그런데 그가 하는 말을 듣고 있으면 '쓴웃음'만 나옵니다. 일반 서민들은 이룰 수 없는 말을 하기 때문입니다. 사람의 진정한 행복은 물질적 가치에 있는 것이 아니라 하나님의 이름을 믿고 그 존재가 변화되는 데 있습니다. 죄로부터 구원을 얻고 생명을 얻는데 있습니다.

미국 사회는 자주 총기 난사 사건으로 충격에 빠집니다. 현역 군인이 군기지에서 동료들에게 총을 쏜 적도 있습니다. 더 충격적인 것은 그가 전쟁 후유증에 시달리는 군인 환자를 돌보는 정신과 의사라는 겁니다. 그 자신이 정작 정신과 치료가 필요했어요. 또 한 사람은 차비가 없어 어린 아들을 만나지 못할 정도로 경제적인 어려움을 겪으면서 자신을 해고한 회사에 앙심을 품고 범행을 저질렀어요. 그런데 이런 모습은 우리 사회에도 있어요. 전 기업회장이 자살을 했어요. 사업 실패로 인한 돈 때문이라고 말해요. 돈 때문에 형제들과 싸웠고, 그 때문에 가문에서 제명까지 되었어요. 물질이 사람을 행복하게 하지 못합니다.

"개미와 베짱이"라는 동화를 알지요. 여름 내내 노래만 부르는 베짱이는 악한 놈이고 열심히 일만 하는 개미는 우리가 본받아야 할 대상입니다. 하지만 21세기 '신 베짱이' 시리즈는 달라요. "봄, 여름, 가을 내내 열심히 일만 한 개미는 겨울이 되자 과로사로 죽는다. ― 일본판. 개미는 찾아온 베짱이를 위해 자기 음식의 절반을 나눠주지만 둘이 먹기에는 부족하여 둘 다 굶어 죽는다. ― 러시아판. 개미를 찾아갔지만 아무 음식도 얻지 못하고 쫓겨난 베짱이가 슬픈 마음을 노래하다가 음반 기획사 눈에 들어 가수로 크게 성공한다. ― 미국판." 이것은 그냥 우스갯소리가 아니라, 세상이 이렇게 달라졌다는 겁니다. 지금은 개미처럼 일만 한다고 성공하는 시대가 아니라는 겁니다. 어디에 인생의 성공이 있습니까? 다음 세대에게 물려줘야 할 행복은 어디에 있습니까? 하나님의 축복에 있습니다.

하나님께서 축복하시면 번성합니다. 일차적으로는 자손이 번성합니다. 자손이 번성하면 물질도 번성하고, 건강도 번성합니다. 그러므로 우리는 이 번성의 복을 사모하고 기도해야 합니다. 아이들을 한 명만 낳는 것으로 자족하지 말고 적어도 두세 명까지 주시도록 기도해야 합니다. 그뿐만 아니라 우리의 작은 모임인 '요회'가 번성하도록 기도해야 합니다. 번성은 하나님 축복의 열매입니다. 이 축복이 우리에게서 멈추지 않고 후손에게 이어지도록 그들을 세워야 합니다. 그들을 어떤 자세로 세워야 합니까?

셋째, 내 뜻이 아닌 하나님의 뜻대로 세워야 합니다(17-22).

요셉은 아버지가 오른손을 에브라임의 머리에 얹은 것을 보고 기뻐하지 않습니다(17-18). '오른손'은 권위와 영광을 상징합니다. 그러므로 큰아들의 머리 위에 오른손이 올라가야 해요. 그는 당연히 큰아들이 먼저 되어야 한다고 생각했어요.

하지만 야곱은 뭐라고 대답합니까? 19절입니다. "그의 아버지가 허락하지 아니하며 이르되 나도 안다 내 아들아 나도 안다 그도 한 족속이 되며 그도 크게 되려니와 그의 아우가 그보다 큰 자가 되고 그의 자손이 여러 민족을 이루리라 하고." 야곱이 몰라서 그런 것이 아닙니다. 눈이 어두워 실수한 것도 아닙니다. 의도적으로 그렇게 한 겁니다. 하나님의 뜻이라고 믿었기 때문입니다. 하나님은 다음 세대를 세울 때 사람의 뜻이 아닌 당신의 뜻대로 세우십니다. 하나님은 동생 에브라임을 형 므낫세 보다 앞세웁니다(20).

하나님은 오늘 우리의 삶 속에서도 얼마나 자주 우리의 뜻을 바꾸십니까? 우리는 거의 관심을 두지 않는 것들을 하나님은 오히려 축복하십니다. 우리가 애정을 쏟는 것에 대해서는 아무런 일도 하지 않습니다. 나는 큰아들이 잘되기를 간절히 바라는데, 하나님은 작은아들만 보살피십니다. 나는 이 형제가 잘 자라기를 원하는데, 하나님은 저 형제를 키우십니다. 나는 상대방이 성숙해지기를 지독히도 원하는데, 하나님은 내가 성숙해지기를 필사적으로 원하십니다. 그러므로 우리는 어떻게 해야 합니까? 그분을 신뢰하고 그분을 따라야 합니다. 믿음으로 자기를 부인하면 소망이 생깁니다.

야곱은 요셉에게 어떤 소망을 심습니까? 21절을 봅시다. "이스라엘이 요셉에게 또 이르되 나는 죽으나 하나님이 너희와 함께 계시사 너희를 인도하여 너희 조상의 땅으로 돌아가게 하시려니와." 애굽이 아무리 먹고살기 좋은 곳일지라도 영원히 살 곳은 아닙니다. 그들은 가나안으로 돌아가야 합니다. 요셉은 장차 가나안에서 다른 형제들보다 두 배나 많은 땅을 받게 됩니다. '세겜'이라는 말은 지명이면서 동시에 '몫'이라는 뜻입니다 (22). 일종의 언어유희입니다.

가나안은 약속의 땅이며, 동시에 하나님 나라를 상징합니다. 야곱은 요셉에게 하나님 나라에 대한 소망을 심습니다. 다음 세대가 이 땅에서 하나님의 사람으로서, 하나님의 이름을 드러내는 일을 할 수 있는 힘은 하나님 나라에 대한 소망입니다.

하나님은 당신의 축복이 한 사람을 통해서 다른 사람으로, 한 교회를 통하여 다음 세대로 이어지기를 원하십니다. 우리는 양들을 어찌하든지 다음 세대의 주인공으로 세우려고 애를 씁니다. 조상의 하나님께서 우리의 바람을 받으셔서 겨울 재촉하는 비속에서도 다음 세대를 위한 축복 주시기를 기도합니다.

제37강
생명 살리는 하나님의 계획

◇ 본문   창세기 49:1−50:26
◇ 요절   창세기 50:20
◇ 찬송   304장, 435장

오늘은 추수감사절(Thanksgiving day)입니다. 미국에서는 우리의 추석만큼이나 큰 명절에 속해요. 그도 그럴 것이 미국의 조상인 청교도들이 미국에 와서 첫 수확을 하고 하나님께 감사한 날이기 때문입니다. 그들이 감사한 것은 단지 먹을거리를 주신 일보다는 생명 살리는 하나님의 계획에 쓰임 받는 데 있었어요. 오늘 우리의 교회도 이 사상을 본받아 절기를 기념하는 겁니다. 그러면 하나님은 어떤 사람을 생명 살리는 일에 쓰십니까?

첫째, 자기를 절제하고 희생하는 사람을 쓰십니다(49:1−28).

49:1을 봅시다. "야곱이 그 아들들을 불러 이르되 너희는 모이라 너희가 후일에 당할 일을 내가 너희에게 이르리라." 야곱은 열두 아들이 하나님의 구속 사역에서 각각 어떻게 쓰임 받을 것인지에 대해서 말합니다(2). 큰아들 르우벤부터 볼까요? 그는 가문의 영광이요 능력의 첫 열매입니다. 가장 야무지고 탁월합니다(3).

하지만 그는 물의 끓음 같이 제멋대로였어요. 육신의 정욕을 절제하지 못했어요(4). 아버지의 후처와 부적절한 관계를 맺었어요(35:22). 이것은 도덕성을 훼손한 것뿐만 아니라 아버지의 권위에 도전한 겁니다. 그는 그 일 때문에 큰아들로서의 특권을 잃고 맙니다.

둘째와 셋째 아들들은 어떻게 되나요? 시므온과 레위는 칼을 휘둘러 거친 일을 했어요. 그들은 화가 난다고 사람들을 죽였어요. 그들은 혈기대로 소 발목 힘줄을 끊었어요. 노여움이 심하고 지나치게 잔인했어요. 그 때문에 그들은 저주를 받습니다(5-7). 어떤 사람은 혈기 부리는 사람을 '쾌남아(tough guy)'라며 뭔가 있는 것으로 오해해요. 하지만 사나움과 혈기를 절제하지 못하면 하나님의 사역에 쓰임 받지 못합니다.

누가 쓰임 받습니까? 8절을 봅시다. "유다야 너는 네 형제의 찬송이 될지라 네 손이 네 원수의 목을 잡을 것이요 네 아버지의 아들들이 네 앞에 절하리로다." 형제들은 유다를 찬양하고, 유다는 원수들의 목을 움켜쥘 겁니다. 유다는 새끼 사자처럼 용맹스럽고 마치 암사자와 같으니, 누가 그의 코털을 건들 수 있겠어요? 유다에게서 왕이 끊이지 않을 것이고, 다스리는 자가 끊임없이 나올 겁니다. 유다는 '실로', 곧 메시아가 올 때까지 다스릴 겁니다. 그 나라는 얼마나 풍요롭던지 '백포도주(white wine)'로 옷을 빨 겁니다. 유다의 눈은 '적포도주(red wine)'보다 진하고 그의 치아는 우유보다 하얄 겁니다(9-12).

유다는 왜 이렇게 복을 받는 걸까요? 그가 베냐민을 구하기 위해서 대신 희생했기 때문입니다(43:9; 44:33). 자기 생명을 희생하여 다른 사람의 생명을 살리는 것은 예수 그리스도의 모습입니다. 생명을 살리는 하나님의 계획은 희생을 통해서 이루어집니다.

이런 삶을 산 아들이 또 있나요? 스불론, 잇사갈, 단, 갓, 아셀 등은 특별한 내용이 없습니다(13-21).

요셉은 어떠합니까? 22절을 봅시다. "요셉은 무성한 가지 곧 샘 곁의 무성한 가지라 그 가지가 담을 넘었도다." 요셉은 열매를 많이 맺은 포도나무처럼 번성합니다. 어떤 사람은 그런 요셉을 시기하여 덤비기도 하지만 자기만 깨집니다. 요셉의 힘은 전능하신 하나님께로부터 오기 때문입니다. 전능하신 하나님께서 복을 주시니 그가 받은 복은 영원한 산들의 복보다 크고 변치 않는 언덕들의 복보다 큽니다(23-26). 요셉이 이런 복을 받는 것은 하나님의 주권 속에서 이루어진 일입니다. 하지만 요셉 편에서는 자기를 절제하고 희생적인 삶을 살았기 때문입니다.

파키스탄 내 이슬람교도는 전체 인구의 96%로 세계에서 인도네시아 다음으로 많아요. 1.6%에 불과한 기독교인들은 억압받고 가난한 소수계층으로 분류됩니다. 수도에 있는 국제 이슬람 대학 여학생 캠퍼스 구내식당은 점심을 먹기 위해 몰려든 400여 명의 학생으로 가득 찼었습니다. 그곳에 검정 '부르카'(burqah, 신체 전부를 가리며, 시야 확보가 필요한 눈 부위만 개방)를 입고 여성으로 변장한 괴한이 근무 중이던 경비원을 총으로 쏜 뒤 식당으로 향했어요.

마침 마당을 쓸던 대학 잡역부 페르베이즈 마시(40)가 구내식당 앞에서 그를 제지했어요. 마시와 괴한의 몸싸움이 벌어지면서 괴한의 자살폭탄 조끼는 식당이 아닌 인근 주차장에서 터졌어요. 그 바람에 마시와 주변에 있던 여학생 3명이 숨졌어요. 마시가 아니었다면 식당 안에 있던 수많은 여학생이 피해를 봤을 겁니다. 그는 기독교인임에도 불구하고 신분과 교리를 뛰어넘어 이슬람 여학생들을 살리기 위해서 자신을 희생한 겁니다. 이슬람 공화국에서 한 가난한 기독교인이 자신의 몸을 던져 수많은 이교도의 목숨을 구함으로써 '영웅'으로 떠올랐어요. 하나님께서 그의 희생을 모슬렘 선교의 한 알의 밀알로 쓰실 겁니다.

야곱은 그 아들들을 어떻게 축복했습니까? 28절을 봅시다. "이들은 이스라엘의 열두 지파라 이와 같이 그들의 아버지가 그들에게 말하고 그들에게 축복하였으니 곧 그들 각 사람의 분량대로 축복하였더라." '지파'는 한 지역을 대변하는 세력입니다. 이들 세력을 중심으로 나라가 형성됩니다. 이제부터는 하나님의 구속 사역이 개인이 아닌 나라를 중심으로 흘러갑니다. 그런데 야곱은 열두 아들을 축복할 때 그 아들의 분량대로 축복했습니다.

이것은 사사로운 감정에 기초한 것이 아니라, 하나님의 뜻 가운데서 그 사람의 됨됨이에 따라서 축복했다는 말입니다. 첫째 아들로부터 셋째 아들들이 축복의 대열에서 빠진 것은 그들의 됨됨이에 문제가 있었기 때문입니다. 반면 유다와 요셉이 어림에도 불구하고 축복의 물줄기에 들어갈 수 있는 것은 그 됨됨이 때문입니다. 하나님은 희생적인 사람을 생명 사역에 쓰십니다. 이런 사람은 어떤 소망을 품고 있나요?

둘째, 하나님 나라의 산 소망을 가진 사람을 쓰십니다(49:29-50:14).

야곱은 아들들을 축복한 후 무엇을 합니까? 49:29를 봅시다. 그는, 자기가 죽거든 할아버지 할머니 아버지 어머니가 묻힌 막벨라 굴에 묻어달라고 유언합니다. 그는 죽어서라도 고향으로 돌아가겠다는 겁니다(30-33). 그가 고향에 묻히겠다는 것은 고향에 대한 그리움 이상의 무엇이 있어요. 그가 고향으로 가려는 것은 약속의 땅으로 가려는 겁니다. 약속의 땅은 하나님 나라를 상징합니다. 야곱은 하나님 나라를 소망하고, 그 나라로 돌아가겠다는 겁니다. 야곱은 허물도 컸고 실수도 잦았습니다.

그런데도 그가 생명 살리는 하나님의 계획에 쓰임 받은 것은 하나님 나라에 대한 산 소망을 놓치지 않았기 때문입니다. 요셉은 아버지의 뜻에 따라 장사를 지내려 고향으로 갑니다. 그때 바로의 현직 장관들, 원로 대신들, 요셉의 온 집안과 그 형제들과 아버지 집안사람들이 함께 올라갑니다. 거기에다 병거와 기병까지 요셉을 호위하며 따라갑니다. 상여 행렬이 대단합니다. 성대한 장례식을 치르고 모두 애굽으로 돌아왔습니다(50:1-14).

이렇게 화려하고 장엄한 장례식을 치른 데는 어떤 뜻이 있을까요? 하나님의 뜻에 순종하여 애굽으로 내려간 이스라엘을 하나님께서 복을 주셔서 금의환향시킨 겁니다. 동시에 장차 애굽에서 돌아오게 될 후손들의 모습을 상징적으로 보여주신 겁니다. 그들이 애굽으로 들어갈 때는 배고픈 백성, 초라한 백성이었지만 애굽을 나올 때는 장엄하고 화려한 백성이 됩니다. 더 나아가, 이 모습은 한 인생이 세상을 마치고 하나님 나라로 돌아가는 모습을 보여줍니다. 그러므로 하나님 안에서의 죽음은 허무나 슬픔이 아닌 감사와 소망입니다.

예전에는 죽음이 우리와는 상관없는 강 건너 불구경하는 것처럼 느껴졌어요. 하지만 요즘은 우리의 삶의 한 가운데 들어와 있습니다. 부모님이 우리 곁을 떠납니다. 그나마 우리가 위로를 받는 것은 하나님 나라에 대한 산 소망이 있기 때문입니다. 산 소망이 없으면 허무에 사로잡히거나 슬픔에 휩싸입니다. 우리에게 산 소망이 있어서 죽음 앞에서 물러서지 않고 적극적으로 영원한 생명을 말할 수 있습니다.

우리의 육신이 이 땅에서 끝난다고 해서 모든 것이 끝나는 것은 아닙니다. 하늘에 있는 영원한 집이 우리에게 있습니다. 그것은 사람의 손으로 지은 것이 아니라 하나님께서 지으신 집입니다(고후 5:1). 이 사실을 믿고 사는 사람, 그리고 그 사실을 증언하는 사람이 하나님의 생명 사역에 쓰임받습니다. 산 소망을 가진 사람은 어떤 믿음이 있습니까?

셋째, 악을 선으로 바꾸시는 하나님을 믿는 자를 쓰십니다(50:15-26).

요셉의 형들은 애굽으로 돌아오는 발길이 '완전' 무거웠어요. 아버지를 하나님 나라로 보냈기 때문이 아닙니다. 요셉이 자기들에게 복수할 것처럼 보였기 때문입니다. 아버지를 잃은 슬픔을 절제하지 못하고 그 슬픔을 형들에게 퍼부을 것만 같았어요. 하지만 형들이 두려움에 시달리는 원인은 요셉이 아니라 자기들 내면에 있어요. 죄가 해결되지 않은 겁니다.

그만큼 죄는 사람을 괴롭힙니다. 순간의 충동으로, 혹은 순간의 의협심으로 죄를 지을 때가 있어요. 하지만 그 순간은 평생의 짐이 됩니다. 그들은 그 짐을 벗기 위해 동생에게 용서를 빕니다(50:15-18). 이런 모습을 바라봐야 하는 요셉의 눈에서는 촉촉한 비가 내립니다.

요셉은 그들에게 무엇이라고 말합니까? 19절입니다. "요셉이 그들에게 이르되 두려워하지 마소서 내가 하나님을 대신하리이까." 형들이 비록 요셉에게 잘못했지만, 요셉이 형들에게 직접 돌을 던질 수는 없습니다. 심판은 오직 하나님만이 하십니다. 형들은 이 사실을 몰랐어요. 그래서 그들은 지난 일에 매이고, 사람 앞에서 살면서 사람과 갈등한 겁니다. 반면 요셉은 하나님을 알았습니다.

그 하나님은 어떤 분이십니까? 20절을 읽읍시다. "당신들은 나를 해하려 하였으나 하나님은 그것을 선으로 바꾸사 오늘과 같이 많은 백성의 생명을 구원하게 하시려 하셨나니." 형들은 요셉을 해치려고 하였지만, 하나님은 오히려 그것을 선하게 바꾸셨습니다. 그 목적은 수많은 사람의 생명을 구원하는 데 있습니다. 하나님 안에서 가장 큰 악은 생명을 죽이는 일입니다. 가장 큰 선은 생명을 살리는 일입니다. 형들은 생명을 죽이는 가장 큰 악을 저질렀지만, 하나님은 그것을 생명을 살리는 가장 큰 선으로 바꾸셨습니다.

하나님께서 악을 선으로 바꾸신 사역의 절정은 무엇입니까? 예수님의 십자가 사건입니다. 예수님께서 십자가에서 죽으신 것은 인간의 악 때문이었습니다. 제자인 유다의 배반, 종교 지도자들의 욕심, 백성들의 무지몽매함, 그리고 빌라도의 철저한 정치적 계산 때문이었어요. 그런데 하나님은 그런 인간들의 악을 선으로 바꾸십니다. 예수님의 십자가는 인간의 악과 함께 하나님의 선이 공존합니다. 죽음과 함께 생명이 공존합니다. 십자가를 믿는 자는 구원을 얻습니다.

초대교회 때 스데반은 유대인을 향하여 이 예수님을 증언했습니다. 그런데 그들은 자신들의 치부를 들춰내는 스데반에게 돌을 던졌습니다. 하지만 하나님은 그들의 악을 선으로 바꾸셔서 생명을 구원하셨습니다. 스데반은 죽었지만, 그 때문에 교회는 온 세상으로 복음을 전파하게 되었습니다. 역사적으로 볼 때 사람들이 교회를 향하여 악을 행할 때 생명 사역은 오히려 흥왕하게 일어났습니다. 왜냐하면 하나님은 모든 것을 합력하여 선을 이루시기 때문입니다(롬 8:28).

이 사실이 오늘 우리에게 주는 의미는 무엇입니까? 외국인 여성들이 나와서 수다를 떠는 "미수다"라는 프로그램에서 한 여학생이 "키가 작은 남자는 'looser'(패배자)다."라고 말했어요. 그 여학생은 우리 사회의 외모 지상주의를 대변한 겁니다. 과거에는 "키 큰 사람치고 속이 있는 사람 없다."라며 외모보다는 속을 더 중요하게 여겼는데, 지금은 완전히 변했어요. '남보원(남성 인권보장 위원회)'이라는 개그 콘서트 코너가 있었습니다. 그들은 "여성이 밥값을 내는 그날까지 계속하겠다."라며, 돈 낼 때만 되면 사라지는 '여친'에게 핏대를 올립니다. 우스꽝스럽지만, 역차별당하는 남성의 불만이 방송을 통해 표출된 겁니다. 시청자는 "여성을 모독한다."라는 반응보다는 "그래, 요즘 남성이 불쌍하다."라며 손뼉을 칩니다. 여학생의 가방을 들고 따라다니는 남학생이 많습니다. 아내가 남편 월급 봉투에 전권을 행사하는 나라는 우리나라밖에 없다는군요. 고급식당의 점심 장사는 여성들이 다 해주는 것처럼 보입니다.

우리는 이런 세상을 어떻게 봐야 합니까? 세상을 외모 지상주의의 '렌즈'로 보느냐, 아니면 악을 선으로 바꾸시는 하나님의 '렌즈'로 보느냐에 따라 악도 되고 선도 됩니다.

몽골의 한 동역자가 한국에서 유학 생활을 끝내고 몽골로 돌아갑니다. 그녀가 자기 삶을 어떤 '렌즈'로 보느냐에 따라 앞으로의 삶이 바뀔 겁니다. 그녀는 한국에서 공부하느라 고생을 많이 했습니다. 하지만 그녀는 한국에서 신앙생활을 하면서 믿음의 여인으로 자랐고, 성경 선생으로서 기초를 탄탄하게 했습니다. 그런 삶을 기초로 몽골로 돌아가서 그곳 대학인의 영적 어머니요 성경 선생으로 살 수 있습니다.

그녀의 삶뿐만 아니라 우리 모두의 삶에서 가장 소중한 일이 무엇입니까? 생명을 살리는 일입니다. 우리가 이 사실을 믿는다면, 키가 크고 작고가 그렇게 중요할까요? 남성과 여성 사이에서 누가 주도권을 잡느냐가 그렇게 중요할까요? 내가 생명을 얻는 것, 나를 통하여 누군가의 생명이 살아나는 것보다 더 중요한 일은 없습니다.

우리는 왜 캠퍼스에 올라가는 겁니까? 우리가 양을 위해서 왜 시간을 내고 물질을 투자하는 겁니까? 우리의 삶 속에서 악을 선으로 바꾸신 하나님께서 그들의 삶 속에서도 악을 선으로 바꾸어 주시기를 원하기 때문입니다. 그들의 생명을 살려주시길 원하기 때문입니다.

인생이 슬픈 것은 열악한 환경 때문만은 아닙니다. 악을 선으로 바꾸시는 하나님을 영접하지 못한 것이 슬픔의 근원입니다. 악을 선으로 바꾸시는 하나님을 믿으면 과거에 매이지 않습니다. 사람들과 싸우지 않고, 세상을 원망하거나 불평하지 않습니다. 대신에 생명을 구원하는 일에 헌신합니다. 이런 헌신 속에서 우리는 '건강한 교회', '품격 있는 신자'로 자랄 수 있습니다.

하나님은 오늘도 우리를 생명 살리는 사역에 쓰시길 원하십니다. 우리가 이 하나님을 믿고 성경 선생으로 자랄 수 있기를 기도합니다.

참고 도서

김의원. 『하늘과 땅, 그리고 족장들의 톨레돗』. 서울: 총신대학교 출판부, 2005.

김정우. 『구약통전-상』. 서울: 이레서원, 2002.

김지찬. 『구약개론』. 서울: 대한예수교장로회총회, 2000.

서철원. 『창세기』. 서울: 그리심, 2001.

송제근. 『오경과 구약의 언약신학』. 서울: 두란노, 2004.

유재원. 『모세오경』. 서울: 솔로몬, 1998.

유재원. 『창세기 강해』. 서울: 민영사, 1998.

이학재. 『구약성경에서 배운다』. 서울: 이레서원, 2001.

Brueggemann, Walter. *Interpretation, a Bible commentary for teaching and preaching: Genesis.* 강성열 옮김. 『창세기: 목회자와 설교자를 위한 주석』. 서울: 한국장로교출판사, 2000.

Ross, Allen P. *Creation and Blessing.* 김창동 옮김. 『창조와 축복』. 서울: 디모데, 2007.

D. Fee, Gordon & Stuart, Douglas. *How to Read the Bible Book by Book.* 김진선 역. 『책별로 성경을 어떻게 읽을것인가』. 서울: 한국성서유니온선교회, 2004.

Douglas, J. D. *New Bible Dictionary.* 나용하 · 김의원 번역. 『새성경 사전』. 서울: 기독교문서선교회, 2001.

Hummel, Charles E. *The Galileo Connection*. 황영철 옮김. 『갈릴레오 사건』. 서울: IVP, 2000.

Sailhamer, John H. *The Pentateuch as Narrative*. 김동진 · 정충하 역. 『(서술로서의) 모세오경』. 서울: 새순출판사, 1997.

Sailhamer, John H. *Introduction to Old Testament Theology*. 김진섭 역. 『구약신학 개론: 정경적 접근』. 서울: 솔로몬, 2003.

Thielicke, Helmut. *How the World Began*. 이진희 옮김. 『세상이 어떻게 시작되었는가』. 서울: 컨콜디아사, 1994.

Young, E. J. *In the beginning: Genesis chapters 1 to 3 and the authority of Scripture*. 서세일 역. 『창세기 1.2.3 장 강의』. 서울: 한국로고스연구원, 1998.

Wenham, Gordon J. *WBC-Genesis*. 박영호 옮김. 『창세기』. 서울: 솔로몬, 2000.

Wenham, Gordon J. *Exploring the Old Testament. vol. 1: The Pentateuch*. 박대영 옮김. 『성경이해 3: 모세오경』. 서울: 성서유니온선교회, 2007.

Wolf, Hebert M. *An Introduction to The Old Testament Pentateuch*. 엄성옥 옮김. 『오경개론』. 서울: 은성, 2002.

Danielou, Jean. *In the Beiginning: Genesis I-III*. Trans. Julien L. Dandolf. Lawrence: Helicon Press, 1965.

R. Rice, John. *A Verse-by-Verse Commentary: Genesis*. Murfreesboro: Sword of the Lord Publishers, 1975.

Samuel, Lee. *Genesis*. Seoul: UBF Press, 2001.

Thomas., W.H. Griffith. *Genesis: A devotional commentary*. Grand Rapids: Eerdmans, 1979.

Waltke, Bruce K. *Genesis*. Grand Rapids: Zondervan, 2001.

김의원. "출애굽기는 어떤 책인가." 『출애굽기: 어떻게 설교할 것인가』. 서울: 두란노, 2003.

김정우. "창세기 설교 어떻게 할 것인가." 『그 말씀』. 서울: 두란노, 1998-2.

김정우. "창세기 강해." 『성서사랑방』. 서울: 한국신학정보연구원, 1997-1.

김정우. "창세기 강해 2." 『성서사랑방』. 서울: 한국신학정보연구원, 1997-2.

손석태. "창조와 타락 그리고 구원의 시작." 『창세기 어떻게 설교할 것인가』. 서울: 두란노, 2003.

송제근. "창세기의 구조와 신학." 『창세기 어떻게 설교할 것인가』. 서울: 두란노, 2003.

송제근. "출애굽기에 나타난 신학적 주제들." 『출애굽기: 어떻게 설교할 것인가』. 서울: 두란노, 2003.

Craigie, Peter S. "모세 오경을 어떻게 읽은 것인가." 『그말씀』. 서울: 두란노, 1998-2.

매튜, 켄. "모세 오경의 현대적 이해." 『그 말씀』. 서울: 두란노, 1998-2.

홀, 케빈. "창세기 1-11장의 신학." 『창세기 어떻게 설교할 것인가』. 서울: 두란노, 2003.